Alexander Agafonow

Erinnerungen eines notorischen Deserteurs

Aus dem Russischen von Elvira Laplace

Rowohlt · Berlin

Die Übersetzung wurde finanziert vom
Kuratorium Schloß Ettersburg e. V. / Weimar,
Thomas A. Seidel
Aufgrund des russischen Originalmanuskripts gekürzte Ausgabe

1. Auflage April 1993
Copyright © 1993 by Rowohlt · Berlin Verlag GmbH, Berlin
Alle Rechte vorbehalten
Lektorat: Thomas Karlauf
Umschlaggestaltung: Walter Hellmann
(Foto des Autors als Fähnrich der
Offiziersschule Belgrad, März 1941)
Satz Aldus (Linotronic 500)
Gesamtherstellung Clausen & Bosse, Leck
Printed in Germany
ISBN 3 87134 065 0

Inhalt

Erster Teil

«Besser stehend sterben als auf den Knien leben.»
Devise der Résistance

*Der Autor im Alter
von siebzehn Jahren*

Reise in die Vergangenheit

Sie haben mir Brandwunden zugefügt, mich mit einem Ochsenziemer geschlagen, den Kopf mit einer Zwinge zusammengedrückt, den Körper mit einer Zange gekniffen, mir an den Unterarmen Schnittverletzungen beigebracht wie mit einer Säge, meine Handgelenke durch die Handschellen zerschnitten, mich mit Nadeln malträtiert. Die Wunden brennen wie Feuer, und die Schmerzen lassen nicht nach. Es kann nichts geben, was noch schlimmer und schmerzhafter wäre, denke ich, doch dem ist nicht so. Sie befehlen mir, mich nackt auszuziehen, und führen mich über enge, kaum beleuchtete steile Stufen immer weiter hinab, irgendwohin in die Finsternis, als ob es in die Hölle ginge. Klirrend öffnet sich eine Eisentür, und sie stoßen mich hinein in eine Zelle. Mein heißer Körper und der eisige Fußboden wirken wie Feuer und Wasser, doch ich bleibe liegen, eine Minute, eine zweite.

Durch das vergitterte Fenster, durch das kein Licht dringt, strömt eine Dampfwolke in den Raum. Mir wird klar, wohin sie mich gebracht haben, ich habe davon gehört. Es ist die Kühlzelle, der Eiskeller, der Fußboden ist wie gefroren, und ich erschrecke. Doch dann erfaßt mich eine furchtbare Wut, und ich beginne mich hin und her zu werfen. Ich erinnere mich an das Flackern in den kalten grünen Augen des Gestapomannes, an sein Lächeln auf den schmalen Lippen, als er sagte: «Zur Erholung mit ihm!»

In ohnmächtiger Wut presse ich die verletzten Finger zusammen, lehne mich mit der Schulter an die graue kalte Wand. Im Mund verspüre ich ein trockenes, brennendes Gefühl, und ich schluchze, tränenlos: «Tiere! Unmenschen!»

Der von den Schlägen geschwollene Körper schmerzt, die blutigen Füße kleben am Betonfußboden. Ich beginne hin und her zu

9

laufen, doch bald überkommt mich ein Gefühl der Apathie und Schlaffheit. Ich hocke mich hin, umfasse die Knie und presse das Gesicht hinein. Bald beginnen die Beine zu schmerzen, es sticht in den Fersen. Da sehe ich in einer Ecke der Zelle einen kleinen Wischlappen, den ich mir heranziehe und auf den ich mich mit den Ballen hocke. Mit der Zunge lecke ich an meiner Hand – sie ist eiskalt. Die Wärme des Körpers verläßt mich langsam.

«Nichts werdet ihr erreichen!» Ich reiße mich los aus meiner hockenden Stellung und lege mich mit dem ganzen Körper auf den eisigen Boden. Es ist besser, durch Lungenentzündung dem Ganzen ein Ende zu machen. Bald spüre ich einen Krampf, der Körper windet sich, krümmt sich und wird in Zuckungen hin und her geworfen. Am Beton habe ich mir das Kinn aufgeschlagen. Wieder hocke ich mich hin, wobei ich mit den Zehenspitzen den Lappen berühre. Den Kopf auf die Knie gelegt, beginne ich auf das Ende zu warten, wobei ich langsam von mir selbst und von der Welt Abschied nehme. Aus irgendeinem Grund muß ich in diesem Augenblick an meine Großmutter denken, und ich überlasse meine Gedanken der Vergangenheit.

Sie war schon ganz grau, meine Großmutter, ihre gütigen Augen blickten mich lächelnd an. Es ist nicht verwunderlich, daß von allen Menschen, die mir nahestanden, gerade ihr Bild in meinen Erinnerungen hier, an diesem finsteren Ort, so klar in mein Bewußtsein dringt. Schließlich sind es die Erlebnisse der frühen Kindheit, die unauslöschlich eingebrannt werden. Von allen Menschen meiner frühen Kindheit stand mir meine geliebte Großmutter Manja am nächsten. Ihr galt mein erstes Interesse, sie teilte mit mir meine ersten Freuden, sie trocknete die ersten Tränen. Sie wusch mir die zerschrammten Knie; hatte ich mich verbrannt, kühlte sie mit ihren Lippen die schmerzende Stelle. Sie war es, die mir eine Kupfermünze auflegte, wenn ich eine Beule an der Stirn hatte, sie führte meine Hand, als ich die ersten Buchstaben ins Heft schrieb, und sie lehrte mich silbenweise das Lesen. Das Bild der Großmutter beschwor eine ganze Kette von Erinnerungen herauf, die bald verblassend, bald wieder klar sich meiner bemächtigten, die immer wieder wechselten, wieder nachhingen und vorauseilten wie hüpfende Kinder beim Spiel.

September 1927. Der Zug brachte mich, einen siebenjährigen Knaben, in schneller Fahrt Richtung Westen. Durch die trüben Fenster sah ich Telegraphenmasten vorbeihuschen, wir fuhren vorbei an kleinen Eisenbahnstationen, Bahnhöfen, Dörfern und Städten. In meinem Abteil saßen zehn kleine Jungen aus mehreren Städten der Sowjetunion, die zu ihren Eltern im Westen gebracht werden sollten. Begleitet wurden wir von einer Frau mittleren Alters mit einer weißen Armbinde, auf der sich ein rotes Kreuz befand.

Ich erinnere mich an den schnellen Aufbruch in Charkow, Malo-Gontscharowka Nr. 28/30, an die Tränen von Tante Vera und Tante Rita, Onkel Valja und meiner alten Großmutter, die ich bis dahin als meine Mutter betrachtet hatte. Von meiner richtigen Mutter, ihrer Tochter, hatte ich noch nie etwas gehört. Am Mützenschirm meiner warmen Wintermütze mit Ohrenklappen brachte man ein kleines rotes Sternchen aus Metall an. Das war mein ganzer Stolz. Es wurde an der Rückseite befestigt, damit es mir niemand wegnehmen konnte. Man packte mir ein kleines Köfferchen mit einem Päckchen Stifte, einigen Heften und mehreren Exemplaren meiner Lieblingszeitschrift «Ogonki». Während der Vorbereitungen gesellte sich noch eine gute Bekannte der Familie zu uns, die etwa so alt wie meine Großmutter war. Zum Abschied umarmte sie mich und heftete mir an meine Jacke ein Abzeichen mit der Aufschrift «Freund der Kinder». Es war sehr schön: auf einem Felsgipfel stehen zwei und halten in ihren Händen ein wehendes rotes Banner. Ich konnte mich lange nicht von diesem Anblick trennen, und es kam mir so vor, als ob ich eine Regierungsauszeichnung erhalten hätte.

«Denk immer daran und vergiß es nie», gab mir meine Großmutter damals mit auf den Weg.

*Mit Großmutter, Tante Rita, Onkel Valja
und Tante Vera, Charkow 1923*

Großmutter brachte mich mit meinem Köfferchen nach Moskau. Im zweiten Stock einer überdachten Passage erhielt ich in einem der Zimmer mit dem Schild des Roten Kreuzes einen Stoffbeutel mit Papieren. Diesen Beutel mußte ich mir umhängen. Unter den Papieren befand sich ein Büchlein mit rotem Einband und mit einem in Gold eingravierten Wappen, das Hammer und Sichel zeigte. «Fremdenpaß der UdSSR» stand darunter geschrieben.

Silbenweise konnte ich bereits Worte entziffern. Wie oft nahm ich mit einem verstohlenen Lächeln dieses Büchlein heraus, um mich an der Aufschrift mit dem Wappen zu erfreuen. Beim Öffnen entfaltete sich ein harmonikaartig gefaltetes Blatt, von dem mich ein hübsches, verwundert dreinblickendes, rundliches Kindergesicht ansah. In unserer Wohnung gab es keinen Spiegel, aber ich begriff, daß das auf dem Papier mein Gesicht war. Das Faltblatt war mit kleiner Schrift dicht beschrieben. Meinen Familiennamen Agafonow sah ich jedoch in schöner, großer und schwungvoller Schrift, gut lesbar. Viele Unterschriften und Stempel waren auf dem Papier, an eine von ihnen, exakt mit roter Tusche geschrieben, erinnere ich mich genau, es war der Name Jagoda.

Als mich die Großmutter erneut in einen Eisenbahnwaggon setzte, doch selbst auf dem Bahnsteig zurückblieb, wehrte ich mich und begann zu weinen. Ich flehte sie an mitzufahren.

«Ich bin schon alt, ich bleibe hier. Du fährst zu Mama und Papa, bleibst dort ein Weilchen, und dann kommst du wieder. Ich warte auf dich.» Das waren ihre Worte zum Abschied.

Zweimal mußten wir aussteigen, dann wurden wir in Autobussen irgendwohin gebracht, wo wir badeten, zu essen erhielten und uns schlafen legten, um nach ein, zwei Tagen die Reise fortzusetzen. Auch die uns begleitenden Personen wechselten. Station machten wir zuerst in Warschau, wo die Menschen in einer uns kaum verständlichen Sprache mit vielen Zischlauten sprachen, das zweite Mal in Wien. Hier sprachen die Erwachsenen so, daß weder wir sie noch sie uns verstehen konnten. In einem drei- oder vierstöckigen Haus wurden wir in einem großen Zimmer untergebracht, wo Betten und ein langer Tisch mit Hockern standen. Man brachte uns Kartoffeln mit Sauce und einen kleinen Korb mit dunklem Brot, das unserem Roggenbrot etwas ähnelte, doch als wir es zum Munde führten, stieg uns ein völlig unbekannter Geruch in die Nase. Wie auf Verabredung warfen sofort alle das Brot angeekelt von sich. Wir kannten keinen Kümmel und waren empört, daß man uns «stinkendes» Brot gegeben hatte. In trauter Einigkeit ergriffen wir den Korb, liefen zum weit geöffneten Fenster und warfen ihn mit Schwung in den Garten. Was sollten wir versuchen, uns ihnen verständlich zu machen, sie verstünden uns ja doch nicht.

Aufgebracht waren wir eigentlich schon vorher, denn erstens waren wir erstaunt, daß uns die Erwachsenen nicht verstanden, und zweitens kamen kurz vor dem Mittagessen, als man uns aus dem Bad zurückbrachte, irgendwelche fremden Kinder in unser Zimmer. Sie begannen uns zu necken, Fratzen zu ziehen und uns offenbar mit kränkenden Worten zu beschimpfen. Sofort gab es eine Rauferei. Der eine erhielt eins aufs Auge, einem anderen wurde die Lippe blutig geschlagen. Es floß Blut, wir gerieten in Wut, und mit Schlachtrufen wie «Aufgepaßt, Jungs, unsere werden verdroschen!» stürzten wir alle auf einmal, wie eine Herde, eng mit den Schultern aneinandergedrängt, mit gesenktem Kopf in Reih und Glied in den Kampf, wobei wir diese geschniegelten, frechen Bourgeois-Typen in kurzen Hosen mit Hosenträgern und langen weißen Kniestrümpfen mit Bommeln an den Seiten vor uns hertrieben. Wir drängten sie aus unserem Zimmer und rannten ihnen über den langen Korridor hinterher.

Auf das Geschrei und Gekreisch hin kamen die Erwachsenen angelaufen, die Ordnung wiederherzustellen, und wir wurden auf unser Zimmer zurückgebracht.

Stolz waren wir auf unseren Sieg – und nun dieses Brot, das stank! War das vielleicht ein Racheakt der Erwachsenen? Womöglich wollten sie uns mit diesem stinkenden Brot bestrafen? Wir traten in den Hungerstreik, und bald wurde ein neuer Korb mit

Brot gebracht. «Das Brot geht», sagte der Älteste, unser Anführer, nachdem er es beschnuppert hatte.

Unsere Gruppe wurde immer kleiner. In Budapest waren wir nur noch vier. Ich weiß noch, daß wir über einen breiten Fluß gefahren sind, und ich erfuhr, daß es die Donau war. In der Abenddämmerung funkelte die Stadt zu beiden Seiten der Brücke, und wie im Märchen leuchteten viele, viele Lichter.

Plötzlich war ich der letzte und blieb allein im Abteil zurück. Auch die Begleiterin, die mit meinen beiden letzten Weggefährten ausgestiegen war, kam nicht mehr zurück.

Es war Nacht, als der Zug hielt. Noch immer saß ich allein im Wagen. Es war bereits der zwölfte oder gar vierzehnte Tag meiner Reise, und es begann kälter zu werden, ich zog die Beine hoch und schlief ein. Es mag vielleicht eine Stunde vergangen sein, als ich spürte, daß ein Fremder im Abteil war. Ich öffnete die Augen und erblickte zwei Männer, die sich bückten und mit Laternen unter die Sitze leuchteten. Später habe ich erfahren, daß es einem Terroristen namens Matuschka damals Vergnügen bereitete, in Personenzügen Höllenmaschinen zu verstecken.

Der Strahl der Laterne fiel auf mich, und die beiden Männer wichen erschrocken zurück. In einer Sprache, die ein wenig an das Russische erinnerte, nur etwas grob klang, stellten sie mir Fragen. Anstelle einer Antwort wies ich auf den magischen Stoffbeutel auf meiner Brust, denn ich wußte inzwischen, daß sich darin das befand, wofür sich die Erwachsenen am meisten interessierten. Einer der beiden Männer zog die Papiere heraus und begann sie eingehend zu betrachten. Eines der Papiere gab ihm offenbar Aufschluß, denn er las vor: «Beograd, Sumatovačka 107, Glancew». Die beiden berieten lange, was zu tun sei, dann nahmen sie mich an die Hand, holten das Köfferchen aus dem Gepäcknetz, und wir verließen den Waggon.

Draußen war es unwirtlich, es nieselte, ab und zu wehte ein durchdringender Wind, der die Laternen ins Schwanken brachte, die den Bahnsteig trübe beleuchteten.

Wir betraten den Bahnhofsvorplatz, wo fünf oder sechs Fiaker standen und auf Kunden warteten. Einer von ihnen wußte, wo die Sumatovaćka liegt, wir stiegen ein und fuhren los.

Die Stadt war nur schlecht beleuchtet, in einigen Straßen gab es überhaupt keine Straßenlaternen, der Fiaker polterte über das Pflaster. Irgendwann weigerte sich der Kutscher kategorisch, weiterzufahren, offenbar hatte er begriffen, daß die Fahrgäste Polizisten waren, die bekanntlich niemals bezahlen. Die Polizisten stritten lange mit dem Kutscher herum, doch am Ende blieb uns nichts anderes übrig, als auszusteigen und unseren Weg zu Fuß fortzusetzen.

Als wir endlich vor Hausnummer 107 standen, mußten die Polizisten mehrere Male klingeln. Nichts rührte sich. Wir gingen durch eine Art Vorgarten auf das Haus zu. Einer der Polizisten trommelte an die Tür.

«Wer ist da?» war eine Frauenstimme zu hören.

«Polizei!»

Mir zog sich das Herz zusammen, wie würden sie mich hier empfangen? «Weine nicht, kleiner Sascha, dort bekommst du viele Spielsachen, eine ganze Truhe voll», hatte mich Großmutter in Moskau getröstet. Vor mir stand jetzt eine große, sehr schlanke Frau mit einem über die Schultern geworfenen Hauskittel, in den Haaren hatte sie Lockenwickler aus Papier. In der Diele verbreitete eine schwache Birne ein blaßgelbes, unfreundliches Licht, das die ärmliche Ausstattung dürftig beleuchtete. Am Ende der Diele war einen Spaltbreit eine Tür geöffnet, man konnte ein Bett erkennen, auf dem jemand lag.

Die Frau, die mich noch nicht bemerkt hatte, trat zur Seite und ließ uns eintreten. Einer der beiden Polizisten teilte ihr ohne Umschweife mit, daß er ihren Sohn gebracht habe.

Erst jetzt bemerkte mich die Frau. Sie schwenkte plötzlich ganz seltsam mit den Armen und fiel zur Seite. Der Polizist konnte sie gerade noch auffangen und auf einen Stuhl setzen.

Von dem Bett hinter der Tür war eine männliche Stimme zu

hören, besser gesagt, es glich mehr einem Stöhnen. Mit dem zweiten Polizisten ging ich näher.

«Das hier sind deine Mama und dein Papa», verstand ich die mit feierlicher Stimme verkündeten Worte des Polizisten.

Um höflich zu sein, wie ich es in Charkow bei der Großmutter gelernt hatte, trat ich vor und sagte zur Begrüßung: «Guten Abend, Genossin Mama! Guten Abend, Genosse Papa!»

Die Mutter fiel fast noch einmal in Ohnmacht, und die Polizisten lachten laut.

So verlief meine Ankunft im «Land der Wunder».

Gegen Ende des Ersten Weltkrieges war mein Vater Michail Sawitsch Glancew an der russisch-deutschen Front verwundet worden und in ein Kriegslazarett nach Jalta gekommen, wo meine Mutter Maria Anatoljewna als Krankenschwester arbeitete. Ich war bereits mehrere Monate alt, als die Weißen vor ihrem Rückzug das Lazarett evakuierten. Meine Eltern hatten sich offenbar noch nicht standesamtlich trauen lassen können, und so trug ich, der ich bei meiner in der Ortschaft Koreis wohnenden Großmutter zurückblieb, den Mädchennamen meiner Mutter, Agafonow.

Mein Vater hatte viele Operationen über sich ergehen lassen müssen, auch jetzt hütete er nach einer erneuten Operation das Bett; man hatte ihm noch ein paar weitere Schrapnellsplitter aus dem Oberschenkel entfernt. Unter großen Anstrengungen war es meinen Eltern gelungen, die nötigen Mittel aufzubringen, um mich über das Internationale Rote Kreuz nachkommen zu lassen. Sie verdienten sich ihren Lebensunterhalt mit dem Züchten von Blumen und Baumsetzlingen sowie mit dem Anlegen von Gärten und Parks. Gleichzeitig studierten beide Landwirtschaft.

Großmutter schickte häufig Pakete und Päckchen, in denen für mich Bücher und für Vater Medikamente waren. Man wollte ihm beinahe schon das Bein amputieren, doch die Heilmittel, die ihm Großmutter aus einer homöopathischen Apotheke in Charkow besorgte, bewahrten ihn davor.

Mit dem Kindern eigenen Egoismus und dem schon damals bei mir ausgeprägten Sinn für Prinzipien war ich gekränkt und verärgert darüber, daß bei den Eltern keineswegs «eine ganze Truhe voll Spielsachen» für mich stand. Ich begriff noch nicht, in welcher Armut sie lebten und wie schwer es für sie war, in diesem fremden Land zurechtzukommen.

Nach etwa einem Monat und nach Absolvierung einer Aufnahmeprüfung wurde ich in die erste Klasse der Grundschule für Emigrantenkinder aufgenommen. Lange war ich dort nicht, denn trotz des Verbots der Eltern prahlte ich vor meinen Altersgenossen mehrfach mit meinem schönen sowjetischen Paß und sang Lieder, die ich in Charkow gelernt hatte. Eines dieser Lieder brachte die Lehrer der Schule besonders in Wut, es ging etwa so:

«In allem, was wir erneuern,
Das Alte werfen wir ab,
In allem lebt Lenins Vermächtnis,
Das Vermächtnis von Iljitsch!
So zerschlaget doch, so zerschlaget doch
Das Alte voller Mut,
So bauet doch, so bauet doch
Das Neue rasch und gut!»

Auch mein Abzeichen «Freund der Kinder» und das rote Sternchen schürten bei den Kindern Neid, aber auch Entrüstung. Meine Eltern versteckten zwar die Abzeichen und auch den Paß immer wieder, doch ich fand sie jedesmal und nahm sie wieder mit in die Schule. Niemand konnte mir diese Dinge entreißen, denn dann erhob ich sogleich ein großes Geschrei. Möglicherweise war ich deshalb so stolz auf diese «Reliquien», weil sie auf einen derartigen Unmut stießen. Mit immer größerer Hartnäckigkeit zog ich den Unwillen der anderen auf mich, und bald hatte ich meinen Spitznamen weg, sie nannten mich «kleiner Bolschewik». Den meisten galt dies offenbar als schreckliches Schimpfwort, mich aber erfüllte es mit größtem Stolz. Immer tiefer wurde der Riß im

Mit dem Vater, 1928

Verhältnis zwischen mir und den Lehrern, schließlich flog ich hochkant von der Schule. Daß dies meinen Eltern besonderen Verdruß bereitet hätte, kann ich nicht sagen, für sie stellte sich allerdings das Problem, wie ich trotzdem eine Ausbildung erhalten könnte.

Oft mußte ich an die Malo-Gontscharowka denken, wo wir Räuber und Kosak gespielt hatten; es waren «unsere» Räuber und «unsere» Kosaken, Sowjetkinder eben. Hier jedoch hatte ich Fremde um mich, die mich und alles Russische haßten. Obwohl ich Kind war, spürte ich dies ganz genau. Hinzu kam, daß meine Eltern infolge der Invalidität meines Vaters zu den Armen gehörten, und auch hier herrschte das Gesetz: «Den Reichen alle Trümpfe».

Im darauffolgenden Jahr legte ich nach einer entsprechenden Vorbereitung zu Hause eine Externenprüfung ab und besuchte dann das Russisch-Serbische Gymnasium. Die Zahl gleichaltriger Mitschüler war hier viel größer, und ich fühlte mich nicht mehr einsam. Auch die Erwachsenen zollten mir Aufmerksamkeit, sie interessierten sich dafür, was ich über das Leben in Charkow berichtete, aber noch mehr Interesse weckten die Bücher und Zeitschriften, die mir meine Großmutter auch weiterhin schickte. Meine Eltern oder ich übersetzten ihnen gern ganze Passagen. Die Erwachsenen nannten mich auch jetzt wieder «kleiner Bolschewik», aber das hatte einen ganz anderen Klang und war anders gemeint als in der Grundschule für Emigrantenkinder. Es war beinahe liebevoll.

Ich kann mich noch genau erinnern, welche Bücher mir Großmutter geschickt hat: «Meine Tiere», «Dersu Usala», «Durchs Ussurische Land», «Was die Nachtigall singt», «Wie der Stahl gehärtet wurde», «Die Mutter» und natürlich die Kinderzeitschrift «Ogonki». Mich hatte regelrecht das Lesefieber gepackt. Wie oft mußte ich die Eltern hinters Licht führen, doch sie fanden unter irgendeinem Schulbuch trotzdem immer fremde Lektüre, was mir nicht wenig Schelte einbrachte. Natürlich mußte sich das Lesen nachteilig auf meine schulischen Leistungen auswirken, doch wie sollte ich den Romanen von Alexandre Dumas, Émile Zola, Walter Scott, Jack London und anderen widerstehen? So viele Bücher hervorragender Schriftsteller gab es in der Bibliothek des Gymnasiums, ich verschlang sie regelrecht, konnte mich nicht losreißen. Es ergriff mich ein leidenschaftliches Verlangen nach Abenteuern, Reisen, Romantik. Besonders Edelmut und selbstlose Freundschaft beschäftigten meine Phantasie, und schließlich begann ich selbst zu dichten. Meine Verse wurden ausgehängt und prämiert. Für einen Aufsatz mit dem Thema «Die Gegenwart ist die Tochter der Vergangenheit und die Mutter der Zukunft» erhielt ich einen wunderschönen Anzug aus gutem Tuch, den ersten Anzug meines Lebens.

Die sich abzeichnende Krise in der Welt – wir schrieben das Jahr 1934 – beeinträchtigte auch das Leben unserer Familie. Ich war bereits vierzehn Jahre alt, als uns durch eine unschöne Begebenheit völlig die Existenzgrundlage entzogen wurde.

Ein Minister Uzunović – seinen Namen habe ich mir bis heute gemerkt – erteilte meinen Eltern den Auftrag, auf seinem großen Gut einen Park anzulegen. Über einen Monat skizzierten und zeichneten die Eltern verschiedene Projekte, erarbeiteten eine Variante im französischen Stil mit regelmäßigen geometrischen und figürlichen Beeten und Wegen, eine im englischen Stil mit eigenwilligen und komplizierten Formen und noch einen Garten im italienischen Stil mit Steingärten und Springbrunnen. Für eine der Varianten entschied sich der Minister und zahlte einen Vorschuß sowie die Auslagen für Bäume und Blumen. Fast drei Monate schuftete die ganze Familie, wobei noch mehrere Tagelöhner zur Unterstützung hinzugezogen wurden. Wir gruben kleine Beete, säten Gras aus, pflanzten Blumenstecklinge und Baumsetzlinge, legten Alleen an, bestreuten die Wege mit Kies und stampften ihn fest. Der Park wurde wunderschön. Vater zog sich seinen besten Anzug an und begab sich zu Uzunović, um ihm die Rechnung vorzulegen. Doch dieser erklärte, daß er nicht zahlen werde. Auf den Einwand meines Vaters, daß er mit ihm einen Vertrag geschlossen habe und er gegebenenfalls vor Gericht gehen müsse, entgegnete Uzunović nur: «Gehen Sie ruhig vor Gericht, Sie wissen doch selbst, daß kein Gericht mich verurteilen wird.»

Mein Vater versuchte natürlich herauszufinden, warum der Minister so reagierte, und fragte ihn, ob ihm der angelegte Park nicht gefalle. «Ganz im Gegenteil», meinte Uzunović, «er ist sogar sehr schön geworden, und man beneidet mich schon, fragt, wer ihn angelegt hat. Damit habe ich für Sie eine gute Reklame gemacht, und für Reklame muß man eben zahlen. Sie hätten für die Reklame die gleiche Summe zahlen müssen, die ich Ihnen schulde, wir sind also quitt.»

So hatten wir also mehrere Monate umsonst gearbeitet. Die nicht minder erbosten Tagelöhner erwiesen sich solidarisch und verzichteten auf einen Teil ihres Lohnes. Meine Eltern aber verließ aller Mut, sie reagierten gereizt aufeinander, ihr ständiger Streit eskalierte in stürmischen Szenen. Sie trennten sich. Der Vater fuhr in die Provinz Kosovo, um dort in einem Bergwerk zu arbeiten.

Ich erlebte damals die Freuden der ersten Liebe und kam des öfteren abends spät nach Hause. Meine Mutter warnte mich: «Wenn du nach zehn kommst, lasse ich dich nicht mehr herein!» Eines Tages machte sie Ernst. Ich klopfte nicht lange, machte auf dem Absatz kehrt und legte mich auf einem Ziegelstapel in einer verlassenen Ziegelei schlafen. Früh erledigte ich meine Hausaufgaben bei einem Klassenkameraden, und als alle zum Mittagessen gingen, ging auch ich angeblich Mittag essen. Um 14 Uhr begann der Unterricht im Gymnasium. Wieder verbrachte ich die Nacht im Freien, bei herbstlichem Nieselregen war dies kein Vergnügen. Bald errieten die Eltern meines Schulfreundes – richtigen Eltern bleibt nichts verborgen –, was passiert war, und gewährten mir bei sich Unterkunft.

Außer der Familie meines Klassenkameraden kümmerte sich in

dieser Zeit noch der Student Ivan Semjonowitsch, genannt Akela (nach dem Wolf aus dem «Dschungelbuch» von Kipling), um mich. Er nahm mich mit in die von ihm geleitete Pfadfindergruppe und ließ mich nicht abrutschen. Man könnte einen ganzen Roman darüber schreiben, wie zwölf- bis fünfzehnjährige Jungs nach dem Vorbild von Tom Sawyer und Huckleberry Finn ein selbständiges, von niemandem abhängiges Leben führen, alle möglichen Arbeiten verrichten, mit Mühe das Gymnasium beenden, um schließlich die Universität zu besuchen. Natürlich ging nicht immer alles glatt, es gab auch Mißerfolge und Rückschläge. Manchmal war ich ohne ein ordentliches Dach über dem Kopf und ohne ausreichende Nahrung.

Im Gymnasium waren Nikita Rakitin aus einer höheren Klasse und sein Freund, der Student Prokopović, auf mich aufmerksam geworden. Eine gewisse Rolle spielte dabei die Tatsache, daß ich aus der Sowjetunion stammte. Ich begann, den von ihnen geführten Geheimzirkel zu besuchen, wo ich erste Bekanntschaft mit dem «Kommunistischen Manifest» machte, einiges aus dem «Kapital» hörte. Viel Neues erfuhr ich dabei, man erklärte mir, wer die Ausbeuter und wer die Ausgebeuteten seien, und zur Offenbarung wurde für mich die Erkenntnis, daß Arbeit eine Ware sei, die verkauft und gekauft werde.

Die Leitung des Gymnasiums löste den Zirkel auf, alle wurden vom Gymnasium verwiesen. Nikita Rakitin schlug sich nach Spanien durch, kämpfte bei den Interbrigaden und verlor ein Bein; später ging er in die Sowjetunion. Den Bemühungen meines Klassenleiters J. A. Jelačić habe ich es zu verdanken, daß ich im Jahr darauf wieder in das Gymnasium aufgenommen wurde. Ihm bin ich überhaupt sehr zu Dank verpflichtet. Er war es auch, der mein Sprachtalent entdeckte, und auf seine Kosten mußte ich Französischstunden nehmen, was in meinem weiteren Leben eine wichtige Rolle spielen sollte. Außerdem lud mich Jelačić häufig zu sich nach Hause in die Sumatovačka ein, wo sich immer mehrere Gymnasiasten trafen; die einen spielten Schach, andere stöberten in der

Bibliothek des Lehrers, der ein leidenschaftlicher Büchersammler war. Auf dem Tisch stand stets ein Teller mit Nüssen.

Die zeitweilige Relegation vom Gymnasium zwang mich, nach Kosovo zum Vater zu fahren, mit dem ich immer auf gutem Fuße stand. Er leitete das unterirdische Sprengstofflager in einem Kupferbergwerk der «Trepsha Mines Ltd.». Ich war ein großer, kräftiger Bursche und stürzte mich voller Freude in die Arbeit, denn was kann es Schöneres geben, als sich mit seiner eigenen Hände Arbeit etwas zu verdienen.

Der Schlamm, eine Bergemasse nach dem chemischen Ausbringen des Kupfers aus dem Pyrit, wurde in Absetzbecken geleitet und mußte dort zum Abtransport verladen werden. Die Erwachsenen hatten nicht gerade großes Verlangen danach, in diesem Bereich mit giftigen Schwefelgasen zu arbeiten, so daß sich für mich gleich etwas fand. Diese gefährliche und schädliche Arbeit wurde im übrigen besser bezahlt als die der Hauer unter Tage. Es war zwar Vorschrift, mit Gasmaske zu arbeiten, aber damit war nicht viel zu schaffen. Auch Blasen und Brandwunden minderten die Leistungsfähigkeit, doch für einen Burschen wie mich war es die blanke Romantik. Hier lernte ich auch, schmerzhafte Verbrennungen auszuhalten.

Der Vater war, wie alle Arbeiter hier, Mitglied der Gewerkschaft Jugoras, in die ich ebenfalls eintrat. Das war auch notwendig, denn die Gewerkschaft erwirkte für ihre Mitglieder manche Erleichterungen und räumte ihnen das Recht ein, im Laden anschreiben zu lassen.

Und was war es für ein Genuß, nach der Arbeit seinen wunden und verbrannten Körper in das reine und kühle Wasser des Ibar eintauchen und die blutenden Nasenlöcher und aufgerissenen Lippen waschen und kühlen zu können. Und erst das Angeln! An den freien Tagen gingen Vater und ich zum Ibar. Häufig glitten Pad-

1928 wurden die Eltern «sowie deren minderjähriger Sohn Alexander»
jugoslawische Staatsbürger

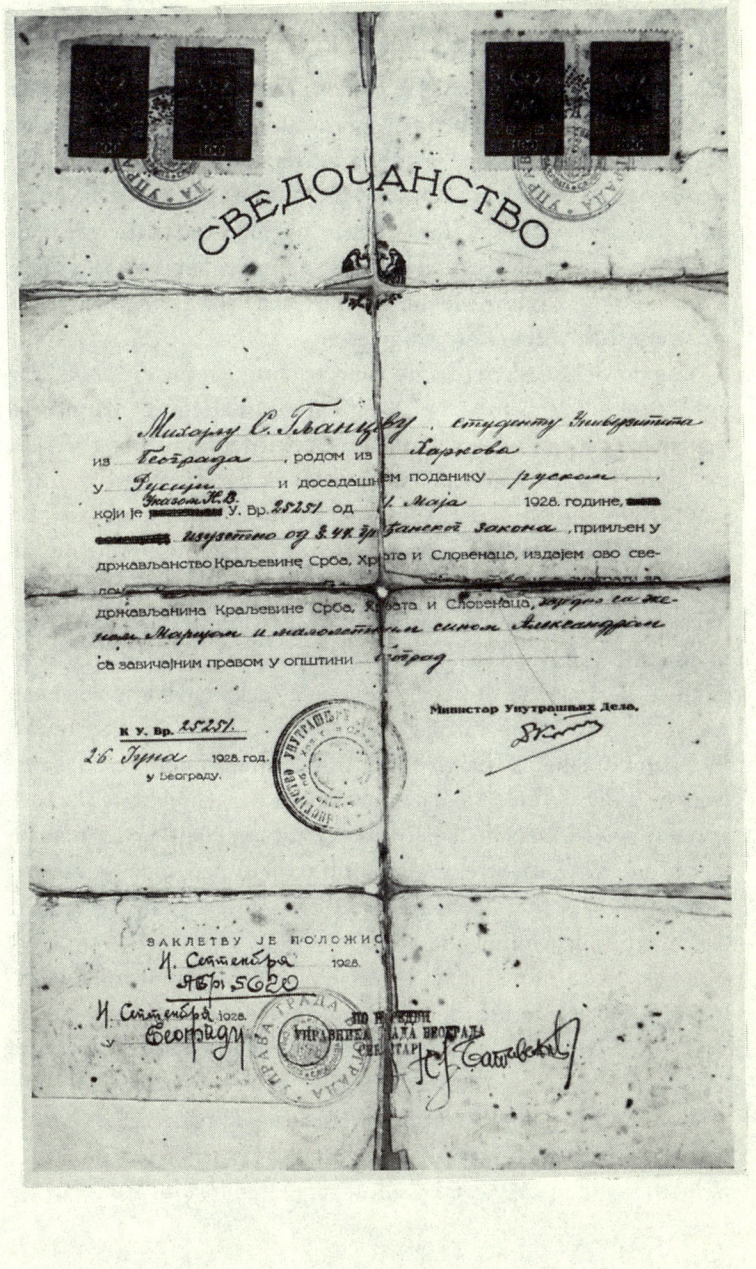

СВЕДОЧАНСТВО

Михајлу С. Гванцову студенту Универзитета
из Београда, родом из Харкова
у Русији и досадашњем поданику руском
који је У. Бр. 25251 од 1 маја 1928. године,
изузетно од З.42 грађанског закона, примљен у
држављанство Краљевине Срба, Хрвата и Словенаца, издајем ово све-
држављанина Краљевине Срба, Хрвата и Словенаца, заједно са же-
ном Маријом и малолетним сином Александром
са завичајним правом у општини Београд

К У. Бр. 25251
25 Јуна 1928. год.
у Београду.

Министар Унутрашњих Дела,

ЗАКЛЕТВУ ЈЕ ПОЛОЖИО
11 Септембра 1928.
Абр. 5620
11 Септембра 1928.
у Београду
УПРАВНИК ГРАДА БЕОГРАДА
СЕКРЕТАР

delboote mit einem oder zwei jungen Burschen vorbei, und Vater erklärte: «Das sind deutsche Touristen. Sie verbinden offenbar das Angenehme mit dem Nützlichen. Sie nehmen gern Kontakt auf mit den hier ansässigen Albanern, Bosniern, Kurden, und immer wieder vergleichen sie anhand ihrer Karten die Gegend. Irgend etwas interessiert sie besonders an Jugoslawien.» Ich wußte, daß der Vater nicht viel für die «Schwaben» übrig hatte, wie man die Deutschen in diesem Teil der Welt nannte. War vielleicht seine Verwundung schuld? Oder ahnte er Schlimmes? Schließlich hatte er schon früh «Mein Kampf» gelesen.

Das im Bergwerk verdiente Geld reichte nur für die erste Zeit und nur für die Lehrbücher. Im weiteren halfen mir dann verschiedene Wohltätigkeitsinstitutionen, wiederum nicht ohne Vermittlung meines Klassenleiters Jelačić. Auch das Elternkomitee der Schule unterstützte mich. Von Organisationen wie beispielsweise der Heilsarmee erhielt ich von Zeit zu Zeit Gutscheine für Übernachtungen und kostenlose Mahlzeiten. Zu diesen Mahlzeiten gab es Brot, soviel man wollte – was brauchte ich mehr zu meinem Glück? Ein Dach über dem Kopf, jede Menge Brot zu zwei kleinen Beefsteaks mit Beilage. Wenn es gelang, ab und zu etwas zusammenzukratzen für das Nationalgericht der Arbeiter, dicke Bohnen mit einem Stückchen Bauchfleisch, oder gar Linsen, dann war ich selig. Ich mußte dabei immer an die scherzhafte Bemerkung meines Vaters denken, wenn er auf die Frage «Was braucht der Mensch?» antwortete: «Ein Hühnerbeinchen, eine Kalbshaxe – und schon ist der Mensch satt. Und um den Durst zu stillen, reicht ein Fäßchen Bier allemal!»

Akela hatte mir großzügig seine alte Schreibmaschine abgetreten, und ich lernte tippen. Mit einer kleinen Gruppe etwas jüngerer Schüler gab ich eine eigene Jugendzeitschrift heraus. Alles machte das Redaktionskollegium selbst: Wir schrieben die literarischen Beiträge und übernahmen die künstlerische Gestaltung ebenso wie Druck und Vertrieb. Wir schickten die Zeitschrift sogar ins Ausland. Eines Tages sandte uns der oberste

Pfadfinderführer höchstpersönlich in einem Umschlag eine Fünf-dollarnote.

In unserer Zeitschrift machten wir uns Gedanken über Gott und die Welt und über das Leben, das wir uns in den rosigsten Farben vorstellten. Ja, unser Leben war interessant und spannend: Wanderungen, Sommerlager, Winterlager. Eine Gruppe von zehn bis fünfzehn Jungs, wanderten wir froh und munter mit Gesang durch das Land. Unser Lieblingsort war der Berg Avala, etwa zwanzig Kilometer von Belgrad entfernt, wo wir eine große Lichtung inmitten von jahrhundertealten Eichen und Buchen ausgemacht hatten, auch eine Quelle mit eiskaltem Wasser fehlte nicht. Die Tages- und Nachteinteilung mit der Festlegung der Aufgaben für jeden einzelnen wurde ausgehängt, die einen waren für das Essen verantwortlich, die anderen für das Feuer. Ich zog es vor, mir in einer Baumkrone eine Art Hängematte herzurichten und dort zu schlafen. Wie wunderbar ist doch das Leben! Wenn wir abends die zwanzig Kilometer nach Belgrad zurückliefen, spürten wir angenehm, daß die immer kräftiger werdenden Muskeln «beim Gehen hinderlich zu werden begannen».

Nach Beendigung des Gymnasiums wurde ich an der medizinischen Fakultät der Belgrader Universität immatrikuliert. In der ersten Zeit hatte ich ein Zimmerchen im Armenviertel Jatagan Mala gemietet. Ich hatte vor, einen edelmütigen Beruf zum Wohle der Menschen zu erlernen, und es gab niemanden, der mir Steine in den Weg legte. Endlich lachte mir das Glück. Über den «Verband der Studentischen Jugend» erhielt ich einen Platz im Internat am Stadtrand von Belgrad. Nach dem Seminar im Labor für Histologie, das sich in der Alten Universität gegenüber dem Polizeipräsidium befand, ging ich in mein neues Domizil. Das Zimmer lag im dritten Stock, es hatte sieben Betten. Ich setzte mich an meinen Nachttisch, um ins reine zu zeichnen, was ich im Labor durchs Mikroskop gesehen hatte, nämlich Leberzellen. Da betrat ein untersetzter Student das Zimmer, offenbar ein «Alteingesessener». Ich erhob mich leicht und stellte mich vor: «Alexander, Medizinstudent im ersten Studienjahr.»

Der Student blickte mich prüfend an, nickte kurz anstelle einer Antwort und begab sich zu seinem Bett. Während ich meine Arbeit fortsetzte, hörte ich, wie er sich auskleidete, den Nachtschrank öffnete und etwas Flüssiges umfüllte. Dann kamen die Schritte wieder näher, und auf das Schränkchen wurde ein Aluminiumkrug gestellt, bis zur Hälfte mit Rotwein gefüllt. Ich drehte mich um, und vor mir stand der «Alteingesessene», nur mit einer Unterhose bekleidet und mit einer halbleeren Flasche in der Hand.

«Trink!» sagte er mit einem Ton, der keinen Widerspruch duldete. Ich nahm meinen eigenen Krug und stellte ihn neben seinen. Der Unbekannte lächelte zufrieden und goß mir den Rest der Flasche ein. Wir stießen an und tranken den Wein in einem Zug aus.

«Nach unserer Tradition wird so Bekanntschaft geschlossen», belehrte mich der Student. «Ich heiße Borisević, doch hier werde ich Oberst genannt. Bin Medizinstudent im vierten Studienjahr, freut mich, daß wir Kollegen sind. Ich verdiene mir durch Boxen etwas hinzu, was an meiner Nasenwurzel unschwer zu erkennen ist.» Bei diesen Worten drückte er mit den Fingern seine Nase platt, dann zog er daran und berührte mit der Spitze zuerst die eine und dann die andere Wange. «Virtuos!» rief ich begeistert.

«Du scheinst ein kräftiger Bursche zu sein, noch dazu Anfänger – erstes Studienjahr, werde dich als Sack benutzen.»

«Als was?» fragte ich zweifelnd.

«Als Sack!» wiederholte er. «Das brauche ich zum Training, aber mein Geld reicht nicht für einen richtigen Sack, und hinhängen kann ich mir so etwas hier auch nicht. Dir wird es guttun, und ich brauche das, um nicht aus der Übung zu kommen.»

«Ich hab vom Boxen keine Ahnung», versuchte ich auszuweichen.

«Das macht nichts, das bringe ich dir schon bei», erwiderte der

Oberst großzügig. «Umsonst, versteht sich, und bei jedem Sieg im Ring bekommst du ein Viertel der Prämie.»

Während ich mich noch mit allen möglichen Ausflüchten zu entziehen hoffte, öffnete sich die Tür, und herein stürmten geräuschvoll die übrigen Bewohner des Zimmers. Vorneweg ein bleicher Kleiner mit Glatze. Er blieb wie angewurzelt stehen, begann mit seiner überlangen Nase in der Luft zu schnuppern und schielte dabei in alle Richtungen, wobei er seinen dünnen Hals lustig reckte: «Ich spüre was, spüre den unverwechselbaren Geruch von Bacchus, gesegnet sei sein Name in Ewigkeit, amen!» So deklamierend, begann er sich auf Zehenspitzen meinem Schränkchen zu nähern. Beim Blick in unsere leeren Krüge zogen sich seine Mundwinkel nach unten, und er sagte mit gespieltem Ärger: «Nein, ich frage euch, was das soll. Ohne allgemeine Billigung und ohne Segen habt ihr es gewagt...» Und dann folgte eine lange, lustige und verwirrende Rede, deren Sinn es war, das Trinken fortzusetzen.

Der Oberst hatte inzwischen aus seiner Hose ein schmales Geldtäschchen gezogen und ließ am Nachttisch feierlich einen Dinar klirren. Als Urheber der Feierlichkeit kam ich nicht umhin, zwei Dinar dazuzulegen, was allgemeine Billigung fand. Jeder steuerte nun sein Teil bei, und eh ich mich's versah, waren die stürmischen Mitbewohner wieder abgezogen.

Nach zwei Stunden war auf der Treppe lautes Klappern und Lachen zu hören. Die Tür ging auf, und drei, vier ineinander gestapelte Korbstühle, wie sie gewöhnlich in kleinen Straßencafés stehen, wurden ins Zimmer geschoben. Einer aus der Truppe mit dem Spitznamen Äffchen hatte zur Ergänzung unseres Mobiliars erfolgreich eine Enteignung vorgenommen, andere brachten Porzellanaschenbecher und Bieruntersetzer aus Pappe, und es gab drei runde, frischgebackene Brote, die einen unerhört appetitlichen Geruch verbreiteten. Als Krönung erschien der «Bacchusanbeter» mit drei Flaschen Wein. Einer legte noch ein Stück Wurst hinzu, ein anderer etwas Käse, und ein dritter öffnete eine Konserve mit

Pastete. Das war meine Einzugsfeier. Es gab viel Spaß, lange Reden und eine Menge Trinksprüche. Anschließend mußten wir vier, fünf Tage hungern, weil wir all unser Geld ausgegeben hatten – aber welchen Studenten hätte das je gekümmert?

Die politische Situation in Europa spitzte sich immer mehr zu, natürlich auch bei uns. Studenten gingen zusammen mit Arbeitern auf die Straße. Neben den Forderungen nach Verbesserung der Arbeits- und Lebensbedingungen wurden auch immer mehr politische Losungen laut, wie «Nieder mit dem Faschismus!», «Nieder mit dem Konkordat!» Die berittene Gendarmerie sprengte in die Züge der Demonstranten hinein, die von der Hauptstraße in andere Straßen und Gassen auswichen. Die Gendarmen schlugen mit Gummiknüppeln und Säbeln zu, es fielen Schüsse, die Straßen färbten sich rot vom Blut, es gab Verwundete, Tote. Mit dem letzten Flugblatt, das ich noch bei mir hatte, wurde ich während der Beisetzung ermordeter Studenten gefaßt. Drei Tage lang verprügelten sie mich im Polizeipräsidium, ich kam auf die schwarze Liste, und dann warfen sie mich hinaus. Ich wurde exmatrikuliert, aber dies hatte keine Bedeutung, denn die Universität blieb ohnehin auf unbestimmte Zeit geschlossen.

Nun war ich also kein Student mehr. Was sollte ich tun? Es blieb mir nichts anderes übrig, als nach Kosovo zurückzukehren und einige Monate im Bergwerk zu arbeiten. Dann verhalf mir mein Vater zu einem guten Zeugnis, und im Oktober 1940 trat ich in die Offiziersschule in Banica bei Belgrad ein. Hier war man völlig abgeschnitten vom Zivilleben. «Die Armee steht außerhalb jeglicher Politik», hieß es. Die Wirklichkeit sah anders aus.

Am 25. März 1941 unterzeichneten die Minister Cvetković und Cindcar-Marković in Wien einen Vertrag, der Jugoslawien verpflichtete, deutschen Truppen zur Unterstützung der Italiener in Griechenland den Durchmarsch durch jugoslawisches Territorium zu gestatten. Dies wurde von der Mehrheit der Bevölkerung als Verrat betrachtet. «Wir ernähren euch, kleiden euch, ihr aber,

Kadettenanstalt Banica bei Belgrad, März 1941;
der Autor steht in der vierten Reihe von oben ganz links

unsere Truppen, seid nicht fähig, unsere Ehre zu verteidigen»,
entrüsteten sich die Belgrader und bewarfen vorübergehende Offiziere mit Steinen. Ausgang wurde ab sofort untersagt. Am
27. März erfolgte ein Militärputsch unter der Führung des Gene-
rals der Luftstreitkräfte Simović, an dem auch unsere Offiziersschule beteiligt war. Die Regierung des Prinzregenten Paul wurde
gestürzt, er selbst floh. Kurz darauf erschien die Bekanntma-
chung, daß an der Spitze des Landes nunmehr Peter II., der Sohn
Alexanders I., stehe.

Der Unterricht an der Schule änderte sich vom einen auf den
anderen Tag. In den Vorlesungen begannen wir nun strategisch
wichtige Punkte nicht nur auf unserer Seite, sondern auch auf der
anderen Seite der Grenze gründlich zu studieren. In der Stadt
hörte man, begleitet von Lautsprechern, die ein patriotisches Lied
nach dem anderen und Marschmusik übertrugen, die jubelnde
Menge skandieren: «Lieber Krieg als einen Pakt!» Auch die Schüler der Offiziersschule brannten darauf, ihre frisch erworbenen
Kenntnisse unter Beweis zu stellen, obwohl sie sich über den Ausgang eines Krieges keinen Illusionen hingaben. Und dennoch:
«Besser ein toter Löwe als ein lebendiger Hund!» Die Verteidigung der Ehre ging über alles.

Am 5. April fuhr bei uns ein Auto mit sowjetischer Flagge vor,
dem der sowjetische Militärattaché entstieg. Kaum hatte er in Begleitung derer, die ihn erwarteten, das Gebäude der Offiziersschule betreten, umringten wir augenblicklich den Fahrer, der uns
eine Zigarette der Marke Belomorkanal anbot. Ein so kostbares
Souvenir aus dem «großen Heimatland Rußland» bewahrte ich
natürlich sorgfältig auf. Nicht nur einmal hatte Rußland den Sla-
wen die helfende Hand gereicht, und vielleicht würden die Russen
auch diesmal an unserer Seite stehen. Jugoslawien war ringsum
vom Feind eingekesselt, lediglich ein kurzes Stück Grenze im
Süden verband uns mit dem stolzen Griechenland, unserem einzigen Freund.

Man teilte uns mit, daß an diesem Tag in Moskau ein Freundschaftsvertrag mit der Sowjetunion unterzeichnet werde und daß 150 sowjetische Divisionen bereit stünden, uns zu Hilfe zu eilen. Das beruhigte uns, noch war also nicht alles verloren, wir standen nicht allein. Doch am nächsten Tag sah alles ganz anders aus.

Es war Sonntag, der 6. April 1941, der erste Osterfeiertag, wir waren in prächtiger Stimmung, denn zum ersten Mal seit drei Wochen erhielten wir Ausgang. Allerdings sahen wir nicht mehr so parademäßig aus wie noch in der Woche zuvor, denn unsere roten Hosen und blauen Jacken waren ersetzt worden durch eine khakifarbene Tarnuniform. Weil damit zu rechnen war, daß Hitler den Bruch des Paktes vom 25. März nicht so einfach hinnehmen würde, hatte man uns für den eventuellen Kriegseinsatz anders eingekleidet.

Gegen sieben Uhr morgens, wir hatten noch nicht mit dem Frühstück begonnen, waren im Eßsaal, der im Keller des dreigeschossigen Gebäudes lag, Detonationen zu hören, das Gebäude bebte, die Lampen schaukelten. Mit fragendem Blick schauten wir den diensthabenden Offizier an.

«Das sind Manöver», beantwortete er unsere stumme Frage. Die Detonationen kamen näher und wurden stärker. Der Offizier ging hinaus und kam sofort zurückgestürzt.

«Alarm! Ohne Waffen durch das Haupttor! Im Wäldchen verschanzen!»

Wir warfen uns unter die noch unbelaubten Akazien. Am Himmel über uns zog eine dunkle Wolke unbekannter Flugzeuge mit schwarzen Kreuzen ihre Kreise. Von unserer Anhöhe waren in der Ferne die Dächer der Hauptstadt zu sehen; ein roter Feuerschein zog sich am Himmel entlang, Rauchwolken stiegen auf. Wir konnten es nicht begreifen, denn Belgrad war zur offenen Stadt erklärt worden, dort gab es nur zivile Objekte und Zivilbevölkerung.

Mit gräßlichem Geheul griffen Stukas unser Wäldchen im Sturzflug an, nicht weit von uns in der benachbarten Unteroffiziersschule knatterten einige Maschinengewehre. Eines der Sturzkampfflugzeuge fing Feuer, um gleich darauf zu explodieren und in Stücke gerissen zu werden. Getroffen! Wir freuten uns über den Erfolg der Unteroffiziersschüler.

Anschließend bewegte sich in breiter Front ein Geschwader schwerer Bomber auf uns zu. Sie waren nicht zu zählen, eine solche Masse hatte ich noch nicht gesehen. Über der Stadt Flammen- und Rauchsäulen, erst etwas später waren die Einschläge und Explosionen zu hören. Welle auf Welle, griffen die Bomber ohne Ende an. Einige Bomben fielen in unseren Wald und auf Gebäude der Schule.

Dann sah man große schwarze Punkte langsam zur Erde schweben, Fallschirme öffneten sich. Da wir in der Pause zwischen zwei Luftangriffen unsere Karabiner hatten holen können, begannen wir zu schießen, und einer der «Fallschirmspringer» wurde offenbar getroffen. Es gab eine gewaltige Explosion mit einer immer größer werdenden Rauchwolke – es waren Luftminen! Bei ihrer Berührung mit der Erde verursachten sie eine so starke Detonation, daß umstehende Gebäude wie Kartenhäuser zusammenfielen.

Nach zwei Stunden war der Himmel wieder frei. Wir erhielten den Befehl, unser Marschgepäck fertigzumachen und uns auf die Evakuierung vorzubereiten. Jede der vier Abteilungen ließ je zehn Freiwillige zurück, dann marschierten alle mit ihren Ausbildern in südliche Richtung nach Sremčice. Die Freiwilligen – zu denen auch ich gehörte – sollten auf Lastkraftwagen warten, das Archiv, das Marschgepäck und sonstige Dinge aufladen und nachkommen.

Nach etwa einer Stunde fuhr ein Melder mit einem Motorrad auf den Hof und teilte mit, daß es sinnlos sei, auf die LKWs zu warten, da diese beim ersten Luftangriff vernichtet worden seien, ebenso wie fast alle militärischen Objekte. Die fünfte Kolonne der Deutschen hatte gute Arbeit geleistet. Unser Oberleutnant war unentschlossen, was nun geschehen sollte. Ich schlug vor, den nächstbesten LKW, der sich aus Belgrad aus dem Staube machte, zu requirieren. Mein Vorschlag wurde akzeptiert, und wir begaben uns zu viert mit aufgepflanztem Seitengewehr auf die Ausfallstraße. Der Flüchtlingsstrom hatte bereits nachgelassen, nur manchmal kam ein einsames Fahrzeug die Straße heraufgekrochen, bis oben beladen mit Menschen und Habseligkeiten. Sollten wir die wirklich anhalten? Wir brachten es nicht fertig, den Unglücklichen ihre Chance zu nehmen.

Plötzlich tauchte am Berg ein kleiner LKW auf, der, seltsam genug, in die Hauptstadt raste und nicht wie alle anderen die umgekehrte Richtung eingeschlagen hatte. Wir schnitten ihm den Weg ab, nahmen eine Drohgebärde ein und hielten ihn an. Der Fahrer sagte, daß er im Laderaum den kleinen Sohn seines Vorgesetzten befördere, den er zum Vater bringen müßte. Wir stürzten los, um das zu prüfen, doch der Fahrer, die Situation ausnutzend, trat aufs Gas und fuhr los. Wir konnten gerade noch so zur Seite springen.

«Stehenbleiben, wir schießen!» Der Ford hatte bereits hundert Meter gewonnen. Da packte es mich: Ich war wie von Sinnen, zielte und schoß. Das Auto begann im Zickzack zu fahren, als ob ein Betrunkener am Steuer säße. Es rollte noch ein Stück geradeaus, kam dann von der Straße ab und blieb zwischen zwei Bäumen eingeklemmt stehen. Der Motor ging aus, und es wurde still. Wir liefen hin, öffneten den Schlag und sahen, daß der Fahrer auf den Beifahrersitz gefallen war. Von dem Einschußloch in der Rückwand des Fahrerhauses bis zu der Stelle, wo jetzt der Kopf des Fahrers lag, hatte sich eine Blutspur gebildet, die Kugel hatte direkt in den Hals getroffen. Der erste Tag des Krieges, und ich hatte bereits mein erstes Opfer.

Bei einer die Straße passierenden MG-Kompanie fand sich zufällig ein Automechaniker, der uns, nachdem wir das Fahrzeug zurück auf die Straße geschoben hatten, zeigte, wie der Motor anzulassen ist und wie man die Gänge einlegt. Aber wer merkt sich schon in einem derartigen Wirrwarr, wie man die Gänge einlegt? Jemanden mit einem Führerschein hatten wir nicht unter uns; ich war der einzige, der schon einmal Gelegenheit gehabt

hatte, auf einem Motorrad zu fahren. Also stieg ich ins Fahrerhaus, und meine Gefährten kletterten hinten auf den LKW. Von
einem Kind fand sich natürlich weit und breit keine Spur, dafür
standen ein Hundertliterfaß Benzin und ein Kanister Motorenöl
auf der Ladepritsche.

Was kostet es doch für Qualen, zum ersten Mal im Leben ein
Kraftfahrzeug von der Stelle zu bewegen, vor allem, wenn man
nicht weiß, welchen Gang man eingelegt hat. Der Motor verreckte
entweder sofort, wenn ich die Kupplung losließ, oder er heulte auf
und sprang wie ein vom Pfeil getroffener Schneeleopard. Wie
sollte ich lenken, wenn die Räder ganz idiotisch überhaupt nicht in
die vermutete Richtung fuhren, sondern in alle Richtungen auswichen, immerfort bestrebt, bald mit dem rechten, bald mit dem
linken Straßengraben Bekanntschaft zu schließen? Die Straßenbreite war einfach nicht ausreichend für mich. Meine Kameraden
trommelten immerzu auf das Dach des Fahrerhauses und schrien:
«Alex, wo fährst du hin? Mehr links, links! Halte dich rechts,
mehr rechts! Mein Gott, wo kurvt der bloß hin!» Plötzlich eine
scharfe Kurve, dahinter eine schmale Brücke über einen Bach und
dann wieder eine Linkskurve. Dutzende Male war ich über diese
Brücke gegangen, und jetzt? Ich faßte sie fest ins Auge, griff in das
Lenkrand, ging voll aufs Gas und Augen zu und durch! Ohne weitere Zwischenfälle fuhren wir in den Hof der Offiziersschule, wo
ich schweißgebadet mit übergroßer Freude den Motor ausschal-
tete und aus dem Fahrerhaus sprang.

Einen LKW also hatten wir, aber wo waren unsere Leute? Ich
wandte mich an den Posten, der am Tor stand, als ob nichts geschehen wäre.

«Die sind längst fort!»

«Was stehst du dann noch hier rum?» fragte ich ihn.

«Warte auf den Wachhabenden, der die Posten einteilt. Ohne
seinen Befehl darf ich den Posten nicht verlassen. Die vierte Wache schiebe ich schon. Wenn man wenigstens ein Stück Brot
hätte!»

Wir rannten in die Küche, schlugen uns den Bauch voll und stopften uns ein paar Laibe Brot in die Gasmaskentaschen. Dann luden wir die Patronenkisten auf, das Archiv und die Erste-Hilfe-Ausrüstung. Oben stellten wir zwei MGs auf, eines mit dem Lauf nach vorn, das andere mit dem Lauf nach hinten, um uns ringsum verteidigen zu können, und los ging's. Als wir nach etwa zehn Minuten an der Unteroffiziersschule vorbeifuhren, bot sich uns ein grausiges Bild. Im Draht des Zaunes baumelten ein Kopf und ein Arm, blutige unförmige Klumpen. Deutsche Flieger hatten für den Abschuß des Flugzeuges Rache genommen. «Möge euch braven jugoslawischen Unteroffizieren die Erde leicht werden! Ihr seid würdig im Kampf um die Heimat gefallen!»

Spätnachts erreichten wir unter vielen Hindernissen Sremčice, wohin die Offiziersschule evakuiert worden war. Wir fragten uns durch und hörten, unsere Kameraden seien auf einem Gut untergekommen, man habe sie dort gesehen. Auf dem Gut herrschte eine schreckliche Finsternis, im Hof wimmelte es nur so von Offiziersschülern, die mehr tot als lebendig schienen. Die meisten hatten sich direkt auf die Erde gelegt, es fiel Regen mit Schnee vermischt. Ein Hauptmann kam auf uns zu und fragte, ob wir Proviant rangeschafft hätten. Schüler und Ausbilder, die etwa fünfzig Kilometer in voller Ausrüstung mit leerem Magen zurückgelegt hatten, waren am Ende ihrer Kräfte. Auf die fünf Brote, die wir dabei hatten, warfen sie sich wie Raubtiere.

Ich hatte nur einen Wunsch – schlafen, schlafen und nochmals schlafen, allerdings nicht im Dreck. So hockte ich mich hinter das Lenkrad im Fahrerhaus. Als ich gerade eingeschlafen war, rüttelte mich jemand unsanft. Es interessierte niemanden, ob ich Fahrer war oder nicht, der LKW wurde entladen, und ich erhielt den Befehl, nach Belgrad zu fahren, um Brot und Marmelade zu holen.

Drei Tage und drei Nächte war ich auf den Beinen; wenn es gelang, die Augen mal zu schließen, dann höchstens für zehn, zwanzig Minuten. Ich kurvte durch die Gegend, um die mir übertragenen Aufgaben zu erfüllen. Wenn sie wenigstens auf die Idee gekommen wären, mir einen Feldwebel zur Begleitung mitzugeben, der mich rechtzeitig angestoßen hätte, wenn ich einzunicken drohte. Am letzten Tag stieg ich um auf einen PKW – das war ein Auto, ein Buick!

Ich müßte eigentlich zu meiner Mutter, dachte ich, und sie aus diesem Sodom und Gomorrha herausholen. War sie überhaupt noch am Leben? Auch wenn zwischen uns beiden nicht immer alles so war, wie es hätte sein müssen, war sie doch meine Mutter. Ich fuhr zu der letzten Adresse, die ich von ihr hatte, und fand sie tatsächlich. Sie kam mir entgegen, konnte nicht glauben, daß ich am Leben sei, umarmte mich und schluchzte. Dann zeigte sie mir voller Stolz ihren Splittergraben, den sie mit großer Mühe ausgehoben und mit dünnen Brettern abgedeckt hatte. Ich wollte sie mitnehmen.

«Nein, Sascha, ich fahre nirgendwohin. Wie könnte ich das alles zurücklassen? Soll kommen, was will. Vor seinem Schicksal kann man sowieso nicht davonlaufen. Du aber, mein Sascha, paß auf dich auf!»

Eine letzte Umarmung. Ihre Tränen hielt sie stolz zurück, sie bekreuzigte mich nur, küßte mich und winkte mir lange hinterher. Diesen Augenblick habe ich für immer in mir bewahrt. Sie hat mich also doch geliebt. Ach, warum waren wir nur so unversöhnlich, so stolz? Ja, es stimmt, ich habe als Junge frech und starrsinnig auf ihre diktatorische Art reagiert, und ich hatte gerade meine erste Liebe – wie sollte sie das auch verstehen! Aber konnte ich damals wissen, daß wir uns zum letzten Mal im Leben gesehen hatten? Wie sehr hat sie mir seither gefehlt, wie sehr habe ich ihre Fürsorge und Zärtlichkeit vermißt, mit der sie nie besonders freigebig umgegangen war. Erst heute wird mir vieles bewußt, und ich fühle mich ihr gegenüber schuldig.

Einige Tage später brachen wir in einer langen Kolonne von Sremčice auf, Richtung Süden, gut getarnt am Waldrand entlang. Wir umgingen im großen Bogen alle Ortschaften, als ob wir nicht auf heimatlichem Boden wären. Wohin wir gingen und wo der Feind lag, wußte niemand. Marschieren, nicht fragen. Plötzlich wurde flüsternd ein Befehl weitergegeben: «Kappen ab von den Karabinern! Ringsumverteidigungsstellung einnehmen!» Dann ein neuer Befehl: «In Kolonne antreten, weitermarschieren!» Sollte der Feind etwa schon so nah sein? Es ist nicht angenehm, in einer Herde zu laufen, die mal da-, mal dorthin getrieben wird. Endlich erreichten wir eine Bahnstation und bestiegen beheizbare Güterwaggons. Nach einigen Stunden fuhr unser Zug jedoch wieder in die Richtung, aus der wir gekommen waren. Es hieß, die Städte Užice und Sarajewo seien bombardiert worden, die Gleise zerstört.

In Foča, einer Stadt in Bosnien, mußten wir aussteigen und wurden in einem Kloster einquartiert. Es war, als ob wir am Boden eines Brunnens säßen, umgeben von bewaldeten Berghängen. Wie sollten wir hier je wieder herauskommen? Mit Ausnahme eines einzigen Offiziers und unseres Feldwebels waren alle Offiziere verschwunden. «Sind alle an die Front abkommandiert», hieß es. Heute glaube ich, daß der Divisionsstab sich damals das Ziel gesetzt hatte, unsere Truppe zu erhalten und zu den Griechen zu bringen. Doch die aus Bulgarien vorrückenden Deutschen hatten in Mazedonien die Stadt Niš eingenommen und einen Keil zwischen uns und die Griechen geschoben. Wir konnten weder vor noch zurück.

Nach etwa zwei Tagen teilte uns einer der Ortsansässigen mit, daß auf der Straße hinter den Bergen drei deutsche LKWs gesichtet worden seien, möglicherweise Aufklärer. Vom Stab war niemand greifbar, und so liefen wir zu fünft mit unseren Karabinern und zwei leichten MGs los, um den Deutschen den Weg abzuschneiden. Wir hatten gerade eine geeignete Stellung bezogen und das MG in Position gebracht, als in der Kurve schwere LKWs mit geschlossener Plane auftauchten. Wir ließen sie auf uns zukommen und feuerten dann mehrere MG-Salven ab. Das erste Fahrzeug kam aus der Spur und stürzte mit Getöse den Abhang hinunter.

Der zweite LKW bohrte sich in einen Felsen, der dritte kollidierte mit dem zweiten, es wurde still. Aus den Wagen sprang niemand heraus, offenbar handelte es sich um einen Troß. In dem wütenden Eifer, der sich unserer bemächtigt hatte, rannten wir hinunter, ich öffnete die Tür des ersten Wagens, und eh' ich mich versah, stieß mir ein Deutscher das Bajonett in die linke Brust... Ich spürte etwas Warmes über die Brust rieseln, mir wurde schwarz vor Augen. Das war er also, der Feind.

Dunkel erinnere ich mich, daß man uns in einem Güterzug nach Norden verfrachtete, nach Belgrad, wo man uns in die Kasernen der Königlichen Garde brachte. Von allen Seiten waren Maschinengewehre auf uns gerichtet, und hier begriff ich erst, daß wir Gefangene waren. Einige Tage später mußten wir nach Pančevo, an das linke Donauufer. Zum ersten Mal wurde ich mit dem wahren Gesicht des Nationalsozialismus konfrontiert: Die unterwegs zusammenbrechenden Kameraden wurden einfach niedergestochen oder erschossen. Mich überkamen Wut und der Wunsch nach Rache.

In Pančevo sollten Kroaten, Bosnier, Mazedonier und Russen raustreten. Ich fühlte mich als Serbe, vielleicht als Montenegriner, da ich dort meine Freunde hatte, und so entschloß ich mich, mit ihnen zusammenzubleiben nach dem Motto: «Geteiltes Leid ist halbes Leid.» Viele Russen handelten so.

Das erste Gefangenenlager, in das man uns brachte, hieß Szakallas und lag dem Namen nach offenbar in Ungarn. In diesem Lager, genauer gesagt, diesem mit Stacheldraht umgebenen Sumpfgelände, waren 200000 jugoslawische Kriegsgefangene interniert. Kein Wasser! Wer trinken wollte, mußte es sich selbst filtern. Wollte man sich hinlegen, mußte man so lange auf der Stelle treten, bis die Feuchtigkeit herausgestampft war. Jede Nacht starben hundert bis hundertfünfzig Mann.

Nach zehn Tagen brachte man uns Offiziersschüler nach Deutschland. Geschlossene, stickige Waggons, nichts zu essen, nichts zu trinken, die Lebenden und die Toten drei Tage zusammen eingepfercht. «Leb wohl, du meine zweite Heimat! Es grüßen dich die ohne Kampf Geschlagenen», waren meine wehmütigen Gedanken, als der Zug die Alpen passierte.

Halbtot kamen wir im Stalag XII-D an. Es lag auf einem Berg über der Stadt Trier, der Geburtsstadt von Karl Marx. Die Insassen waren französische und polnische Kriegsgefangene, schätzungsweise 200 000 Mann; nun kamen wir, Jugoslawen und Griechen, dazu.

Das Lager war wie eine Stadt angelegt, mit Baracken, Straßen und Plätzen, und verfügte über mehrere große Küchen, eine Sanitätsstelle und ein Bad sowie über eigene Funkanlagen. Für Offiziere gab es gesonderte Baracken. Die französischen Köche waren gut zu uns Jugoslawen, es genügte, auf französisch zu sagen «Ein wenig Nachschlag, bitte», und schon gaben sie uns eine halbe oder gar eine ganze Kelle zusätzlich, wobei sie freundlich lächelten. Ich hätte nie gedacht, daß mir meine Französischkenntnisse einmal von Nutzen sein könnten. Ich begann ganze Sätze zu sprechen, womit ich sofort die Gunst der Franzosen gewann. Die schnellgesprochenen Antworten zu erfassen machte mir anfangs Mühe, doch auch diese Barriere war bald überwunden.

Im Lager befand sich eine eigens umzäunte Baracke, und es entsprach der menschlichen Neugier, daß wir wissen wollten, wer dort untergebracht war. Es handelte sich um Angehörige der Interbrigaden. Schnell stellten wir zu ihnen Kontakt her, und ich begann sie ab und zu zu besuchen, wunderbare Menschen waren das! Obwohl sie verschiedenen Nationalitäten mit unterschiedlichen Sprachen angehörten, verstanden sie einander mit einem halben Wort. Sie lebten äußerst diszipliniert und waren ständig mit etwas beschäftigt. In Gruppen fertigten sie kleine Andenken und Geschenke verschiedenster Art, Lackschatullen, Zigarettenetuis mit Strohornamenten, polierte Flugzeugmodelle. Als Material verwendeten sie, was gerade zur Hand war, Aluminiumgeschirre, Löffel, Zahnbürsten. Die Arbeit ging ihnen flott von der Hand, und die fertigen Erzeugnisse wurden gegen Lebensmittel eingetauscht. An Bestellungen von seiten der deutschen Bewacher mangelte es nicht. Sie waren es auch, die Werkzeug, Kreide und Schmirgelpapier beschafften. Mit einer Gruppe Russen, die von einem gewissen Iwan Trojan geführt wurde, freundete ich mich besonders an, und nach ihrem Vorbild schlossen sich fünfzehn Jugoslawen zu einer eigenen Gruppe zusammen.

Am 22. Juni war das Lager in großer Aufregung. Lange standen die Gefangenen um die Lautsprecher geschart und konnten es nicht glauben, daß die Truppen der deutschen Wehrmacht die Grenze zur Sowjetunion überschritten hatten und tief in das Land hinein vorstießen. In den folgenden Tagen und Wochen beschallten die Lautsprecher das ganze Lager mit Siegesmärschen und Berichten über «den unaufhaltsamen Vormarsch in Rußland». Eine Stadt nach der anderen wurde erobert. Die französischen und polnischen Kriegsgefangenen, die in der Nähe der Lautsprecher standen, begannen sofort im Sand die Grenzen der Sowjetunion zu skizzieren, die eroberten Städte zu markieren und ihre Gedanken, Eindrücke und Prognosen auszutauschen. Iwan Trojan, an den ich mich in meiner Verzweiflung wandte, blieb ganz ruhig: «Man soll den Tag nicht vor dem Abend loben. Wenn sie jetzt auch in Rußland sind, sie werden sich dort den Hals brechen!»

Im Juli 1941 wurden wir Offiziersschüler nach Saarbrücken verlegt, wo man uns in einem ehemaligen Pferdestall einquartierte. Laut Genfer Konvention mußten Schüler einer Offiziersschule Offizieren gleichgestellt werden und waren somit von der Arbeit befreit. Nach fast zweimonatigem Aufenthalt unter relativ guten Bedingungen in Trier hätten wir keine schlechte Reserve für die Wehrmacht oder die SS dargestellt. Doch die Nazis wagten es zu diesem Zeitpunkt noch nicht, internationale Vereinbarungen zu unterlaufen, man hätte unser schriftliches Einverständnis benötigt.

Eines Morgens früh trieben sie uns alle aus dem Pferdestall hinaus und ließen uns in langen Reihen auf dem Hof antreten. Ein Offizier und Soldaten mit Maschinenpistole im Anschlag stellten sich vor uns auf, auch hinter uns hatten sich Soldaten postiert. Der Offizier ließ sich von seinem neben ihm stehenden Adjutanten ein Blatt reichen und begann vorzulesen. Ein Dolmetscher übersetzte den Text ins Serbokroatische. Wer freiwillig für Deutschland arbeiten und eine entsprechende Erklärung unterschreiben wolle, solle vortreten.

Allgemeine Stille, dann ein Flüstern, das durch alle Reihen ging. Schließlich traten zwei vor. Sie unterschrieben jeder ein Blatt Papier, man klopfte ihnen auf die Schulter, und sofort wurden sie weggebracht. Von neuem war alles still. Der Offizier hielt es nicht länger aus, trat an einen der Offiziersschüler in der ersten Reihe heran und brüllte über den ganzen Hof: «Und du, unterschreibst du oder unterschreibst du nicht?»

Der Angesprochene schüttelte den Kopf, worauf er einen Faustschlag ins Gesicht erhielt. Dann wandte sich der Offizier an den nächsten, und so ging es den ganzen Tag. Wir standen, und sie schlugen. Erst als es Abend wurde, trieb man uns zurück in den Pferdestall. Zu essen gab es nichts. Nach einigen Tagen verluden sie uns in Viehwaggons und brachten uns unter starker Bewachung in das Straflager XII-F nach Saargemünd in Lothringen.

Für mich stand fest, daß ich die erste Gelegenheit zur Flucht wahrnehmen würde.

En passant par la Lorraine[1]

Lothringen war 1940, nach dem deutschen Sieg über Frankreich, dem Deutschen Reich angegliedert worden, und deshalb war es für mich erst einmal Feindesland. Aber auf Grund meiner sich entwickelnden Kontakte zur einheimischen Bevölkerung lernte ich begreifen, daß die Lothringer unter den «Boches» genauso litten wie alle anderen unterdrückten Völker Europas.

Das Stalag XII-F in Saargemünd-Steinbach, das später unter dem Namen «Schwarzes Lager» bekannt wurde, hat sich meinem Gedächtnis für immer eingebrannt. Es bestand aus den Gebäuden eines ehemaligen psychiatrischen Krankenhauses, dessen Patienten man liquidiert hatte. Umgeben war das Lager von hohen Mauern mit einzementierten Glasscherben. Beidseits der Mauer gespannter Stacheldraht und eine Reihe MG-bestückter Wachttürme, innen ein grau und trostlos wirkender Hof mit den Lagergebäuden. Die Gucklöcher in den Zellentüren waren verglast. Nachts wurde auf jeden, der die Gebäude verließ, ohne Warnung geschossen.

Nach dem lediglich aus Ersatzkaffee bestehenden Frühstück mußten wir zehn Stunden schuften, und erst danach gab es einen Teller heißer und saurer Kraut- oder Steckrübensuppe mit einem Stück Brot. Für die Nazis – das hatte ich auf den Transporten begriffen – waren wir keine Menschen, und jeder Versuch, daran etwas zu ändern, endete mit brutalen Schlägen: Sie waren die Herren, und das ließen sie uns täglich spüren.

Eines Morgens beim Appell verkündete ein Offizier: «Es werden Sanitäter und Ärzte gebraucht.» In der irrigen Annahme, daß sich hier eine leichte und saubere Arbeit bot, traten einige einen Schritt vor, die Nazis wählten ein paar von ihnen aus, gaben ihnen

Gummistiefel und Eimer und befahlen ihnen, die Latrinen zu säubern. Dabei schütteten sie sich aus vor Lachen und riefen: «Das ist doch Medizin, H-y-g-i-e-n-e!»

Wieder hatte ich Glück. Nach einigen Tagen Schwerstarbeit im Lager benötigte die Lagerleitung vier Mann zur Arbeit in einem nahegelegenen Dorf. Unter der Bewachung eines bewaffneten Zivilisten wurden wir – Džoka Cvijić, Michailo Ivanović, Nikolai Kalabuschkin und ich, die vier Unzertrennlichen – nach Remelfingen gebracht. Bei unserer Ankunft waren die Straßen leergefegt, das ganze Dorf wirkte wie ausgestorben. Allerdings fühlten wir von allen Seiten unverwandte Blicke auf uns gerichtet; die Leute standen hinter ihren Gardinen, in Hoftoren und Zaunspalten. Vor uns rumpelte ein Pferdefuhrwerk, auf das wir den von uns zusammengekehrten Straßendreck und Abfall luden, der dann auf eine Müllhalde gekarrt wurde. In der Ferne sahen wir Wald, Wiesen und Felder. Zwei Schritte, und die Freiheit wäre greifbar nah! Es gab nur einen Bewacher, und den hätten wir leicht überwältigen können. Aber wie sollten wir ohne Zivilkleidung fliehen und wohin?

Wir hatten schon jede Hoffnung aufgegeben, da näherten sich uns schüchtern ein paar einheimische Jungen, weiß der Kuckuck, woher sie so plötzlich aufgetaucht waren. Der älteste von ihnen, ungefähr vierzehn Jahre alt, trat vorsichtig an uns heran. Sein unregelmäßiges, schmales und dabei kantiges Gesicht, aus dem ernste, weitgeöffnete Augen blickten, wurde etwas verdeckt von einer keck über das Ohr gezogenen Baskenmütze. Etwas hinter ihm ein elf- oder zwölfjähriger rundgesichtiger Junge mit wieselflinken, etwas schräggeschnittenen Augen, der begehrlich unsere Uniformen betrachtete. Neben ihm stand ein kleiner Dicker von ungefähr neun Jahren, der sich selbstbewußt vor uns aufpflanzte. Alle drei hatten weißblondes, nach allen Seiten abstehendes Haar.

Unser Bewacher war mit dem Reinigen seines Karabiners befaßt. Er rief den Jungen etwas zu und wollte sie wegjagen, aber sie beachteten ihn nicht und kamen noch etwas näher.

«Monsieur, wer seid ihr?» fragte uns der Älteste. Der Bewacher tat so, als ob er nichts hörte.

«Wir sind kriegsgefangene Jugoslawen aus dem Straflager», antwortete ich.

«Paul», stellte sich der Ältere knapp auf Erwachsenenart vor. «Das sind meine Freunde, die Brüder Jérôme und Eugen Mourer. Wir haben Ferien.»

Unser Bewacher fuhr derweilen fort, seinen Karabiner zu reinigen. Die Jungen faßten sich ein Herz und begannen uns mit Fragen nach unseren Rangabzeichen, den Sternen auf den Schulterklappen, den Litzen zu überschütten. Ich erzählte ihnen, daß wir Offiziersschüler sind und wie wir in Kriegsgefangenschaft geraten waren. Nach kurzer Zeit kletterten sie auf unser Fuhrwerk, befühlten unsere Litzen und erzählten über sich und ihr Dorf.

«Kennst du unser Land?» fragte ich den Älteren.

«Ja, das kennen wir. Es liegt auf dem Balkan, hat uns unser Lehrer erzählt. Aber warum reden Ihre Kameraden nicht?»

«Sie können noch kein Französisch», antwortete ich ihm.

Das waren glückliche Minuten für uns. Wir hatten uns so nach ein wenig Menschlichkeit gesehnt und freuten uns deshalb über das Gespräch mit den Kindern, wobei ich nicht verhehle, daß uns natürlich auch gleich der Gedanke kam, mit ihrer Hilfe Kontakt zu den Erwachsenen im Dorf zu knüpfen. Jedenfalls fuhren wir in freudiger, hoffnungsvoller Stimmung ins Lager zurück.

Auch am darauffolgenden Tag besuchten uns die Jungen. Sie brachten kleine Bündel mit und versteckten sie auf dem Fuhrwerk. Als unser Bewacher gerade abgelenkt war, winkte mich Paul heran und öffnete eines der Bündel. Wir trauten unseren Augen nicht – belegte Brote! Richtige, mit Wurst belegte Brote! Zuerst wollten wir sie vor unserem Bewacher verstecken und dann irgendwo heimlich essen. Aber wo hätten wir das tun können? Kurz, wir konnten uns nicht beherrschen, vergaßen alles um uns herum und schlangen die Brote eines nach dem anderen in uns hinein. Die Jungen starrten uns aus weit aufgerissenen Augen an: So etwas hatten sie offenbar noch nie gesehen. Ich mußte lachen, und auch meine Kameraden konnten sich das Lachen nicht verbeißen.

«Das schmeckt aber auch», sagte ich, roch an den Broten und blähte die Nasenflügel weit auf. Wieder mußten alle laut lachen, und so alberten und kicherten wir lange. Nichts bringt Menschen schneller einander näher als ein gesundes Lachen. Unsere neuen Freunde verloren alle Scheu vor uns, und auch wir betrachteten sie schon als die Unsrigen. Unser Bewacher rauchte gleichgültig eine Zigarette, und ich glaubte zu erkennen, daß auch er ein Lächeln nicht unterdrücken konnte.

Am nächsten Tag sind wir wieder umringt von den Jungs.

«Alex», flüstert mir Paul zu, «heute haben wir eine Überraschung für euch.»

Die Kinder tun geheimnisvoll, ihre Augen glänzen vor Erregung. Auf Fragen antworten sie mit vielsagendem Blick. Wir fühlen, daß sie es selbst kaum erwarten können, uns ihr «Geheimnis» anzuvertrauen, aber sie bleiben standhaft.

Als die Mittagspause naht, führt uns unser Bewacher zu einem Hoftor, die Kinder lärmen und zeigen ihm den Weg. Merkwürdig, ist er etwa eingeweiht?

Als wir den rechteckigen Hof betreten, erwartet uns ein Wunder: ein Tisch mit weißem Tischtuch, eine Bank und Stühle. Auf dem Tisch fünf Gedecke, ein Korb mit geschnittenem Brot und eine Karaffe Wein. Drei ältere Bauern stellen eine große Suppenschüssel auf den Tisch und füllen die Teller, bitten uns zu Tisch. Auch unser Bewacher nimmt Platz. Während des Essens steht immer einer der Jungs auf und schaut auf die Straße, um uns bei Gefahr zu warnen. Wir erfahren, daß unser Bewacher ein Elsässer ist, der freiwillig bei den Deutschen arbeitet, um nicht einberufen und an die Front geschickt zu werden, denn er hat eine große Familie zu versorgen. Der ältere der gastfreundlichen Hausherren, Monsieur Ludmann, fragt uns, wo wir gekämpft haben, wie sich die Nazis uns gegenüber verhalten – er verwendet tatsächlich das Wort Nazis – und was man uns zu essen gibt.

Fast drei Wochen aßen wir bei den Bauern zu Mittag. Sie gaben uns auch Lebensmittel für unsere Kameraden im Lager mit und versorgten uns mit den neuesten Nachrichten von der Front.

Unsere freundschaftlichen Verbindungen mit den Einwohnern von Remelfingen wurden zwar intensiver, aber wir blieben vorsichtig und sprachen mit niemandem über unsere Fluchtpläne. Dennoch hatten wir nur einen Gedanken, aus dem Lager zu fliehen und uns den bewaffneten Kräften anzuschließen, die gegen Deutschland kämpften. Alle unsere Hoffnungen knüpften wir an die Jungs.

Eines Tages fragte ich Paul vorsichtig: «Was würdest du an unserer Stelle unternehmen?»

«Ich? Natürlich fliehen! Ich würde mich bis nach Afrika oder England durchschlagen, dort gibt's Armeen, die gegen die Boches kämpfen», war seine Antwort.

Nun tastete ich mich vorsichtig weiter. Auch wir hätten tatsächlich schon daran gedacht, aber wie sollten wir von hier fliehen, wie über die Grenze gelangen. Schließlich müßten wir wohl das Mittelmeer oder den Ärmelkanal überqueren. Aber schon aus dem Lager zu entkommen wäre nicht so einfach. [2]

Erst am nächsten Tag setzten wir unser Gespräch fort.

«Alex», sagte zögernd Jérôme, «vielleicht ist es besser, wenn ihr nicht flieht. Der Krieg geht irgendwann zu Ende, und bei uns werdet ihr es gut haben. Gestern haben wir mit den Eltern über euch geredet, sie waren sehr erschrocken über euren Plan. Es wäre sehr schlimm, wenn euch etwas passieren würde.»

Paul und Jérôme schauten erwartungsvoll, während ich den Kameraden übersetzte, was die beiden gesagt hatten.

«Nein, wir sind Soldaten, unser Platz ist in der Armee. Wenn die Besten sterben müssen, dürfen wir nicht abseits stehen und warten, bis uns jemand die Freiheit bringt. Ihr würdet auch die Achtung vor uns verlieren. Wir mögen euch und wären traurig, eure Freundschaft nicht mehr zu besitzen.»

Zivilkleidung zu beschaffen war eine der wichtigsten Aufgaben,

Paul Néglot
(Aufnahme 1941)
und Jérôme Mourer
(Aufnahme 1967),
die die Flucht
Agafonows aus dem
Kriegsgefangenen-
lager tatkräftig
unterstützten

ein schier unlösbares Problem. Die Jungen sagten uns spontan ihre Hilfe zu. Auch die übrigen Fluchtvorbereitungen ließen sich gut an. Wir hatten beschlossen, in zwei Dreiergruppen zu fliehen. Die erste Gruppe, zu der Nikolai Kalabuschkin und ich gehörten, sollte von Michailo Ivanović angeführt werden. Die zweite Gruppe würde Dobričko Radoslavlević übernehmen, der Französisch sprach; seine Gruppe vervollständigten Stredoje Siačić und Džoka Cvijić. Die Zeit verging...

Im Lagerlazarett arbeiteten französische Kriegsgefangene als Sanitäter und Feldscher. Wir freundeten uns mit ihnen an und baten sie, uns einige Dinge wie Jod, Mullbinden, Watte und ähnliches abzugeben sowie ein Mittel gegen Spürhunde zusammenzustellen.

Vor der Nachtruhe machten wir Lauftraining und übten das Gehen im Gänsemarsch in einer Fußspur, wobei wir Michailo zum «Spurentreter» bestimmten, denn seinem kurzen Schritt konnten wir uns am besten anpassen. Wir versprachen uns davon einen besseren Schutz und einen geringeren Verbrauch an «Antispürhundmittel». Dauerlauf und Krafttraining sollten unser Durchhaltevermögen stärken. Auch das französische Schuhwerk, das uns die Deutschen anstelle unserer Stiefel zugeteilt hatten, an denen sie selber Gefallen fanden, brachten wir in Ordnung. Uns war es gleich, ob Schuhe oder Stiefel, eigentlich waren die Schuhe sogar besser, weil leichter – und einem Flüchtenden werden die Beine schnell schwer.

Wir versuchten auch, uns den örtlichen Gewohnheiten anzupassen. Sauberkeit und Ordnung wurden hier pedantisch eingehalten, und so mußten wir uns ordentlich rasieren, die Kleidung, auch wenn sie abgetragen war, hatte korrekt zu sein, Knöpfe durften nicht fehlen. Vor allem mußten die Schuhe geputzt sein, andernfalls wäre jedem, dem wir begegneten, klar gewesen, daß wir Fremde waren. Das Hosenbügeln unterwegs war kein Problem, das hatte ich schon bei den Pfadfindern gelernt: Man legte die Hosen nachts unter sich, ordentlich zusammengelegt und mit etwas Wasser besprüht; nur durfte man sich im Schlaf nicht hin und her wälzen. Über unsere jungen Freunde beschafften wir Nadel und Faden, Rasierzeug, Schuhcreme, Bürste und Seife.

Die jugoslawischen Gefangenen hatten, um sich ein wenig Abwechslung zu verschaffen, einen kleinen Chor gegründet, zu dessen Leiter Michailo Ivanović bestimmt wurde, der trotz seiner schmächtigen Statur einen herrlichen Baß hatte. Auch die deutschen Bewacher waren dankbar für die Unterhaltung. Als einer der Feldwebel der Wachmannschaft einen Marschbefehl an die Ostfront erhielt und aus diesem Anlaß eine Abschiedsfeier veranstalten wollte, bat er uns, für ihn zu singen. Um den Chor bei Laune zu halten, versprach er Michailo mehrere Brote, vier Kilo Zucker und zwei Eimer Bier. Brot und Zucker, das war genau das, was wir brauchten.

Feldwebel Walter Bruno, der ob des bevorstehenden Aufbruchs ein wenig geknickt wirkte, hatte seine Freunde in der ehemaligen Kantine des psychiatrischen Krankenhauses versammelt. Auf ein Zeichen von Michailo begannen wir; wir sangen Lieder aus der Heimat, jugoslawische, russische. Das Lied «Wolga, Wolga» hatte es Walter besonders angetan, ihm kamen sogar die Tränen, und er schluchzte. Auch die anderen «Eroberer» zogen saure Mienen, sie hatten bereits ganz schön einen gehoben. Wir versuchten, zum Ende zu kommen, doch Walter erhob sich immer wieder, kam wankend näher und rief: «Jugoslawen! Noch mal ‹Wolga, Wolga›, bitte», und dann, schon etwas lallend: «Fahre morgen gen Osten, Scheißkälte da!»

Wir hatten es nicht erwartet, aber der Feldwebel hielt Wort und gab uns das Versprochene. Michailo, Nikolai und ich, die als erste die Flucht wagen sollten, erhielten zwei Kilo Zucker. Auch in Remelfingen gingen die Fluchtvorbereitungen weiter. Paul gelang es, eine Karte des Departement Mosel zu beschaffen. Jérôme überreichte mir mit triumphierendem Blick einen Kompaß, den ihm die Witwe eines französischen Majors, Anne Hervinot, für uns mitgegeben hatte. Schlecht sah es jedoch mit Zivilkleidung aus, da

Nikolai und ich 1,80 groß waren. In Lothringen gab es wenig Männer von dieser Größe.

Einmal fragte mich Paul: «Wie wollt ihr euch eigentlich verteidigen, wenn ihr gefaßt werdet?»

«Irgend etwas wird uns schon einfallen, lebend ergeben wir uns jedenfalls nicht.»

Es waren herrliche Sonnentage, es ging allmählich auf den Herbst zu, schon waren die Kartoffeln auf den Feldern dick, die Obstbäume bogen sich unter der Last herrlicher Früchte. Es war, als ob uns die Natur zur Flucht ermuntern wollte, so reich war das Angebot.

«Nun, mein lieber Alex», richtete eines Tages völlig unerwartet der Bewacher das Wort an mich. «Es reicht mit dem Versteckspiel, ich weiß, was ihr im Sinn habt!»

Ich war voller Anspannung, sollten wir ihn vielleicht entwaffnen und fesseln oder gar töten?

«Alex, hör mir zu. Ich kann nicht zulassen, daß ihr abhaut. Ich habe Familie, drei Kinder. Ihr habt bestimmt schon alles vorbereitet. Ich habe daran auch eine Aktie, denn ich habe bis jetzt einfach weggesehen. Ich bin auch froh darüber, daß die drei Jungs hier so prima Kerle sind, Lothringer eben. Du brauchst nichts zu fürchten, ich werde euch nicht verpfeifen, aber gebt mir euer Wort darauf, daß ihr mich einweiht, bevor ihr abhaut, damit ich euch in eine andere Brigade abgeben kann. Was ihr dort macht, das ist dann eure Sache.»

Ich war erleichtert und gab ihm mein Wort, obwohl das nicht ganz in unsere Pläne paßte. Er seinerseits versprach, sich für uns zu verwenden und uns so schnell als möglich woanders unterzubringen.

Unsere neue Arbeitsstelle bot optimale Voraussetzungen für eine Flucht. Es handelte sich um einen von einer nicht sehr hohen Steinmauer umgebenen, zu Beginn des Krieges gesprengten Wasserturm, von dem nur große Betonbrocken übriggeblieben waren.

Die Explosion hatte auch an einigen Stellen der Einfriedung Risse verursacht, und von hier bis zum Waldrand war es ein Katzensprung. Es galt zunächst, die Bewachung und die Tageseinteilung genauestens zu studieren.

Mit Preßlufthämmern zerkleinerten wir die Betonbrocken in kleine Stücke und räumten sie beiseite. Schon nach kurzer Zeit begannen die Ohren zu schmerzen. Gegen Mittag brachte man einen Behälter mit Essen. Ein einziger Bewacher bewerkstelligte die Essensausgabe und trieb zur Eile: «Los, los, weiter, der nächste!»

Die übrigen Bewacher – es waren insgesamt sieben für unsere etwa vierzig Mann starke Brigade – verließen ihren Posten und verzogen sich in eine Art Laube, um dort ihr Mittagessen einzunehmen. Nur ein einziger blieb auf seinem Posten – wer würde schon beim Essen weglaufen wollen? Der Soldat, der die Essensausgabe besorgt hatte, war inzwischen ebenfalls verschwunden, nur der einsame Posten ging, nachdem er uns während der Essensausgabe gezählt hatte, immer hin und her auf einem kleinen Hügel, den er sich offenbar als Fixpunkt ausgesucht hatte. Auch er war froh über die eingetretene Stille, und bald fing an, das populärste aller Soldatenlieder zu singen: «Lili Marleen».

Wir hatten etwa zehn Minuten zur Verfügung und ließen uns in einem gewissen Abstand voneinander nieder, schließlich mußten Unbeteiligte nichts von unseren Absichten wissen, unsere Beobachtungen konnten wir auch am Abend im Lager austauschen.

«Los, schneller! Aufstellung nehmen!» Die Bewacher hatten bereits wieder ihre Plätze eingenommen. Der Unteroffizier zählte uns zweimal und sagte dann: «In Ordnung! Weggetreten!»

Wieder ratterten die höllischen Hämmer, die Hände waren voller Brandblasen, vom Schweiß zerfressen. Wir wurden zwar öfters gezählt, aber sonst gab es nichts Auffälliges. Auch ein Telefonkabel war nicht zu sehen. Nur der Hund des Unteroffiziers bereitete uns Kopfzerbrechen: Würde ihn das «Antispürhundmittel» genügend verwirren?

Zurück in Steinbach, besahen wir uns noch einmal die Karte. Es gab für uns drei Richtungen, nach Nordwesten, nach Luxemburg, in den Süden, nach Frankreich, oder nach Südosten in die Schweiz. Die vierte Himmelsrichtung, Norden, war unrealistisch, wir hätten ganz Deutschland durchqueren müssen. Die Karte war äußerst exakt, selbst das Wäldchen am Wasserturm war verzeichnet. Etwas weiter zeigte die Karte umfangreiche Waldgebiete, dies würde uns zustatten kommen. Um die Spuren zu verwischen, beschlossen wir jedoch, unsere Flucht in nördliche Richtung zu beginnen, denn es war ja nur natürlich, wenn die Flüchtenden den kürzesten Weg in ihre Heimat wählten. Die Verfolger sollten so auf eine falsche Spur geführt werden. Nach ein paar Kilometern wollten wir im rechten Winkel nach Osten schwenken und nach einigen weiteren Kilometern dann in südliche Richtung, nach Remelfingen. Dort, so war es vereinbart, würde das Köfferchen mit den erforderlichen Sachen stehen.

Noch einmal studierten wir sorgsam die Karte, erklärten den Freunden der nächsten Dreiergruppe die Route und malten uns in Gedanken die erste Übernachtung in Freiheit aus, im Wald, an einem Feuer, Kartoffeln bratend, was für eine Delikatesse! Plötzlich fiel mir ein, daß wir überhaupt nicht an Streichhölzer gedacht hatten; wir müßten Paul noch um Beschaffung bitten, auch ein Stückchen Zellophan wäre gut, um die Streichhölzer vor Nässe und Regen zu schützen.

«Vielleicht solltet ihr noch Regenschirme mitnehmen», spottete Dobričko.

«Die nehmt ihr mit», parierten wir. «Und vergeßt nicht, euch mit einem Necessaire für die Maniküre und mit Krawatten einzudecken, sonst wird euch keine einzige Französin schöne Augen machen!»

Unter solchen Scherzen kam die Nacht, und während des Einschlafens erinnerte ich mich an die Worte meines Vaters, der mich gelehrt hatte, wie Suworow zu handeln: «Ich will – das ist schon die Hälfte von ich kann.» Wir wollten ja nun wirklich sehr.

Am nächsten Tag informierte uns Džoka, der inzwischen unser Kontaktmann zu Paul war, daß wir gegen 21 Uhr unbedingt an der zur Straße gehenden Mauer sein müßten. Paul wolle sich von uns «im Namen der gesamten kämpfenden Jugend Frankreichs» verabschieden. Džoka war ganz aufgeregt: «Paul läßt ausrichten, daß er an euch und euren Erfolg glaubt. Er wird immer an euch denken und hofft, euch in besseren Zeiten wiederzusehen. Hier, diese Adresse hat er mir noch gegeben, sein Cousin wohnt nicht weit von der Grenze, in Dombasle.» Wir schlugen die Karte auf und sahen, daß Dombasle bei Nancy liegt, genau in der von uns gewählten Richtung. Was war doch unser Paul für ein prima Kerl!

Zur festgelegten Zeit hielten wir uns bereit. Eng an die Wand des Gebäudes gedrückt, lauschten wir in die Stille, hörten die Schläge der Turmuhr, den ersten, zweiten. Beim achten Schlag war plötzlich das Rascheln eines fliegenden Gegenstandes zu hören, der in einigen Metern Entfernung von uns niederfiel. Das scheuchte den Posten auf dem Turm auf, der Scheinwerfer ging an, und der Lichtkegel begann die Mauer abzutasten.

«Halt! Halt!» Eine kurze MG-Salve.

«Verfluchter Lump», schimpfte der Posten.

«Was ist los?» kam vom nächsten Wachtturm die Frage.

«Irgendein Bengel. Ich habe ihm einen Schrecken eingejagt, und er hat die Beine in die Hand genommen.» Beide Posten lachten selbstzufrieden.

Während oben die Soldaten palaverten, paßten wir den günstigsten Moment ab, und schon hatten wir die Botschaft in der Hand. In unserem Zimmer lasen wir: «Bin in Gedanken bei Euch. Das Köfferchen steht bereit. Wünsche Euch Mut und Erfolg. Paul.» Es war also soweit, der nächste Tag wird der Tag der Flucht sein, was wird er mir wohl bringen, dieser Tag?

Am Morgen des 22. August zogen wir unter unsere Uniform die Zivilkleidung, in speziell eingenähten Taschen verstauten wir einen kleinen Beutel Zucker, Watte, Verbandszeug und ein Fläschchen Jod sowie unser Mittel gegen die Spürhunde; ich hatte außerdem noch den Kompaß und die Karte. Vor der Wachablösung verabschiedeten wir uns von den Zurückbleibenden.

Es war heiß und anstrengend, in doppelter Kleidung zu arbeiten. Wie abgemacht, gewöhnten wir die Posten daran, daß wir häufig die Toilette aufsuchen mußten, wir taten, als ob wir Durchfall hätten. Zu sehen, wie sich jemand den Bauch hält und Qualen leidet, war für die Posten offensichtlich ein besonderes Vergnügen, und sie wurden nicht müde, mit derben Scherzen die Sache zu begleiten: «Sieh mal, hier ist wieder einer los ‹zur Arbeit›!»

«Ja und wie! Als ob tausend Teufel hinter ihm her sind!»

«Möchte wissen, was die gefressen haben, daß sie sich so den Wanst verdorben haben?»

«He, Franz, jetzt rennt noch einer los, wohl zur Unterstützung. Paß auf, daß du von dem Blasduett nicht taub wirst!»

«Genau, geh bloß ein Stück weg, damit du nicht in der Blüte deiner Jahre erstickst!»

Bald waren die Posten ihrer Scherze und Frotzeleien überdrüssig, sie hatten sich inzwischen schon daran gewöhnt und achteten nicht mehr auf uns, das übliche Einerlei.

Das Mittagessen wurde gebracht. Bei der Essensausgabe waren wir die ersten, traten dann zur Seite, stellten die Näpfe auf den Boden und trabten einzeln zur Toilette, wobei wir uns krümmten und uns den Bauch hielten. Sobald der Erdwall uns vor den Blicken des Postens verbarg, riß sich jeder die Uniform herunter; mir wurde ganz komisch, als ich plötzlich zwei Fremde in Zivil vor mir sah, ich mußte mich erst daran gewöhnen, daß es Michailo und Nikolai waren. Die Uniformen rollten wir zu einem Bündel zusammen – es war direkt schade um meinen noch neuen Uniformmantel – und bespritzten es mit der stinkenden Würze sowie einem Gemisch aus Pfeffer und Tabak. Auch unsere Schuhsohlen bestrichen wir mit der Mischung. Wir setzten mit Schwung über die Mauer und stürmten vorwärts, jede Minute war kostbar, hinein in das Wäldchen.

Der «indische Pfadfinderschritt», fünfzig Schritt im Lauf, fünfzig Schritt im Marschtempo, ist eine kräftesparende und schnelle Art der Fortbewegung, das Wichtigste dabei ist, immer in einer Fußspur zu bleiben. Nach etwa zwei Kilometern bestreuten wir die Spuren erneut mit unserem Gemisch, rieben die Schuhsohlen damit ein, und weiter ging es, alles nach Plan.

Gegen Abend erblickten wir den Kirchturm von Remelfingen. Die Gefährten verschanzten sich am Waldrand, ich ging in Richtung Remelfingen weiter. Als ich nahe am Ort war, legte ich mir ein Tuch auf die Wange, als ob ich Zahnschmerzen hätte, damit ich mein Gesicht einigermaßen verbergen konnte, falls mich jemand erkennen sollte. Ich bog in die Straße ein, in der Jérôme wohnte, und klopfte an. Die Tür öffnete sich, und ich wurde buchstäblich hineingezogen; ich stand vor einer Frau, die ganz bleich war, mit Tränen in den Augen, es konnte nur Jérômes Mutter sein. Auf meine Frage, wo Jérôme sei, hörte ich ein jauchzendes «Alex!», und er umarmte mich freudig. Ich mußte mich auf den Fußboden setzen, damit ich von der Straße nicht zu sehen war, Jérôme aber rannte eiligst zu Madame Hervinot, um das Köfferchen zu holen. Im Handumdrehen war er wieder da und fragte mich nach den anderen. «Im Wald», sagte ich.

«Und wo ist Paul?»

«Der hat sich gestern das Knie am Stacheldraht aufgerissen. Der Vater hat ihn verprügelt, damit er sich nachts nicht wieder herumtreibt. Er muß liegen. Stimmt das, daß man auf ihn geschossen hat? Er hat sich damit gebrüstet, daß er nur mit Mühe den Kugeln ausweichen konnte.»

«Es stimmt, Jérôme, es ist wirklich wahr», bestätigte ich.

Jérôme und Eugen begleiteten mich zum Wald zurück. Jérôme trug das Köfferchen, in dem sich Eßgeschirre, Feldflaschen, eine Bürste, Schuhcreme und andere nützliche Dinge befanden. Nach etwa zehn Minuten hatten wir den Waldrand erreicht. Niemand meldete sich auf meinen Pfiff. Ich pfiff noch einmal, diesmal lauter, und vor mir standen Michailo und Nikolai. Ein letztes Mal umarmten wir unsere «Widerständler in kurzen Hosen». Schade, daß Paul nicht dabei war und die Freude und das Glück der wiedergewonnenen Freiheit nicht miterleben konnte.

«Mama hat mich gebeten, euch die Adresse meiner Schwester zu geben. Sie heißt Annie Théron und lebt in Paris, an der Ecke Boulevard Saint-Denis/Boulevard de Sébastopol.»

Immer weiter drangen wir in das langsam dunkel werdende Dickicht des Waldes ein. Wir gingen auf schmalen, von den Tieren ausgetretenen Pfaden, machten einen Bogen um Ortschaften und Straßen. Manchmal kämpften wir uns mühevoll durch dichtes Gebüsch, und immer war unser Gehör geschärft, denn wir durften auf keinen Fall mit jemandem zusammentreffen.

Es wurde bereits hell, als wir abgekämpft und zerschlagen auf ein einsames, kleines und offenbar verlassenes Vorwerk stießen. Ein etwas abseits gelegener Schuppen schien uns ein ganz sicherer Ort zu sein. Es war eine Menge Heu da, und wir ließen uns wie tot hineinfallen, ohne auch nur eines Gedankens fähig zu sein. Ich kam nicht einmal mehr dazu, den Zustand der Glückseligkeit über die eingetretene Ruhe zu verspüren, ein abgrundtiefer Schlaf übermannte meine bleischweren Lider, ich spürte nichts mehr.

Im Schlaf vermeinte ich zweimal das Knarren einer Tür zu hören, doch ich hatte nicht die Kraft, meine Augen zu öffnen, geschweige denn, meinen Körper, der mir wie fremd vorkam, zu drehen und mich aus der Kuhle im weichen und betäubend duftenden Heu zu erheben. Als wir erwachten, drangen durch die Ritzen der Scheune die Strahlen der hoch am Himmel stehenden Sonne herein. Nachdem wir uns gestreckt und ein wenig umgeschaut hatten, entdeckten wir auf der Türschwelle der Scheune drei ordentlich eingewickelte Päckchen, daneben stand ein Zweiliterkrug voll Milch. In dem Päckchen fanden wir Brot und Speck. Es bedarf keiner Worte, was wir in diesem Moment gegenüber unseren unbekannten Wohltätern empfanden.

Wir waren bereits den dritten Tag unterwegs. Unsere einzige Nahrung waren dreimal am Tag je ein Löffel Zucker und ein Stück Zwieback (wir hatten insgesamt vierzig Zwiebacke). Am Himmel, der sich innerhalb von Minuten verfinstert hatte, hallte Donnergrollen von allen Seiten, aus den wie in Blei gegossenen schwarzen Wolken schossen nur so die Blitze. Das Gewitter entlud sich in einem heftigen Regenguß, und nach wenigen Minuten waren wir naß bis auf die Haut. Der Regen hörte nicht auf, es goß und goß, es wollte nicht aufhören. Als wir völlig durchnäßt waren, gab es nichts mehr zu verlieren, und so setzten wir unseren Weg fort, vor Nässe zitternd, im Laufschritt. Als es bereits völlig dunkel war, erreichten wir ein alleinstehendes Häuschen – endlich ein Dach über dem Kopf! Die Tür war nur mit einem Draht verschlossen. Wir öffneten, und als wir mit einem Streichholz den Raum ausleuchteten, sahen wir Schaufeln, Spitzhacken und, als Prunkstück in der Mitte, ein Kanonenöfchen mit nach außen geführtem Abzugsrohr, daneben einen Stapel Holz. Es gelang uns, den Ofen anzuheizen, die spielerisch züngelnden Flammen erhellten den Unterschlupf. Wir räumten ein wenig auf, schafften uns Platz. Es wurde warm, sogar heiß. Schnell zogen wir uns die nassen Sachen vom Leib und hängten sie zum Trocknen auf. Eine unüberwindliche Müdigkeit überkam uns. Halb sitzend, halb liegend versuchten wir uns einzurichten und versanken in einen unruhigen Schlaf. Wenn uns hier jemand durch das Fenster beobachtet hätte, er wäre, ohne sich umzuschauen, davongestürzt – drei nackte Wilde am brennenden Ofen.

Es war längst hell, als wir die Augen öffneten, die Kleidung war getrocknet, aber wie sie aussah! Die Schuhe waren total verkrümmt und steif geworden. Erst jetzt bemerkte ich, daß auf meiner Hose und der Hose von Nikolai Zeichen angebracht waren, eine runde Granate mit einem flammenden Docht. Ein Symbol der Artillerie?

Ein Löffel Zucker, ein Zwieback, dann weiter im Gänsemarsch, voran Michailo, dahinter ich, dann Nikolai. Plötzlich hob Michailo die Hand, ich gab das Zeichen weiter an Nikolai, und wir blieben stehen. Michailo kroch nach vorn. Als er zurückkam, flüsterte er: «Feldgendarmerie. Sieht aus wie ein Bunker.»

«Versteckt euch», sagte ich. «Ich schau mal nach, was das für Leute sind.»

Vorsichtig kroch ich vorwärts, der Wald lichtete sich. Ich konnte eine kleine Waldwiese erkennen und einen Feldweg. Auf einer Betonkuppel mit freien Schießscharten saßen vier ins Gespräch vertiefte Feldjäger. Plötzlich gab einer von ihnen ein Zeichen, die anderen verstummten, tasteten angespannt mit den Augen die Gegend ab, horchten. Schließlich beruhigten sie sich wieder und fuhren fort, sich leise zu unterhalten. Klare Sache – sie warteten auf jemanden. Ich schlich mich zu meinen Gefährten zurück und schlug vor, die Stelle weitläufig zu umgehen. Laut Karte war nicht weit von uns ein Sumpfgebiet. Wir beschlossen, am Rand dieses Sumpfgebietes unseren Weg fortzusetzen. Das war kein guter Tag – zwanzig Kilometer umsonst. Aber das Schlimmste stand uns noch bevor.

Nahe der Stadt Dieuze mußten wir die Landstraße Dieuze – Arracourt überqueren. Wir gingen parallel zur Straße auf der Suche nach einer günstigen Stelle, als wir in der Kurve Pferdegetrappel hörten. Wo sollten wir uns verstecken? Vor uns lag eine große Wiese mit weidenden Kühen. Erst hundertfünfzig Meter weiter begann wieder Wald, das war nicht zu schaffen. Da sahen wir einen Hirten. Eiligst rannten wir auf ihn zu, wobei wir unser Köfferchen und die Taschen ins Gebüsch warfen. Im gleichen Moment bog ein leichter Wagen mit Schutzpolizei aus der Kurve. Das Herz klopfte uns wie rasend. Mit dem Rücken zur Straße sprachen wir den Hirten an. Auf seiner Jacke war ein Rechteck mit einem «P» für Pole aufgenäht. Ich kramte meine paar Brocken Polnisch zusammen, doch der Pole schaute weg, ohne zu antworten. Das Pferdegetrappel verstummte, der Wagen war stehengeblieben. Ich folgte dem Blick des Hirten und sah einen «Vertreter der neuen Ordnung» langsam auf uns zukommen, wobei er die Peitsche spielerisch um seine glänzenden Stiefelschäfte tanzen ließ. In Gedanken prüfte ich blitzschnell unser Äußeres: Wir sahen ganz ordentlich aus, die Schuhe glänzten.

«Was seid ihr denn für Typen?» Die zusammengekniffenen Augen des Polizisten musterten uns kritisch. Der Pole, der halb abgewandt stand, hob mit stolzer Geste den Kopf und reagierte herausfordernd: «Worum geht's denn überhaupt?»

Das Gesicht des Polizisten verzerrte sich vor Wut, er holte mit der Peitsche aus und schlug damit dem Polen ins Gesicht, wobei er zischte: «Mütze ab, polnisches Schwein!»

Noch einmal schwang er die Peitsche, die Mütze flog dem Polen vom Kopf. Nun wandte sich der Polizist uns zu, die wir unsere Mützen vorsorglich bereits in der Hand hielten und Habtachtstellung eingenommen hatten. Stolz auf die von ihm erzielte Wirkung, kehrte der Deutsche zu seinem Wagen zurück, und bald entschwand er unserem Blick.

Wir versuchten, mit dem Polen ins Gespräch zu kommen, doch der drückte seine Hand auf die Wange und würdigte uns keines Blickes: «Haut ab, ihr erbärmlichen Feiglinge!» Auf Grund unserer Hosen hielt er uns offenbar für Angehörige der französischen Armee.

Die deutsch-französische Demarkationslinie erreichten wir am siebten Tag. Wir drängten und konnten es kaum erwarten, den schwierigen Marsch durch das verflixte Dritte Reich zu Ende zu bringen. Wie sehr sehnten wir uns nach Ruhe und Erholung. Wir spürten, daß wir mit unseren Kräften am Ende waren. Als wir den Turm der Kirche von Juvelise erblickten, glaubten wir uns schon fast auf der anderen Seite der Grenze.

Wir bogen auf die asphaltierte Landstraße ein und hatten noch keine zweihundert Schritte zurückgelegt, als wir ein Mädchen und einen Jungen auf Fahrrädern auf uns zukommen sahen. Sie schauten unverwandt in unsere Richtung, was uns auf der Hut sein ließ. Zunächst fuhren sie an uns vorbei, doch dann, etwa zehn Schritte hinter uns, hielten sie, blieben eine Weile stehen, wendeten und fuhren uns hinterher. Hitlerjugend, schoß es mir durch den Kopf, und unwillkürlich fuhr ich mit der Hand in die Tasche und hielt den Griff meines Messers umspannt.

«Monsieur, wohin wollen Sie denn?» fragte das Mädchen, das uns inzwischen eingeholt hatte.

«Ins Dorf, wir suchen Arbeit.»

«Dahin sollten Sie auf keinen Fall gehen, dort werden Sie schon seit gestern erwartet», sagte das Mädchen ohne Umschweife.

Das Dorf wimmelte offenbar von Gendarmen, die angerückt waren, um geflüchtete Kriegsgefangene zu stellen. Die Kinder sprachen so zwanglos und frei, waren so voller Freude und Stolz, daß sie «ihre» Gefangenen retten konnten, daß man ihnen einfach glauben mußte. Es hatte auch keinen Zweck, vor ihnen verbergen zu wollen, daß wir tatsächlich Flüchtende waren. Hinter einem Strauch abseits der Straße erläuterten sie uns, wo die Grenze verlief. Sie empfahlen uns einen Sumpf, der nicht tief sei und wo man nicht mit einem Hinterhalt rechnen müsse. Entlang der gesamten Demarkationslinie, erklärten sie uns, wobei sie sich vor Eifer gegenseitig unterbrachen, stünden hohe Wachtürme, dazwischen patrouillierten regelmäßig Posten. Wir sollten den Einbruch der Dunkelheit abwarten, sie würden uns auch etwas zu essen bringen.

Ein entscheidender Schritt stand uns bevor, entweder er gelang, oder wir waren verloren. Uns überkam ein abergläubisches Gefühl, und wir beschlossen, uns beim Erscheinen des dreizehnten Sterns am Himmel auf den Weg zu machen. Unsere Blicke waren auf den schnell sich verfinsternden Himmelsbogen gerichtet. Dann zogen wir los und durchwateten glücklich den Sumpf. Wie angekündigt, sahen wir vor uns eine Chaussee, die wir überquerten, um dann eine kleine Höhe zu erklimmen.

Inzwischen hatte sich der Himmel vollends bewölkt, es war stockfinster, alle Orientierungspunkte versanken in der undurchdringlichen Finsternis. Wir gingen im Gänsemarsch, Nikolai voran. Plötzlich blieb er stehen, ich lief auf ihn auf, Michailo auf mich: ein füchterliches dumpfes Getöse, als ob eine riesige Herde ausbreche vor Panik. Wir warfen uns mit dem Gesicht zur Erde, mehr tot als lebendig. Unversehens, wie es eingesetzt hatte, brach das Geräusch wieder ab, es herrschte Stille: Wir waren in eine Koppel mit einer Schafherde geraten.

Wir umliefen die mit Draht eingezäunte Viehkoppel bald nach links, bald nach rechts, dann hatten wir die Orientierung vollends verloren. Es war nicht auszumachen, wo Norden oder Süden lag, die Grenze war nahe, aber wo? Jetzt passierten wir zum zweiten Mal ein Kleefeld, und mich überkamen Zweifel: Waren wir vielleicht im Kreis gelaufen und befanden uns erneut in Deutschland? Wie zur Bestätigung standen wir anschließend wieder vor einem Acker. Die gleiche Reihenfolge: Acker, Klee, Draht, Acker. Die Nerven gingen mit uns durch, wir hielten es nicht länger aus, sprangen auf und rannten los, stolpernd, immer wieder fallend, fluchend, weinend. Nur weiter, nur noch ein bißchen, die Hauptsache vorwärts. Aber was hieß vorwärts?

Plötzlich über uns ein grelles Licht. Wir warfen uns auf den Boden und rührten uns nicht. Es war taghell, ein totes, gleißendes Licht, das Licht einer Leuchtrakete. Eine Ewigkeit verging.

Geblendet durch das Licht, hatten wir jegliche Vorstellung verloren, woher wir gekommen, wohin wir gerannt waren. Wir rückten eng aneinander, deckten uns mit den Jacken zu, um so etwas wie ein Zeltdach zu haben. Nach Gefühl richtete ich den Kompaß aus und zündete ein Streichholz an. Mir schien, daß wir nach Norden gelaufen waren. Die Gefährten hatten das gleiche Gefühl. «Wir sind nach Deutschland gelaufen», schrie mich Nikolai plötzlich an und stürzte sich auf mich: «Du hast uns verraten! Hast uns zurück nach Deutschland gebracht! Zweimal sind wir unter demselben Draht durchgekrochen!» Er schrie so hysterisch, daß man hätte völlig taub sein müssen, um ihn selbst in großer Ferne nicht zu hören. Ich schlug ihm den Messergriff gegen die Schläfe, und er fiel sofort schlaff zu Boden, Michailo und ich mußten ihn weiterschleifen. Noch hundert, zweihundert Schritte, noch ein bißchen.

Der Ackerboden hörte auf, wir hatten Gras unter den Füßen. Und dann hörten wir das Rauschen eines Bächleins, die Luft wurde feucht. «Schluß, aus», war mein letztes Fünkchen Bewußtsein.

Als ich erwachte, lagen wir oberhalb eines Baches, über dem Dampf aufstieg. Ich schaute mich um und entdeckte, daß etwa zwanzig Schritt entfernt drei niedrige Heuschober standen. In der Ferne war eine Asphaltstraße zu sehen, auf der ein Radfahrer fuhr. Ich rannte los. «Monsieur», rief ich schon von weitem, «wo sind wir hier, noch in Deutschland oder schon in Frankreich?»

«Bonjour, Monsieur. Deutschland ist da drüben, hinter dem Hügel, etwa einen halben Kilometer von hier», antwortete der Mann lächelnd.

Unbändiges Entzücken überkam mich, ich begann meine Mütze in die Luft zu werfen und wieder aufzufangen und lief, oder besser: tanzte, alles um mich herum vergessend, zu meinen Gefährten zurück. «Ihr Trantüten, was legt ihr euch hier auf die faule Haut, los, steht auf! Wir sind in Frankreich! In Frankreich! In Freiheit!»

Der Bach war eisig kalt gewesen. Aber so kalt wie hier war es nicht, so kalt war es noch nirgendwo. Daß es in Frankreich so kalt sein kann, daß die Freiheit so kalt sein kann! Aber es sind ja die Deutschen, die mich hier in dieses kalte steinerne Verlies gesteckt haben. Draußen warten sie, bis ich aufspringen und an die Tür klopfen werde, um sie um Gnade anzuflehen, bis ich anfange «aufzutauen» und die Namen derer nenne, die mir die liebsten und teuersten sind. Wie ich diese Henker hasse! Allein der Gedanke an ein Geständnis löst in mir eine fürchterliche Wut aus. Wie ein Tier im Käfig laufe ich auf und ab, nein, einen anderen Ausgang als die Tür gibt es nicht. Und hinter der Tür warten sie, die Allmächtigen, die Herren. Besser sterben als zum Verräter werden. Ich lasse mich fallen, das ist das Ende.

Wie durch einen Nebel höre ich Schritte, an der Tür halten sie inne. Die Klappe am Guckloch wird geöffnet, ich werde also beob-

achtet. *Ich drehe mich nicht um, es ist mir widerlich, dieses triumphierende Auge des Aufsehers, dieser Null. Vielleicht zehn Minuten bleibt die Klappe oben. Wie lange soll das dauern? Guck nur, du Vieh, bis du schwarz wirst, auslaufen soll es dir, dein verfluchtes Auge!* Plötzlich flüstert jemand: «Armer Kerl, ist es sehr kalt?» *Diese Worte wirken wie Anteilnahme und bringen mich noch mehr in Wut. Anstelle einer Antwort werfe ich ein saftiges Schimpfwort hin.*

Nach ein paar Minuten klirrt ein Riegel, noch einer. Wie in der Fabel, denke ich, ist der schäbige Esel gekommen, um den kranken Löwen zu treten. Schlagt nur, schlagt mich tot, um so besser. Ich drehe mich um, um mit dem Gesicht nach oben zu sterben. In den Spalt der nur leicht geöffneten Tür schiebt sich ein Arm, der Arm eines Gefreiten. Er hält mir eine angezündete Zigarette hin. «Hier, rauch eine, armes Schwein, da wird dir wärmer.»

Das Glimmen der Zigarette und die unerwartete menschliche Regung, das Vertrauen, das von dieser Geste ausgeht, lassen mich augenblicklich alle Erbitterung vergessen. Ich nehme die Zigarette. Nach einer halben Stunde bringt mir der Gefreite einen vollen Napf mit dicker, heißer Erbsensuppe. Das ist nicht der Gefängnisfraß, das ist richtiger Erbseneintopf mit Fleisch aus der Küche für die Soldaten. «Los, mach schnell, sonst geht's mir an den Kragen.»

Der Napf verbrennt regelrecht die steifgewordenen, erstarrten Finger, der Dampf steigt mir ins Gesicht, ich spüre die Wärme und den appetitlichen Geruch, der von der Suppe aufsteigt, und so beginne ich zu essen, wobei die zerschlagenen Lippen schmerzen. Die Wärme beginnt sich allmählich im ganzen Körper zu verteilen. Wenn selbst hier, in diesem «chinesischen Foltergarten», die Knechte nicht nach den Wolfsgesetzen ihrer Herren handeln und mir Mitgefühl entgegenbringen, dann kann das nur bedeuten, daß diese Herren nicht allmächtig sind. Also besteht auch Hoffnung für mich. Ich darf mich nicht der Verzweiflung hingeben, muß versuchen, nicht an die Kälte und den Tod zu denken. Es gibt nur einen Weg, durchzuhalten, den Weg zurück in die Vergangenheit.

Wie ausdauernd und zäh der Mensch sein kann. Woher hatten wir denn damals, nach all den Anstrengungen unserer Flucht aus Deutschland, nachdem wir mit Mühe die Grenze erreicht hatten, die Kraft genommen, am gleichen Tag die noch verbleibenden vierzig Kilometer bis Dombasle zurückzulegen? Als wir dort am späten Abend ankamen, wurden wir nicht einmal belohnt.

Auf einem Stückchen Papier hatte ich nach dem Morsealphabet den Familiennamen von Pauls Cousin notiert, konnte ihn aber jetzt nicht mehr richtig entziffern. Cure, Curier, Curie, so einen gäbe es bei ihnen nicht, antworteten die Leute. Schließlich fiel einem von ihnen ein: «Wenn er Louis heißt, dann kann es nur Louis Cunie sein», und sie zeigten uns sein Haus. Wir klopften, konnten uns kaum noch auf den Beinen halten vor Müdigkeit. Die Tür wurde von einem kleinen Männchen geöffnet, das uns aufmerksam von Kopf bis Fuß musterte. Er bestätigte, daß er ein Verwandter von Paul Néglot sei, bat uns zu warten und schlug die Tür wieder zu. Dann hörten wir eine nörgelnde Frau. Schließlich kam Louis wieder heraus und sagte: «Aufnehmen kann ich euch nicht, aber ich gehe mit.» Gasse für Gasse, überall stießen wir auf Ablehnung.

Gegen Mitternacht lehnte ich mich entkräftet an eine Hausmauer und sackte zusammen. Die Kräfte hatten mich endgültig verlassen, die Wunde, die von dem Bajonettstich in die Brust herrührte, war aufgebrochen, Blut und Eiter sickerten durch mein Hemd. Louis geriet in Verwirrung, machte ein entschlossenes Zeichen mit der Hand, das soviel bedeuten sollte wie «jetzt reicht's», hakte mich unter, und wir kehrten mit Mühe zu seinem Haus zurück. Dort zischte er seine Frau an und führte uns auf den Boden. Wir hörten die Frau noch sagen: «Und wenn sie Läuse haben?» Neben den zum Trocknen ausgelegten Zwiebeln ließen wir uns augenblicklich fallen.

66

Es fing gerade an hell zu werden, als Louis Cunie uns weckte. Wir durften uns waschen, Louis stellte jedem einen Topf Ersatzkaffee und ein Stück Brot hin, und schon befanden wir uns wieder auf der Straße. Die Wunde näßte und schmerzte dumpf. An den Füßen glaubte ich kaum noch ein Stück Haut zu haben. Aber wer wollte es Louis Cunie im September 1941 verdenken, daß er uns am Morgen vor die Tür setzte?[3]

Es war sieben Uhr früh, wenig Leute waren auf der Straße, vorwiegend Bergleute, die zur Schicht mußten. Zwei junge Mädchen gingen an uns vorüber, und die Gesprächsfetzen, die zu uns drangen, ließen mich die Ohren spitzen – sie sprachen polnisch. Das nenne ich Glück, dachte ich, lief den beiden hinterher und sprach sie auf polnisch an: «Verzeihung, Fräulein...»

Mein Aussehen, mein blutdurchtränktes Hemd erreichten wohl mehr als alle Worte. Die Mädchen machten kehrt und brachten uns in ihre Wohnung, stützten mich sogar beim Gehen. Zu Hause machten sie sich sofort an die Arbeit, das noch nicht erloschene Feuer im Ofen wurde frisch geschürt, eine Schüssel Wasser aufgesetzt, und dann gab es erst einmal Eier mit Speck. Die Mädchen verbanden unsere Wunden und ließen uns auf Matratzen am Fußboden schlafen. Unsere Hosen und Hemden weichten sie ein.

Als wir erwachten, waren die Mädchen verschwunden, die Wäsche war getrocknet, und neben uns saßen zwei junge Burschen. Sie bewirteten uns und fingen beiläufig an zu fragen, wer wir seien, aus welchem Lager wir kämen, wie die Flucht verlaufen sei, was wir jetzt vorhätten. Sie hörten aufmerksam zu, nickten von Zeit zu Zeit, schauten sich gegenseitig vielsagend an. Dann wurden sie von zwei älteren Männern abgelöst. Diese wollten einige Einzelheiten unseres Berichtes noch genauer wissen, und wir begriffen, daß es nicht so leicht war, uns mir nichts, dir nichts zu vertrauen. Plötzlich schlugen sie vor, daß wir uns zur Arbeit in Deutschland melden sollten. Das könnten sie ohne Mühe arrangieren.

Nachdem wir dieses Ansinnen empört abgelehnt hatten, verließen die Polen den Raum, berieten sich und kehrten nach etwa fünf Minuten zurück: «Macht euch fertig, hier könnt ihr nicht bleiben. Auch ist es besser, wenn ihr euch eine Zeitlang trennt.»

Mich nahm ein junger Pole auf, der sich als Zdenek vorstellte. Er machte mich mit seinen Eltern und der Schwester bekannt, und nach ein paar Tagen schon begann er mir zu vertrauen. Er zeigte mir hektographierte Blätter mit dem Titel «L'humanité» oder «Vie ouvrière», die offenbar von ihm und seinen Freunden vervielfältigt wurden. Ich las: «Pflicht eines jeden ist es zu kämpfen!» – «Arbeitet langsamer!» – «Um die Niederlage Hitlers zu beschleunigen, müßt ihr überall die Produktion sabotieren!» – «Kein einziger LKW, kein einziger Panzer für die Deutschen!» – «Sabotiert, macht den Faschisten das Leben schwer!» Die Aufrufe gefielen mir, das war genau das richtige.

Zdenek war nachts häufig verschwunden und kam erst am Morgen müde zurück. Ich begriff, daß ich mich in einer Gruppe französischer und polnischer Arbeiter befand, die sich dem Widerstand verschrieben hatten. Für mich bedeutete das zunächst nur, daß ich innerhalb von vier Tagen fünfmal eiligst umziehen mußte, aus einem Schuppen in den nächsten. Doch gern hätte ich mich an der aktiven Arbeit beteiligt, nicht zuletzt auch um mich bei den Freunden zu revanchieren.

Als sich Zdenek den Arm verletzte, bekam ich meine Chance. Ob ich Plakate kleben könnte? Nichts leichter als das, sagte ich, und so durfte ich mit. Mit schnellen Sprints von Hausecke zu Hausecke kämmten wir die benachbarte Ortschaft Saint-Nicolas durch, eilten von Kreuzung zu Kreuzung, machten unsere Arbeit. Mit welchem Vergnügen tauchte ich den Pinsel in den Kleister und bestrich die Wände und Zäune. Am nächsten Morgen würden alle die Parolen lesen.

Etwa zwei Wochen waren vergangen, als auf dem Bahnhof in Nancy ein Mitglied der Gruppe mit einem Koffer voll Untergrundliteratur verhaftet wurde. Es war deshalb verstärkt mit Durchsuchungen und Verhaftungen zu rechnen. Die Lage war kritisch, und Zdenek fragte bei der Leitung der Organisation in Paris an, was mit uns, Nikolai, Michailo und mir, geschehen sollte. Nach etwa einer Woche erhielt er die Anweisung, uns nach Paris zu schicken.

Zdenek brachte mich zum Bahnhof in Nancy. Dort warteten schon Nikolai und Michailo. Zdeneks Schulter hatte sich inzwischen stark entzündet, so daß wir uns zum Abschied nur ganz vorsichtig umarmen konnten. «Ich möchte, daß du weißt, daß mein richtiger Name Kowalski ist», flüsterte er mir zu. Einen größeren Vertrauensbeweis konnte es damals nicht geben.[4]

Wir setzten uns in den Zug. Zdenek hatte uns angewiesen, in Bar-le-Duc auszusteigen, etwa dreißig Kilometer zu Fuß zurückzulegen, auf diese Weise die Demarkationslinie ohne Kontrolle zu passieren und in Vitry-le-François wieder den Zug zu besteigen. In Paris würden wir erwartet. Aber ob wir dort auch das finden würden, was wir suchten? Was immer wir suchten, auf himmelblauen Tellerchen mit Goldrand würde man es uns gewiß nicht servieren.

An der Gare de l'Est kamen wir zur Mittagszeit an, es herrschte große Betriebsamkeit, die Betriebsamkeit von Besatzern. Soldaten, Offiziere, Flieger, Matrosen, SS, sie alle bevölkerten den Bahnhof, als ob sie hier zu Hause wären, geschniegelt und gelackt. So unauffällig wie möglich strebten wir einem der Ausgänge zu. Wir sollten die Metro nach Ivry-sur-Seine nehmen und an der Porte de Choisy aussteigen.

Im Gedränge der Metro riskierte ich es, einen jungen Burschen von angenehmem Äußeren anzusprechen und ihn zu fragen, ob wir richtig seien. Natürlich mußte mein Akzent ein gewisses Mißtrauen wecken, und der Junge musterte mich auch von Kopf bis Fuß. Offenbar hatte er nichts auszusetzen. Er begleitete uns sogar mit der dem Pariser eigenen Höflichkeit bis zu unserer Station, stieg mit uns nach oben, zeigte uns die Route de Choisy, nach der ich gefragt hatte, und ging wieder hinunter.

Als wir endlich vor der angegebenen Hausnummer standen, bat ich meine Gefährten, ein wenig in der Gegend herumzuschlendern, denn es wäre unklug gewesen, das Haus gemeinsam zu betreten. Ich ging die Treppe hinauf, klopfte mit dem vereinbarten Zeichen. Die Tür wurde von einem etwa zwanzigjährigen jungen Mann geöffnet, der nach der Beschreibung, die mir Zdenek gegeben hatte, Pierre sein mußte.

«Ich komme von Zdenek», sagte ich. Pierre ließ mich eintreten. Das erste, was mir in dem winzigen Zimmerchen auffiel, war ein Gaskocher; in einer Kasserolle mit heißer Butter brutzelten in lange Streifen geschnittene Kartoffeln, das Nationalgericht der Franzosen. Pierre hörte sich meinen kurzen Bericht an und bestätigte, daß er uns erwartet habe. Auch in Paris sei die Gestapo mehreren Widerstandsgruppen auf der Spur, Verhaftungen drohten, jeder Schritt müsse gut überlegt sein. «Und was eine mögliche Überfahrt nach Afrika betrifft», sagte er und ging erregt auf und ab, soweit das Zimmer dies zuließ, «hier in Frankreich läßt es sich auch gut gegen die Deutschen kämpfen.» Diesen Kampf sollte ich in den nächsten Wochen und Monaten in allen seinen Facetten kennenlernen.

Würde ich die Ereignisse, die uns nun mit sich fortrissen, der Reihe nach erzählen, wäre der Leser nach wenigen Seiten ziemlich verwirrt. Wir selber waren in höchstem Maße erstaunt über die sich häufenden Zufälle, von denen sich freilich hinterher oft herausstellte, daß der eine oder andere nachgeholfen hatte. Auf jeden Fall schien ein dichtes, aber unsichtbares Netz über dem Land zu liegen, und kaum war man irgendwo angekommen, wußten alle, die es anging, Bescheid. Wie dünn dieses Netz war, wie gefährlich nah am Verrat wir uns bewegten, wurde mir erst sehr viel später bewußt, eigentlich erst nach meiner Rückkehr aus Berlin.

Angefangen hat es mit einem Mann, der eine dunkle Brille trug und leidlich Russisch sprach; Pierre hatte uns mit ihm bekannt gemacht. Er empfahl uns, nach La Rochelle zu gehen, mit dem Kapitän eines Trawlers Kontakt aufzunehmen und uns von ihm

mitnehmen zu lassen. Also fuhren Nikolai, Michailo und ich nach
La Rochelle, das mir durch die «Drei Musketiere» seit langem ein
Begriff war. Aber seit den Tagen des Kardinals Richelieu hatte sich
vieles verändert; jetzt saßen die Deutschen hier und bauten La
Rochelle zu einer gewaltigen Meeresfestung aus. Als wir ankamen, wehte uns ein leichter Wind entgegen, der die typischen Ge-
rüche des Meeres verströmte, gierig atmeten wir die Luft des At-
lantiks, die Luft der wiedergefundenen Freiheit. Und irgendwo
hinter dem Meer standen die Armeen, die gegen Hitler kämpfen
würden und denen wir uns anschließen wollten – in Erfüllung
unserer Soldatenpflicht nicht weniger als zur Einlösung unserer
Schuld gegenüber den vielen, die ihr Scherflein dazu beigetragen
hatten, daß wir jetzt hier standen.

Statt dem Wirt, bei dem wir unseren Kapitän hätten treffen
sollen – beide waren offenbar am Tag zuvor verhaftet worden –,
liefen wir einem Bulgaren in die Arme, der angeblich Matrosen
suchte. In Wirklichkeit handelte es sich um einen Kopfjäger, der
Prämien dafür kassierte, daß er der SS «Freiwillige» für die Ostfront zuführte. Das Büro, in das er uns brachte, hing voller
Plakate: «Im Zeichen der SS wirst Du mit Deinen europäischen
Kameraden siegen!» Wir waren im Anwerbebüro der «Französischen Freiwilligenlegion gegen den Bolschewismus» (LVF) gelandet. Bei der erstbesten Gelegenheit nahmen wir die Beine in die
Hand.

Zwei Wochen verbrachten wir in La Rochelle. Untergekommen
waren wir bei zwei alten Russinnen, zwei guten Feen, die hier an
der Atlantikküste, mitten im Krieg, eine Bibliothek für russische
Bücher unterhielten. «Das ist alles, was uns von unserem gelieb-
ten Rußland geblieben ist», klagten sie. «Wir bewahren die Bücher auf für bessere Zeiten.» Zwischen den schönen alten Folian-
ten sitzend, erzählten uns die beiden abends von Rußland, von
St. Petersburg und der Familie des Zaren. Der Bolschewismus war
in ihren Augen nur eine neue schwere Prüfung für das leidge-
plagte russische Volk.

Noch mehr aber haßten die beiden Alten den Hitler-Faschismus, und sie waren sich einig mit uns, daß das russische Volk siegen werde. Ohne daß wir etwas ahnten, beschafften sie für uns drei Fahrkarten für die Rückfahrt nach Paris. «Paris ist die Hauptstadt des Widerstands», sagten sie zum Abschied. Dort seien auch viele Russen aktiv. Sie hätten das Geld für die Fahrkarten geschickt, und an sie sollten wir uns halten.

So stiegen wir an einem nebligen Pariser Sonntagmorgen Anfang Oktober die Stufen zur russisch-orthodoxen Kirche in der Rue Daru hinauf und fragten uns durch zu Mutter Maria. [5] Es war gerade Andacht, über den zahlreich anwesenden Gläubigen lag eine schwere Weihrauchschicht. Als wir uns Mutter Maria vorstellen wollten, antwortete sie kurz: «Ist mir alles bekannt», bat uns zu warten und brachte uns dann mit einem älteren Herrn zusammen, M. Prichodkin, der sich unsere Odyssee anhörte und sich anschließend einverstanden erklärte, uns in seiner Wohnung im XIV. Arrondissement aufzunehmen.

Dank Prichodkin lernte ich bald jene Frau kennen, durch die ich endgültig zur Résistance stieß und die mich veranlaßte, mir eine neue Identität zuzulegen. Vera Apollonowna Obolenska, genannt Vicky, war eine kluge, schöne Frau voller Charme und Lebensfreude, die sich für jede Kleinigkeit unseres bisherigen Lebens interessierte. Beiläufig, fast scherzhaft fragte sie nach allem, was wir erlebt hatten, und anhand ihrer Fragen merkte man, daß das Treffen nicht zufällig war, wie es zunächst den Anschein hatte, sondern einem Zweck diente, über den jedoch am Tage unserer ersten Begegnung kein Wort verloren wurde. Daß Vicky eine Fürstin war, wie ich hinterher zufällig erfuhr, überraschte mich, denn alles, was ich von russischen Fürsten wußte, war, daß es sich in der Regel um hochmütige und auf Etikette bedachte Leute handelte, die gegenüber der Sowjetunion feindlich eingestellt waren. Vicky war das ganze Gegenteil, einer so wunderbaren Frau mußte man einfach Achtung und Respekt zollen, und es war kein

Zufall, daß sie zu denen gehörte, die mein Schicksal bestimmen sollten.[6]

Bei unserer zweiten Begegnung mit Vicky waren zwei uns Unbekannte anwesend. Sie unterhielten sich mit uns zunächst über Widerstand im allgemeinen. Einer der beiden, Christian Zervos, ein Grieche, bat mich später in das benachbarte Zimmer. Wie sich herausstellte, wußten sie bereits alles über uns, denn sie waren es gewesen, die den beiden Frauen in La Rochelle das Geld für die Fahrkarten geschickt hatten.

In meinem Kopf ging alles drunter und drüber. Überall waren wir von Menschen umgeben, die miteinander verbunden waren in ihrem Kampf gegen den Faschismus. In einer langen Kette hatte man uns stets eine helfende Hand gereicht, und jetzt war es an uns, selber aktiv zu werden und zu helfen. Obwohl viele nicht wußten, daß sie in ein und demselben gut getarnten Untergrundsystem arbeiteten, bildeten sie dennoch ein Teil. Wie ich später erfuhr, nannte sich die Organisation OCM (Organisation für zivile und militärische Angelegenheiten), und Christian Zervos war deren Bindeglied zur Organisation MOI (Main d'Œuvre Immigrée).

Zervos fragte mich über alles aus, und nachdem ich ihm alle Fragen geduldig beantwortet hatte, schaute er mich durchdringend an und sagte: «Ich denke, du bist für die Arbeit hier geeignet.» Ich konnte es gar nicht fassen, wurde unsicher und begann nach Ausflüchten zu suchen. Christian ließ meine Einwände nicht gelten, statt dessen bat er Vicky hinzu. Sie lächelte mich mit sanften Augen an und sagte: «Ich sehe, ihr habt euch geeinigt. Weißt du, Alex, du kannst mehr ausrichten als eine ganze Hundertschaft.» Was konnte ich dem entgegensetzen?

Von Nikolai und Michailo mußte ich mich jetzt trennen, zum Abschied drückten wir einander fest die Hand. Es war bitter, wir waren gemeinsam auf der Offiziersschule, gemeinsam in Gefangenschaft gewesen, gemeinsam waren wir geflohen und durch halb Frankreich marschiert. Sie waren ein Teil meines Lebens. Würden wir uns jemals wiedersehen?

Am nächsten Tag ging ich mit Maria Prichodkin, der Tochter meines Gastherrn, ins «Uniprix», wo ich mir im Automaten Paßbilder machen ließ. Nach langer Zeit hielt ich zum ersten Mal wieder Fotos von mir in der Hand. Und wozu? Nur um ein anderer zu werden. Nach einigen Tagen erhielt ich eine Carte d'identité und einen Wohnsitznachweis. Als Georges Sokolow begann mein erstes Leben unter einem fremden Namen.

Zweimal Berlin und zurück

Nie hätte ich gedacht, daß ich in dieser märchenhaften Stadt, die in meiner Phantasie aus den Romanen von Alexandre Dumas und Victor Hugo vor mir erstanden war, in der Stadt Gavroches, der Brüder Lumière, der Stadt des Eiffelturms, einmal durch die Straßen und Gassen gehen würde mit dem Gefühl, jeden Augenblick verhaftet zu werden. Das nach den Gesetzen des Krieges verdunkelte, trübe und kalt wirkende Paris zu Beginn des Winters 1941 war wohl kaum das wirkliche Paris. Die Straßenbahnen fuhren längst nicht mehr, ab und zu sah man einen Omnibus oder ein Velotaxi. Nur die Metro versah wie immer exakt ihren Dienst, und sie war das genaue Abbild der Stadt: das wirkliche und aktive Leben von Paris hatte sich ins Unterirdische, in den Untergrund verlagert.

Größere Menschenansammlungen sah man nur dort, wo Frauen in langen Schlangen nach Obst und Gemüse anstanden. In der Regel handelte es sich dabei um Wasser- oder Steckrüben, Kartoffeln waren bereits zur Delikatesse geworden. Die Lieferung von Lebensmitteln in die Hauptstadt war streng reglementiert, dafür wurde um so mehr außer Landes geschafft. Auf den Zügen stand in großen weißen Lettern geschrieben: «Räder müssen rollen für den Sieg!» Lebensmittel, technische Erzeugnisse, die gesamte Produktion des Landes wurde Richtung Osten verfrachtet, um gegen die Sowjetunion, meine Heimat, eingesetzt zu werden.

«Wie steht's bei dir eigentlich mit dem Ukrainischen?» fragte mich Christian ein paar Tage nachdem er mir meine Papiere ausgehändigt hatte. Ich verstand zwar nicht den Sinn dieser Frage, bestätigte aber, daß ich des Ukrainischen mächtig sei, sogar einige Lieder wüßte. «Sing uns eins.» Ich genierte mich ein wenig, wurde rot, Vicky ermutigte mich aber, und so stimmte ich ein Lied an, das die Schönheit des Dnepr pries. Anschließend reichte mir Christian eine kleine Broschüre in ukrainischer Sprache – auf dem Einband war ein Dreizack mit Hakenkreuz abgebildet – und bat mich, daraus vorzulesen. Alle waren zufrieden. Am nächsten Tag sollte ich den Klub der ukrainischen Nationalisten «Ukrainska Gromada» aufsuchen, mich dort eintragen und mir eine Bescheinigung für das Arbeitsbeschaffungsbüro auf dem Quai d'Orsay geben lassen. Man hatte eine Legende erarbeitet, die meinen russischen Namen Sokolow erklärte, und alles war bis ins Detail durchdacht. Über die von den Nationalisten verfochtenen Grundsätze und Ziele, besonders ihren radikalen Antibolschewismus informierte ich mich anhand der Broschüre.

In der «Gromada» wurde ich tatsächlich wohlwollend und ohne Überprüfung aufgenommen. Sie stellten mir ein paar Fragen und gaben mir dann die erbetene Bescheinigung. Auf diese Weise gelangte ich in einen metallverarbeitenden Betrieb in einem Pariser Vorort, und hier erhielt ich mein erstes Dokument mit dem Adler des Großdeutschen Reichs, den Werksausweis. Die Deutschen suchten dringend qualifizierte Arbeiter für die Metallverarbeitung, denn die Front benötigte Nachschub, und die Werkbänke waren durch die «Siege» in Rußland stark gelichtet.

Die Atmosphäre war ziemlich unerträglich, und da die Deutschen nach zwei Monaten eine Prüfung abnahmen, mußte ich zu Hause auch noch büffeln – Werkzeugkunde auf französisch. Als ich mich nach der ersten Woche bei Christian beklagte, vertröstete er mich: «Es geht eben nicht alles auf einmal!»

Ein paar Tage später stand plötzlich ein junger sympathischer Bursche mit lebendig funkelnden Augen neben mir an der Werkbank. Als er sich mit der Parole zu erkennen gab, wäre ich ihm am liebsten um den Hals gefallen, endlich war ich nicht mehr allein. Er hieß Michel Zernin, stammte aus Tunis und war aufgewachsen in Paris. Er gehörte zur «B-J», einer Jugenduntergrundorganisation. Obwohl ein Jahr jünger als ich, war er bereits ein gestählter

76

Kämpfer mit praktischer Erfahrung. Vor allem aber wurde er ein wunderbarer Freund, auf den ich mich in allen Situationen verlassen konnte.

Tagsüber standen wir an der Werkbank, nachts verteilten wir Flugblätter. Wir warfen sie in Hauseingänge und Briefkästen, durch Türschlitze und die Oberlichter der Fenster. Aber wir waren nicht nur nachts, sondern auch an Sonn- und Feiertagen unterwegs. Dafür bedienten wir uns einer speziellen Technik. Was wir brauchten, waren eine kleine Konservendose mit einem winzigen Loch am Boden, eine Flasche Wasser und ein dünnes Sperrholzbrett oder auch ein Stück Pappe. Einer von uns stieg in einem mehrstöckigen Haus auf den Boden. Besonders geeignet waren Häuser in dichtbesiedelten Vierteln wie beispielsweise am Montparnasse. Auf dem Boden wurde das Fenster zur Straße geöffnet, das Päckchen Flugblätter mit dem Brett festgeklemmt und obendrauf das Gewicht gestellt, die mit Wasser gefüllte Dose, die allmählich auslief. Der zweite stand unten Schmiere. Wir waren richtig begeistert, wenn dann der Wind die leicht gewordene Dose wegblies und die Flugblätter wie Schmetterlinge durch die Luft wirbelten, den Passanten direkt vor die Füße. Wie wollte man je herausfinden, woher die Blätter geflogen kamen?

Der Winter rückte immer näher, und BBC London übertrug beunruhigende Nachrichten: Die Japaner hatten in Pearl Harbor einen Großteil der amerikanischen Pazifikflotte vernichtet, Hitler hatte den USA den Krieg erklärt, und die linientreue Presse der Kollaborationsregierung in Vichy versuchte den Franzosen mit allen Mitteln weiszumachen, daß das unbesiegbare Großdeutschland in Kürze den Bolschewismus für immer ausgerottet haben würde. In der Metro gab es nur ein Thema: «Ist das wirklich Rußlands Ende?» Vicky und Christian bemühten sich, uns Mut zu machen, und auch die Nachrichten aus London und Moskau vermittelten ein ganz anderes Bild. Offenbar war die deutsche Wehrmacht vor Moskau zurückgeworfen worden.

Die Pariser begannen die «Eroberer» mit anderen Augen zu sehen: mit Neugier, wie sie darauf reagierten, und mit Schadenfreude, daß sie etwas auf die Mütze bekommen hatten. Die Nazis, wohl wissend, daß ihr Mißerfolg im Osten eine Welle des Widerstands hervorrufen würde, verstärkten Terror und Unterdrückungsmaßnahmen. Verhaftungen, Razzien, Haussuchungen, Geiselnahmen waren an der Tagesordnung. In dieser Situation legte ich Mitte Dezember die letzten Prüfungen ab.

«Also, Georges», begann Christian bei einem Treffen in einer konspirativen Wohnung feierlich, «es ist Zeit, die Karten auf den Tisch zu legen!» Meine zweimonatige Ausbildung zum Metallfacharbeiter, das war von Anfang an klar gewesen, würde mich für eine Stelle in der deutschen Rüstungsindustrie qualifizieren. Jetzt erfuhr ich von Christian, daß ich für Berlin vorgesehen war, wo ich Kontakt zu ausländischen Arbeitskräften aufnehmen und Sabotagegruppen bilden sollte. Auf Bitten deutscher Widerstandsgruppen würden unsere Leute eine Vermittlerrolle zwischen den ausländischen Arbeitern und den deutschen Antifaschisten übernehmen. Den Anordnungen der Deutschen – jeder von uns bekäme seinen eigenen Kontaktmann – sei Folge zu leisten. Alles sei bereits in die Wege geleitet.

Mit einem Vertrag des Arbeitsvermittlungsbüros auf dem Quai d'Orsay in der Tasche reisten in den Tagen vor Weihnachten vierzig Franzosen nach Berlin. Auf dem Bahnhof wurde uns ein pompöser Abschied bereitet, mit Orchester und Transparenten, auf denen in großen Lettern geschrieben stand: «Deutschland empfängt euch mit offenen Armen! Kommt zur Arbeit nach Deutschland!» Die Deutschen waren Meister darin, für ihre Ziele zu werben.

In der Nacht kamen wir in Berlin an, und der Eindruck, den ich gewann, ist mir für immer in Erinnerung geblieben: Berlin zeigte sich kalt, bedrohlich und finster, die Fenster der Häuser waren verdunkelt, spezielle Straßenleuchten verbreiteten nur mühsam ein fahles bläuliches Licht. Überall große Plakate, die vor Spionage warnten, Schilder, die zum sparsamen Verbrauch von Energie aufriefen. All das zeigte deutlich, daß die Deutschen ungeachtet ihrer «Siege» den Gürtel enger schnallen mußten. Vielleicht war es aber auch nur rationelles Wirtschaften?

Untergebracht wurden wir in Mariendorf, einem Stadtteil im Süden, wo aus zerlegbaren Baracken ein Lager errichtet worden war. Die Franzosen legte man zusammen in ein Zimmer. Am Morgen führte man uns dann zum Askania-Werk. Die Stechuhren arbeiteten äußerst präzise, schon bei zwei Minuten Verspätung erschien in einer gesonderten Spalte der Karte eine rote Markierung. Diese Zeit wurde dann vom Lohn abgezogen, bei größeren Verspätungen drohte ein Verfahren. Der Arbeitstag dauerte zwölf Stunden, gearbeitet wurde in zwei Schichten. Alles war bis ins kleinste durchdacht: jede Sekunde für Großdeutschland!

Ich kam an eine Präzisionsfräsmaschine mit beweglichem Tisch und hatte komplizierte Bohrungen zu fräsen. Zusammen mit dem Fräsauftrag erhielt ich alle auf der Zeichnung angegebenen Werkzeuge und Vorrichtungen. Der Einrichtungsmeister montierte die Spannvorrichtung, stellte die erforderliche Drehzahl und Vorschubgeschwindigkeit ein, führte alle Arbeitsgänge am ersten Werkstück aus. Das zweite Werkstück bearbeitete ich unter seiner Aufsicht. Dann mußte ich beide Werkstücke zum Kontrolleur bringen, und nach der Überprüfung, bestätigt durch einen Stempel, begann ich mit der serienmäßigen Arbeit. Ich selbst hatte nicht das Recht, die Geschwindigkeit zu verändern oder die Begrenzer zu verstellen. Das schloß die Notwendigkeit irgendwelcher Erläuterungen aus, ich brauchte also nicht zu fragen. Jeder Arbeitsgang war beschrieben und eingespielt, alles wurde streng kontrolliert. Wie sollte hier Sabotage möglich sein?

Meine Stimmung sank auf den Nullpunkt. Da hatte ich nun eigens etwas gelernt, etwas riskiert, und jetzt sollte ich für die Front arbeiten. Doch ich erinnerte mich an die Worte Christians: «Schön sachte, erst mal umschaun!», und das tat ich dann auch.

Um mich herum arbeiteten nur Ausländer, Franzosen, Jugoslawen, Belgier, Holländer. Bei den deutschen Vorarbeitern und Meistern handelte es sich im wesentlichen um Ältere oder Versehrte. Wie sollte ich hier Gleichgesinnte finden? Mit einigen Franzosen und Jugoslawen trat ich in näheren Kontakt. Dabei stellte sich heraus, daß jeder von ihnen schlecht auf die Nazis zu sprechen war und noch eine Rechnung mit ihnen offen hatte. Paradoxerweise befanden sie sich deshalb in Deutschland, weil ihnen zu Hause unausweichlich die Verhaftung gedroht hätte. Aber angestauter Unmut war nicht unbedingt die beste Voraussetzung, konspirativ tätig zu werden. Und ohne Verbindung zu meinem deutschen Kontaktmann, der sich mit der vereinbarten Parole an mich wenden sollte, hatte ich, wie ich glaubte, nicht das Recht, selber aktiv zu werden und ein Risiko einzugehen. Doch von diesem Verbindungsmann war weit und breit nichts zu sehen, vielleicht gab es ihn überhaupt nicht.

Die in der Nachbarbaracke wohnenden Jugoslawen waren bereits seit drei oder vier Monaten hier, sie kannten Berlin schon recht gut und hatten Kontakt zu Landsleuten bei Siemens, AEG und der I. G. Farben. An freien Tagen zogen wir gemeinsam los. Besonders gefiel mir ein gewisser Boschko aus Belgrad. Als er erfuhr, daß ich aus der Kriegsgefangenschaft geflohen war, stieg ich um vieles in seiner Achtung. Es war zwar riskant, darüber zu sprechen, aber Boschko brachte mir von da an unbegrenztes Vertrauen entgegen.

In der Stadt machte ich so meine Beobachtungen. An einem Sonntag begegneten wir einem Trupp Hitlerjugend. Die Jungen, in schwarzen Mänteln und Käppis wie aus dem Ei gepellt, befleißigten sich eines seltsam exakten Schritts: Sie streckten das Bein vor und bemühten sich, an der Stelle aufzutreten, wo gerade der Fuß des Vordermannes gewesen war. Die Straßen waren leer, nur die Hitlerjugend schien die Stadt zu bevölkern. Der Trupp schwenkte in einen großen, mit Hakenkreuzfahnen geschmückten Hof, Kommandos ertönten, und die Jungen erstarrten augenblicklich. Ein weiteres Kommando, und sie entledigten sich ihrer Riemen und Mäntel, legten sie vor sich in geraden Reihen zusammen. Exakte Kommandos und eine ebenso exakte Ausführung dieser Kommandos. Plötzlich geriet einer der Jungen ein wenig in Verzug, sofort sprang der HJ-Führer auf ihn zu und verabreichte ihm eine schallende Ohrfeige. «Im Laufschritt!» – «Hinlegen!» – «Aufstehn!» – «Im Laufschritt!» Der HJ-Führer war höchstens drei Jahre älter als das Bürschchen, das er striezte. Die Drillübung dauerte etwa fünfzehn Minuten. Der arme Kerl war totenbleich und schnappte nach Luft, alle anderen standen in Habtachtstellung, mit Angst, aber auch mit Entzücken auf ihren Führer blickend, der ihren Kameraden erniedrigte. Mir wurde ganz eng ums Herz. Welch ein Verbrechen, dachte ich bei mir, wie diese Jungen ihrer Kindheit beraubt werden.

Um Silvester herum bekam ich Fieber, eine verfluchte Malaria. Ich mußte mich hinlegen, das Wechselfieber packte mich, der Schweiß rann in Strömen. War ich umsonst hierhergekommen? War überhaupt alles umsonst? Im Fieber merkte ich, wie mich jemand schüttelte. Ich öffnete die entzündeten Augen und sah in ein besorgt blickendes Gesicht. Es war Michel, Michel, mit dem ich am Montparnasse Flugblätter verteilt hatte, Michel, von dem ich wußte, daß er nicht untätig bleiben würde – ich konnte es kaum fassen.

«Bist du es wirklich, Michel?»

«Du lebst also noch», sagte er. «Glaubst wohl, kannst hier allein 'nen Haufen Kohle scheffeln?»

Ich war glücklich. Die Zimmernachbarn versammelten sich um mein Bett, schließlich war ein «Landsmann» eingetroffen, und Michel begann von Paris zu erzählen, vom heldenmütigen Kampf der Résistance, über Teuerung, Hunger und Kälte. Michel war schon ein paar Tage in Berlin, er arbeitete als Flugzeugschlosser auf dem Flugplatz Tempelhof.

Anfang Januar, als ich so weit wiederhergestellt war, daß ich arbeiten konnte, erfolgte die langersehnte Kontaktaufnahme. Es begann mit Ärger. Man hatte mir eine Partie Titanrohre mit einem sogenannten Lohnzettel zur Bearbeitung hingelegt. Der Lohnzettel bedeutete, daß meine Arbeit nicht im Akkord, sondern nach Stundenlohn bezahlt wurde, was für mich auf einen Verlust hinauslief. Offenbar war diese neue Arbeit noch nicht nach Normzeit festgelegt worden.

Als ich etwa beim fünften Werkstück war – das erste war wie gewöhnlich vom Einrichter bearbeitet worden –, stieß mich plötzlich ein älterer Mann, der ein lahmes Bein hatte, leicht an und sagte leise: «Vorsicht, der Werkspion!» So wurden die Arbeitsnormer genannt, und tatsächlich, ein geschniegelter Deutscher im weißen Kittel kam auf mich zu, in der Hand eine Schreibunterlage mit liniertem Papier und einen Zeitmesser. Er hatte offensichtlich die Aufgabe, die für jeden Arbeitsgang benötigte Zeit aufzuzeichnen. Natürlich lag es im Interesse jedes Arbeiters, die Norm niedrig zu halten, denn dann war mehr zu verdienen. Folglich mußte ich so langsam wie möglich arbeiten. Einerseits war ich geschmeichelt, daß man mich für einen erfahrenen und gewissenhaften Arbeiter hielt, da man mich für die Zeitmessung ausgewählt hatte. Andererseits dachten die Deutschen wohl, daß ein Ausländer und Neuling nicht verstünde, worum es geht, und deshalb besonders tüchtig sei. So begann mein Duell mit dem Normer, wobei ich im Geist die Sekunden zählte und beim jeweils nächsten Werkstück die Zeit einzuhalten versuchte. Beim zwanzigsten Werkstück trat wieder der Lahme an mich heran und sagte: «Ausgezeichnet!» Und dann, verschmitzt lächelnd: «Hast du vielleicht fünf Päckchen Gauloises bleues?»

Völlig verwundert riß ich die Augen auf und antwortete stotternd: «Leider habe ich nur drei Päckchen Gauloises vertes.»

Das war die Parole, so also gestaltete sich meine Begegnung mit dem deutschen Verbindungsmann, auf den ich so lange gewartet hatte. Die Regel, nichts zu überstürzen, ist wahrlich ein Grundsatz der Konspiration. Max hieß der Mann, und beim ersten Treffen, das am gleichen Abend in der nächstgelegenen Bierkneipe von ihm anberaumt wurde, erklärte er mir, daß die Titanrohre für Periskope bestimmt seien. Ich müßte die Plustoleranz um mindestens 0,06 erhöhen. Dann würden die Werkstücke ausgemustert, da die anschließend einzusetzenden Prismen durch die zu großen Bohrungen zu viel Spiel hätten. Auf diese Weise gingen die bis dahin ausgeführten Arbeitsgänge verloren, denn alle Teile müßten eingeschmolzen werden. Um dies zu erreichen, genüge eine Kleinigkeit. Man müsse nur die Drehzahl erhöhen und seltener Kühlflüssigkeit verwenden.

Meinerseits berichtete ich Max, daß ich zuverlässige Genossen nicht nur in diesem Werk, sondern auch in anderen Betrieben kennengelernt hätte. Max ließ ihnen erste «Prüfungsaufgaben» übermitteln. Würden sie sich bewähren, dann sollte ich ihm die Namen nennen und ihm mitteilen, was er wissen müsse, alles mündlich, wie er streng hinzufügte. Dann händigte er mir eine kleine Broschüre in französischer Sprache aus. Darin wurde der Nationalsozialismus angeprangert, über den Partisanenkampf in Griechenland, Jugoslawien, Italien und Frankreich berichtet und darauf hingewiesen, daß es auch in Deutschland zahlreiche Menschen gebe, die gegen den Faschismus kämpften.

Von außen betrachtet, ging das Leben seinen gewohnten Gang: Tag- oder Nachtschicht, dazwischen ein wenig Freizeit oder ein wenig Schlaf, der Schlaf kam bei diesem Doppelleben immer zu kurz. Die Spaziergänge durch Berlin dienten meist auch der Beschaffung von Lebensmitteln. Beliebteste Flaniergegend für die ausländischen Arbeiter war der Alexanderplatz, dort trafen wir uns, schlossen neue Bekanntschaften mit «Landsleuten» aus anderen Betrieben. Außer preiswerten Kinos gab es am Alexanderplatz mehrere Gaststätten, zum Beispiel «Aschinger», wo man ohne Marken ein «Stammgericht» bestellen konnte, meist Weißkraut und Kartoffeln, das ziemlich gut schmeckte. Wir unterhielten uns und tauschten Nachrichten aus. Es schien, als ob alles in Ordnung wäre, doch es sollte anders kommen.

Den jungen kahlköpfigen Abteilungsleiter mit seinem hüpfen-

Meine lieben Freunde Jérôme und Paul! 6-1-42 Berlin

Es ist schon lange her, bald ein halbes Jahr das wir uns nicht gesehen haben. Aber was machen? Es ist unser Schicksal. Trotzdem will ich Euch danken für alles gute dass Ihr gemacht habt für mich und meine Brüder. Danke vielmals! Und auch danke ich Sie Frau Annie!

Meine zwei Brüder sind gesund und munter. Ich war einige Zeit in Frankreich - in Paris, Dombasle, La Rochelle etc. Ich habe zwei Tage bei Frau Théron, Sie war sehr liebenswürdig und nett mit uns. Nachdem habe ich mich eingerollt als Arbeiter für Deutschland, und jetzt wie Ihr sehen könnt bin ich in Berlin und arbeite als Fräser in einem Geschäft, wo ich meine Existenz gut verdiene. Ich möchte gerne einige Tage zu euch auf Besuch gehen, natürlich wenn es möglich ist nach Eurer Meinung. Ich selber habe niemand hier wo mich nicht einige Tage erbeten könnte. Also wenn es euch gefallen thun würde. Schreibt es mir, bitte, damit ich ein Urlaub bekommen kann von meinem Director.

Ich wäre sehr glücklich ein schreiben von Frau Annie zu bekommen.

Schreibt mir, bitte, wo sind wie es meinen Kameraden geht? Was gibts neues? Wie geht es dir Paul, mit deinem Bein? Ich hoffe dass mit der Gesundheit gut steht. Ich denke wenn es mir möglich ist, später meine universitets studien wieder aufnehmen.

Mit dem beende ich meinen Brief und sende Euch einen herzlichen Gruss und Hände

Im Januar 1942 schrieb Agafonow aus Berlin an Jérôme und Paul, die beiden Elsässer Jungen, die ihm bei seiner Flucht aus dem Kriegsgefangenenlager geholfen hatten; es war sein erster Brief auf deutsch

84

den Gang – es handelte sich eindeutig um Plattfüßigkeit, weswegen er auch dienstuntauglich war – hatte ich von Anfang an als äußerst unangenehme Person empfunden. Zu allem Überfluß trug er auch noch ein goldenes Parteiabzeichen. Als er auf mich zutrat, mir eine Adresse entgegenstreckte und kurz angebunden sagte: «Aufhören zu arbeiten, sofort dort melden», schwante mir Unheil, und mir lief ein Kribbeln über den Rücken.

Ich fand das Haus, eine zweigeschossige Villa, ging hinein und klopfte an die mir bezeichnete Tür. Das Herz schlug mir bis zum Hals. Im Zimmer saß ein geleckter Ziviler mit pomadisiertem Haar. Er schaute mich eine Weile durchdringend an, während ich so tat, als ließe mich sein gesteigertes Interesse an meiner Person absolut kalt. In Wirklichkeit brach mir der kalte Schweiß aus, und ich rätselte, warum man mich von der Stelle weg hierher hatte rufen lassen, welcher Fehler war mir unterlaufen? Offensichtlich befand ich mich in einer der über die Stadt verteilten Gestapo-Leitstellen, und ich fragte mich, ob ich hier wieder herauskommen würde. Der Mann begann mir kurze Fragen zu stellen, wo und wann ich geboren sei, wo ich Serbisch und Deutsch gelernt hätte und so weiter. Meine Legende als Georges Sokolow war hieb- und stichfest. Ich sei doch russischer Herkunft, wollte der Beamte wissen, warum ich dann nicht bei der Russischen Vertrauensstelle registriert sei. Ich entgegnete ihm, daß ich nicht wüßte, was das sei. «Das ist die russische Vertretung», erklärte mir der unangenehme Typ, und ich begriff, daß es sich hier um eine Emigrantenorganisation handelte. Der Gestapomann gab mir die Adresse, und ich machte mich auf den Weg.

In der besagten «Vertrauensstelle» überprüften zwei Subalterne, offensichtlich Russen, lange und ausgiebig meine Papiere, drehten und wendeten sie nach allen Seiten. Ich überlegte krampfhaft, schließlich ließ ich wie nebenbei fallen, daß ich in Paris bei der «Ukrainska Gromada» gemeldet sei und auch hier bereits Kontakt mit der «Kaukasus Naphta», dem Büro der ukrainischen Nationalisten, aufgenommen hätte. Sofort legten die beiden «Beamten» meine Papiere beiseite, dann telefonierte einer der beiden, und nachdem er wohl eine Bestätigung dieser Angaben erhalten hatte, fragte er mich leicht gekränkt: «Weshalb sind Sie eigentlich noch kein einziges Mal in der Russischen Kirche gesehen worden?»

Darum ging es also! Ich erwiderte reumütig, daß ich gar nicht gewußt hätte, daß es hier auch eine Russische Kirche gebe, und erbat sofort die Adresse. Sie ließen mich gehen. Für den Abteilungsleiter gaben sie mir eine Bescheinigung mit, daß ich sie aufgesucht hätte und alle Fragen geklärt seien. Wer hätte gedacht, daß eine so unbedeutende Kleinigkeit wie der Besuch der Messe so fatale Folgen haben könnte. Hätte ich mich nicht auf die «Ukrainska Gromada» berufen können, die Sache wäre wohl kaum so glimpflich verlaufen. Übrigens erwiesen sich die Kirchenbesuche in der Nachodstraße als durchaus nützlich; bei dem Kirchenvorsteher, den ich auf diese Weise kennenlernte, konnte ich mehrere Male Nachrichten aus Moskau hören und war über die Lage an der Ostfront daher bestens im Bild.

Anfang April kam meine große Stunde. Vom Abteilungsleiter, der seit meiner Überprüfung etwas besser auf mich zu sprechen war, erhielt ich einen Auftrag zur Bearbeitung von 150 Periskoprohren, das bedeutete die Ausstattung von 75 U-Booten. Ich bearbeitete sowohl das erste als auch das zweite Kontrollteil selbständig, unter Aufsicht des Einrichters. In der Qualitätsprüfabteilung wurde das Teil dann mit einem Gütestempel versehen, anschließend konnte ich mit der serienmäßigen Bearbeitung beginnen. Im Auftrag waren achtundzwanzig Minuten veranschlagt. Nachdem sich der Einrichter entfernt hatte, stellte sich heraus, daß ich für die Bearbeitung eines Teils lediglich dreizehn Minuten benötigte. Max war ganz aufgeregt: «Eine solche Chance darf man einfach nicht verstreichen lassen, alle Teile müssen in den Ausschuß!»

Natürlich war ich seiner Meinung, die Fertigstellung einer so großen Zahl von U-Booten zu verzögern, aber bis zum Ende meines Vertrages waren es fast noch zwei Monate. Hatte Max nicht wiederholt geraten, Sabotageakte größeren Ausmaßes erst zum Abschied auszuführen? Ich fühlte mich unbehaglich.

«Es wird nur eine einzige Lieferung geben», sagte Max am nächsten Tag. «Das ist unsere Chance. Dein Arbeitsgang ist der letzte. Wir müssen es wagen.» Und dann deutete er an, daß man versuchen wolle, Michel und mich – woher konnte er über Michel etwas wissen? – vorzeitig rauszubringen: «Da ihr euren Part dann erledigt habt.»

Ich hatte insofern Glück, als fast zwei Drittel der Arbeit an den Periskoprohren auf die Nachtschicht entfielen; der Abteilungsleiter, dieser allgegenwärtige Zerberus, tanzte einem dann nicht vor der Nase herum, und die Einrichter und Meister zeigten sich nachts nur selten.

Als erstes richtete ich die Zerspannungsverhältnisse der Fräsmaschine neu ein, stellte auf größere Drehzahl. Die Kühlflüssigkeit an der Maschine begann zu kochen, und ich geriet regelrecht in Atemnot. Da ich für die Bearbeitung eines Teils inzwischen nur noch sieben Minuten benötigte, hatte ich die Möglichkeit, mich ab und zu von der Maschine zu entfernen und frische Luft zu schnappen. Auf keinen Fall durfte herauskommen, daß ich die Norm um das Vierfache überbot. Deshalb lagen am Morgen um acht Uhr nur so viele Teile in der Kiste, wie laut Norm notwendig waren.

Die Teile für weit über hundert Rohre waren bereits fertig, genauer gesagt, präpariert, als ich bei der morgendlichen Rückkehr von der Arbeit ein Telegramm aus Paris vorfand. Von wem sollte das wohl kommen? Zuerst begriff ich nichts: «Georges, Deine Mutter ist unglücklich gefallen. Schlimme Kopfverletzung. Zustand kritisch. Komme sofort!» Schließlich fiel bei mir der Groschen. Ich lief zur Direktion und entwickelte schauspielerisches Talent, die Tränen flossen, ich schluchzte. «Meine arme Mutter», rief ich, «was macht sie nur ohne mich? Ich muß sofort zu ihr.» Tatsächlich war die Direktion damit einverstanden, ich könne Urlaub nehmen. Allerdings sollte ich den letzten Auftrag noch zu Ende bringen. «Das Geld kannst du doch gut gebrauchen!»

Michel hatte ein ähnliches Telegramm erhalten, und da die Fremdarbeiter aus dem Westen zu dieser Zeit recht menschlich behandelt wurden, hatte man Michel sogar einen Freiflug nach Paris angeboten. Aber Michel vertrug das Fliegen nicht und fuhr lieber mit mir im Zug.

Als ich in der letzten Nachtschicht gegen Mitternacht die letzten Teile bearbeitete, stand plötzlich im Nebel des Kühlflüssigkeitsdampfes Max neben mir. Er gab mir den Auftrag, die von mir bearbeiteten Rohre zur Sprengung vorzubereiten, indem ich in eines der Rohre weichen Sprengstoff steckte und einen Zeitzünder in Form eines Bleistifts. Dann drückte er mir lange die Hand. Als er die Halle schon fast verlassen hatte, drehte er sich noch einmal um und lächelte zum Abschied, wobei er die Hände zusammengefaltet über dem Kopf hielt – ein symbolischer Händedruck als Zeichen der Freundschaft und Solidarität. So habe ich ihn in Erinnerung behalten.

Gegen Mittag erhielt ich mein Geld. Meine Hände, Unterarme und das Gesicht waren inzwischen eine einzige Blase. «Das ist die Kühlflüssigkeit», sagte man mir in der Ambulanz, wo man mir einen Kopfverband anlegte, der lediglich Schlitze für Augen, Nase und Mund frei ließ. In diesem Aufzug erschien ich am Abend am Bahnhof.

Als ich mit Michel im Zug saß, überkam mich ein wunderbares Gefühl der Ruhe. Ich war sogar ein wenig stolz, denn ich hatte gute Arbeit geleistet.

«Nun», sagte Michel, «ich habe auch das eine und andere tun können. Schließlich hat man mir beigebracht, wie man die Ruderkabel in der Pilotenkanzel anfeilt. Ich denke, daß demnächst ein paar Flugzeuge aus ungeklärten technischen Gründen abstürzen werden.»

Da waren wir schon fast in Paris.

Drei Monate später, im Juli 1942, wurden Michel und ich noch einmal nach Berlin geschickt – um unseren Führerschein zu machen. Die OCM war dahintergekommen, daß die Deutschen hundertfünfzig französische LKWs bestellt hatten, die anscheinend in Frankreich eingesetzt werden sollten und für die Chauffeure gesucht wurden. Was immer die Deutschen mit den Lastwagen vorhatten – am Ende stellte sich heraus, daß die Organisation Speer die LKWs für Bauarbeiten am sogenannten Atlantikwall benötigte –, die Résistance fand es angebracht, rechtzeitig ein paar «Chauffeure» einzuschleusen.

Unser Verbindungsmann war von nun an Henri Meunier, den wir durch Vicky kennenlernten. Sie selber verabschiedete sich bei dieser Gelegenheit von Michel und mir: «Ich breche jeden Kontakt zu euch ab, aber unsere Freundschaft bleibt bestehen, wir dienen schließlich der gemeinsamen Sache. Gott möge euch schützen!» Bei diesen Worten zog sie aus ihrer Handtasche ein Tüchlein (offenbar ein vereinbartes Zeichen), legte es kurz an die Wange und ging. Der wunderbare feine Duft des Parfums, das Vicky benutzte, lag noch in der Luft, als ein großer schlanker Mann in einem gut geschnittenen sportlichen Anzug an unseren Tisch trat, ein Hüne mit dichtem schwarzem Bart und einer dicken Hornbrille mit angedunkelten Gläsern.

«Henri Meunier», stellte er sich vor. In kurzen Sätzen erläuterte er uns, was zu tun sei, wobei er uns aufmerksam musterte. Er wies darauf hin, daß wir uns nur selten sehen würden, nur wenn es notwendig sei. Er müsse jedoch stets wissen, wie er uns finden könne. Das Gespräch dauerte höchstens drei Minuten.

In den nächsten Tagen erledigten wir die notwendigen Formalitäten, unterzogen uns einer medizinischen Untersuchung, unterschrieben mehrere verschiedenfarbige große und kleine Formulare und ließen uns fotografieren.

Die Anwerbung für eine Ausbildung als Kraftfahrer wurde für die Deutschen ein Mißerfolg, ganze sieben Mann fanden sich am Bahnhof ein, und es gab diesmal auch keine Musik. Vier von den sieben Bewerbern waren Taxifahrer, ältere russische Emigranten, denen die Benzinknappheit die Arbeitsgrundlage entzogen hatte.

In Berlin-Spandau, wo wir zuerst untergebracht wurden, kamen dann junge Polen aus Wilna und Krakau dazu. Am Ende waren die erforderlichen einhundertfünfzig Mann beisammen. Man steckte uns in eine spezielle schwarze Uniform, Blusen mit Kragenbinde, Gamaschenhosen, Schuhe mit Wickelgamaschen. Die Mützen waren das einzige, was deutsch aussah, alles übrige waren offenbar eingefärbte Uniformen französischer Truppen. Das «Sp» auf dem Metallabzeichen an unseren Mützen bedeutete Speer. Speer war als Nachfolger Todts, der im Februar bei einem Flugzeugabsturz ums Leben gekommen war, zuständig für die gesamte Rüstungsindustrie und für das Bauwesen.

Wir erhielten ein Dienstbuch mit Foto, das gleichzeitig als Paß galt, und jeder von uns bekam einen Reisekoffer, worin wir Wäsche und unsere Zivilkleidung aufbewahrten. Man teilte uns zwei wegen Verwundung von der Front zurückgestellte Feldwebel zu und als Chef der Kolonne einen Bauoffizier der Organisation Todt, der uns hochmütig bei jeder Gelegenheit zu verstehen gab, daß wir als Angehörige einer minderen Rasse seiner Aufmerksamkeit nicht wert seien. Sein Gesicht zeigte nicht die geringsten Emotionen. Im übrigen sahen wir ihn selten.

Von Spandau kamen wir nach Oranienburg und von dort schließlich nach Zehlendorf. Drei Wochen lang wurden wir gedrillt. Morgens und abends mußten wir je eine Stunde im Gänsemarsch laufen und wie die Frösche hüpfen – ein etwas seltsamer Sport. Das Exerzieren und die Körperertüchtigungen wurden unter Anleitung eines Russen im Rang eines Stabsfeldwebels durchgeführt. Er tat dies mit sichtlichem Vergnügen, besonders wenn der Chef oder die Feldwebel vorbeigingen. Seine ganze Erscheinung ließ vermuten, daß er ein richtiger Haudegen war und nie ein anderes Geschäft gelernt hatte.

Erst in Zehlendorf begann der theoretische Unterricht. Wir wurden in Gruppen zu je dreißig Mann aufgeteilt und paukten Straßenverkehrsregeln. Kenntnisse zum Aufbau und zur Instandsetzung eines Wagens wurden uns kaum vermittelt.

Unter den Polen gab es oft Streit, der zuweilen in Schlägereien ausartete und oft auch mit Verletzungen endete. Hier waren wieder einmal meine medizinischen Vorkenntnisse von Nutzen, Michel und ich leisteten den Polen Erste Hilfe, legten ihnen Verbände und Klammern an. Unsere Vorgesetzten, darauf aufmerksam geworden, ernannten uns deshalb offiziell zu Sanitätern. Sie händigten uns Ärmelzeichen mit dem Äskulapstab aus, die wir sofort annähten. Man richtete uns sogar eine kleine Sanitätsstelle ein. Ich ging von Apotheke zu Apotheke und erwarb die erforderlichen Medikamente, insbesondere aber deckte ich mich mit Alkohol ein. Ich verdünnte ihn, färbte ihn ein, füllte ihn in Hundertgrammfläschchen, klebte Etiketten mit mystischen Bezeichnungen darauf oder schrieb einfach: «Vorsicht! Gift! Lebensgefahr!» Dieses «Gift» verbesserte unser Verhältnis zu den beiden Feldwebeln und zu manchem Polen.

Vom ersten Tag meines Aufenthaltes in Berlin an kam ich von dem Gedanken nicht los, doch einmal beim Askania-Werk vorbeizuschauen. Ich wollte wissen, was dort los war, wie es Max ging und ob es Boschko noch gab. Ich machte Michel gegenüber eine Andeutung, doch der erteilte mir eine derartige Abfuhr, daß ihm selbst ganz unwohl dabei war. Gewiß, in Paris hatte man uns dringend davor gewarnt, die alten Beziehungen wieder zu knüpfen, aber mein Wunsch war so stark, daß ich beschloß, meinen Plan heimlich, ohne Wissen meines Freundes, auszuführen. Vielleicht war auch Trotz im Spiel, der Besuch in Mariendorf war jedenfalls ein Reinfall.

Für den praktischen Fahrunterricht ließ man uns noch einmal umziehen, diesmal nach Köpenick. Wir setzten uns ans Steuer eines MAN-Zehntonners und übten. Bald fuhr ich mit dem Fahrlehrer durch die Straßen Berlins, Unter den Linden entlang, durch das Brandenburger Tor.

Schließlich lagen die Prüfungen hinter uns, wir erhielten unseren Führerschein. Von nun an war ich berechtigt zum Führen eines Fahrzeugs bis zu 21 m Länge, das heißt mit zwei Anhängern.

In Kürze sollte es losgehen, wohin, wußte niemand. Wir erhielten Reiseproviant, ein Brot in Zellophan und Konserven für zwei Tage. Als ich die Zellophanhülle vom Brot nahm, sah ich, daß darauf die Jahreszahl 1934 eingeritzt war, aber das Brot war weich, als wäre es vom Vortag. Was die Deutschen alles konnten!

Dann kam die Überraschung: Wir wurden mit dem Zug nach Mainz gebracht, um den Weinbauern bei der Lese zu helfen. Was für ein plötzliches Durcheinander bei den Nazis! Hatten wir etwa dafür den Lehrgang absolviert?

Untergebracht wurden wir in einem Gebäude, das nach einem Pferdestall aussah, und zwar in Mainz-Hechtsheim, am Ufer des Mains. Mit der Bevölkerung waren bald freundschaftliche Kontakte hergestellt, und wir halfen den Weinbauern gern. Abends badeten wir im Main, wo wir Bekanntschaft schlossen mit einer lustigen Schar junger Mädchen. Michel hatte es besonders die lebensfrohe Irmgard angetan, sie war groß, gertenschlank und von der Sonne ganz braungebrannt.

Überhaupt habe ich die Menschen an Rhein und Main in guter Erinnerung. Auch die Stadt Mainz selbst gefiel uns, wir gingen nach der Arbeit gern hinüber – kein Vergleich zu dem langweiligen und kalten Berlin. Direkt im Stadtzentrum befand sich ein Komplex von Bauten mit Glasdächern, der durch eine Mauer abgegrenzt war. Zuerst dachte ich, es seien die Werkhallen einer Fabrik, aber Michel war besser informiert. Es seien Lager für kriegswichtige Teile aus Chrom-Vanadium-Legierung. Vor zwei Tagen seien hier etwa zweihundert neue Flugzeugmotoren gelagert worden. Woher er das wohl alles wußte?

Bevor wir nach Berlin-Köpenick umgezogen waren, hatte man Michel zwei Pakete anvertraut, über deren Inhalt er mir zunächst nichts verraten wollte. Nach ein paar Tagen zeigte er mir voller Stolz drei Kästen in der Größe eines Ziegels: einen Sender, einen Empfänger und einen Akku, alles auf dem neuesten Stand der Technik. Wir begannen damit, unseren Sanitätskasten umzurüsten und die drei Teile in einem doppelten Boden zu verstauen.

Nun sollte sich erweisen, daß man uns nicht umsonst das Funken beigebracht hatte.

Nachts, wenn die Polen unter dem Vorwand von Rendezvous den Schlafsaal verließen, machten sich Michel und ich auf die Socken; als Beobachtungsposten wählten wir einen mächtigen Baum auf einem Hügel in der Nähe von Hechtsheim, von wo aus wir einen guten Überblick über die ganze Stadt hatten. Unser Auftrag lautete, die beabsichtigte Bombardierung der Lagerhallen zu beobachten und die Ergebnisse umgehend zu übermitteln.

Ich erinnere mich genau. Der Himmel war mit Wolken verdeckt, und ich marschierte recht unlustig hinter Michel her, das Funkgerät unter dem Arm: Wie sollte bei dem Wetter ein Zielbombardement möglich sein? Mürrisch setzte ich mich mit der Antenne hoch oben in den Baum. Von Mainz war nichts zu sehen. Da plötzlich ertönte Vorwarnung, gleich darauf Fliegeralarm, und schon hörte man sie näher kommen. Diese verrückten Engländer, dachte ich bei mir. Durch die Wolken fielen die ersten Leuchtraketen, und nun war alles gut zu erkennen. Dann ein Knall. Ich schaute nach oben: Die Wolkendecke riß auf, und durch das entstehende Loch konnte man die Sterne sehen. Dann pfiffen die ersten Bomben.

Bevor ich mich noch orientieren konnte, wurde ich jäh vom Baum gefegt, auch Michel wurde weggepustet. Zum Glück trafen uns keine Splitter, aber auch kleine Erdklumpen können äußerst schmerzhaft sein. Als Michel über Funk anfragte, was denn los sei, kam über den Äther die schallende Antwort: «Ha-ha-ha.» Die Bomber waren getroffen worden und hatten Last abwerfen müssen: «Wenn euch was auf den Kopf gefallen sein sollte, entschuldigt bitte.»

Am nächsten Morgen wurden wir in die Stadt gebracht, um bei den Aufräumarbeiten zu helfen. Die Lagerhallen waren rauchende Trümmer. Michel machte mich auf das Skelett eines Fabrikgebäudes aufmerksam: Auf der Höhe des dritten Stocks hatte sich ein Flugzeugmotor eingedrückt – so ein Riesending so hoch gewirbelt! Die Engländer hatten ganze Arbeit geleistet. Spät am Abend kehrten wir müde, rußgeschwärzt in unser Quartier zurück.

Unseren Ausflug in den Rheingau hatten wir, wie sich hinterher herausstellte, indirekt dem französischen Widerstand zu verdanken. Von den hundertfünfzig LKWs, die die Deutschen bestellt hatten, waren nämlich hundertzwanzig mit Mängeln behaftet oder gar Ausschuß. Der Zeitplan der Deutschen geriet durcheinander, und damit wir nicht untätig herumsaßen, schickten sie uns zur Weinlese. Das hatten die Franzosen sauber hingekriegt: es will schon viel heißen, Kriegslieferungen für einen Tag oder auch ein paar Stunden zu stoppen, aber für fast einen ganzen Monat! So lange brauchten die Deutschen, um alle LKWs auf Vordermann zu bringen. Als ich Anfang Oktober in einem großen Fuhrpark im Pariser Vorort Vincennes einen funkelnagelneuen Citroën bestieg, tropfte freilich noch immer der Benzintank, und die Gangschaltung war nur mit Mühe zu bedienen.

Als Michel und ich im April 1942 das erste Mal aus Berlin zurückgekehrt waren, hatte uns Christian Zervos in den Bois de Boulogne bestellt und uns dort ziemlich abgekanzelt: «Für solche Sabotageakte seid ihr nicht nach Berlin geschickt worden. Das hätten die Deutschen auch selber machen können. Jetzt müssen wir wieder neue Papiere beschaffen. Glaubt ihr, wir hätten eine Druckerei, wo wir so ohne weiteres Pässe bestellen können?» Die Leitung der Organisation sei zwar «im wesentlichen» mit unserer Arbeit zufrieden, aber ein Glanzstück sei das nicht gewesen. Damit wir kein Fett ansetzten – «Das deutsche Geld macht faul» –, sollten wir uns sportlich betätigen. Der Frühling zog mit Macht ins Land, und so waren Michel und ich nach unseren nächtlichen Aktionen öfter im Bois de Boulogne zu finden, wo wir Gymnastik trieben und uns im Faustkampf oder im Judo übten.

Christian konnte nicht wissen, daß wir unser in Deutschland verdientes Geld den Familien ums Leben gekommener Kameraden gespendet hatten, aber wir sagten es ihm nicht.

Die Organisation teilte uns damals einen Neuling zu, Marcel Rayman, einen siebzehnjährigen Burschen von dunkler Gesichtsfarbe und mit langen dunklen Locken, der vor Kraft und Tatendrang nur so strotzte. Die Arbeit mit ihm machte Spaß, und aus den Erlebnissen im gemeinsamen Kampf gegen die Besatzer entwickelte sich eine tiefe Freundschaft, die stärker war als alle anderen Gefühle, fest wie Kitt.

«Ihr seid wie Zig und Puce», meinte Enrico einmal beiläufig. Zig und Puce stammen aus einem alten französischen Märchen, es ist die Geschichte der unzertrennlichen Freundschaft zwischen einem Riesen und einem Zwerg. Die Namen gefielen uns und fanden bald Verbreitung, ich war Zig, Michel war Puce.

Enrico war der Hotelier, bei dem uns die Untergrundbewegung untergebracht hatte, vor allem aber war er der Vater von Renée, und was wäre unsere verschworene Gemeinschaft ohne Renée gewesen? Renée war uns wie eine Schwester, auch wenn der ungestüme Michel sich anfangs wohl etwas mehr versprochen hat. Aufgefallen war sie uns durch ihre hübsche, zarte Stimme. Wir hatten es uns in dem kleinen Zimmer des Hotels «Midi» gerade ein wenig gemütlich gemacht, als vom Hof eine wunderbare venezianische Barkarole erklang. Wir beugten uns aus dem Fenster und sahen eine junge, kleine Frau, beinahe noch ein Mädchen, die mit flinken Bewegungen Wäsche aufhängte.

Einige Minuten später klopfte es an unsere Tür, und vor uns stand der «singende Schmetterling» in eigener Person, eine angenehme junge Frau voller Anmut, Grazie und Lebensfreude. Es war, als ob der Frühling in unser Zimmer gekommen sei. Renée hatte es nicht immer leicht gehabt. Ihr Mann war als Offizier in den ersten Kriegstagen an der Maginot-Linie gefallen, ihre Mutter war krank und ans Bett gefesselt.

«Was haben Sie doch für eine wunderhübsche Stimme, Mademoiselle», floß der galante Michel über vor Komplimenten. Er nahm ihr den Besen aus der Hand und begann ihr zu helfen. Ich genierte mich ob meines Aussehens – ich trug noch immer den

Kopfverband der Ambulanz bei Askania –, aber Renée lachte und sagte: «Und Ihr Gefährte, ist der vielleicht taubstumm?»

«Nein, er ist einfach nicht gewöhnt an so seltene und hübsche Geschöpfe», scherzte Michel.

Renée interessierte sich für Deutschland, fragte, wie es uns dort gefallen hätte. Wir antworteten ausweichend und versuchten, dem Gespräch eine neutrale Wendung zu geben. Am nächsten Tag fragte Renée unerwartet: «Monsieur, was glauben Sie, ob die Boches bald aus Rußland vertrieben werden?»

«Wo denken Sie hin», lachte Michel. «Die sind so stark, daß sich die Russen bald ergeben werden.»

«Seltsam...», sagte Renée, mehr zu sich selbst als zu uns.

Renée wie auch ihr Vater verhielten sich freundschaftlich zu uns, und ich war darüber besonders froh, ohne Renée schien mir alles leer und langweilig. Während Michel bald wieder mittendrin war im Pariser Alltag, zu den Treffen mit unseren Verbindungsleuten ging und beim Verteilen von Flugblättern half, blieb ich mit meinem Verband an das Zimmer gefesselt. Eines Tages, Renée scherzte wieder einmal mit uns, wiederholte sie ihre Frage: «Wann werden die Boches aus Rußland verjagt?»

Auf die hinhaltende Antwort Michels sagte sie boshaft: «In Wirklichkeit denkt ihr ganz anders. Ihr braucht mich nicht für ein Dummchen zu halten. Unter euren Büchern auf dem Bücherbord hab ihr Flugblätter versteckt!»

Wir waren ziemlich verlegen, fühlten uns ertappt. «Stellt euch nicht so an», bemerkte Renée. «Vor euch hat hier meine Cousine, ein aktives Mitglied der KPF, übernachtet, sie hat sich hier vor der Polizei versteckt. Ich habe die Beamten abgelenkt, damit sie genügend Zeit hatte, über das Schuppendach zu entkommen.»

Es war schön, sich einander nichts mehr vormachen zu müssen, und wir gewannen eine wunderbare Gefährtin und Gleichgesinnte. Wenn wir von unseren nächtlichen «Ausflügen» zurückkehrten, wartete Renée jedesmal auf unserem Zimmer. Sie machte kein Auge zu, solange wir nicht wohlbehalten wieder im

Renée, Aufnahme 1945; sie hatte sich damals die Haare blond gefärbt, weil sie von den Deutschen steckbrieflich gesucht wurde

Hotel waren. Ihre Fürsorge, die sie wie eine Schwester gleichmäßig auf Michel und mich verteilte, beflügelte und ermunterte uns, ihre Nähe war uns lieb und teuer.

Es traf uns daher ziemlich hart, als wir Ende April von Christian den Befehl erhielten, als Instrukteure in die Franche-Comté zu fahren und jungen Leuten, die sich dem bewaffneten Kampf gegen die Besatzer anschließen wollten, den Umgang mit Handfeuerwaffen beizubringen.

Die Zugfahrt von der Gare de Lyon nach Dijon gehörte für mich zum Aufregendsten, was ich bis dahin erlebt hatte. Unser Gepäck bestand aus einem kleinen Köfferchen mit Wäsche zum Wechseln, ein paar belegten Broten sowie einem Bündel: Darin befanden sich zwei zerlegte deutsche Maschinenpistolen. Sie waren eingewickelt in schmutzige Lappen und alte Zeitungen, alles mehrfach verschnürt.

Als sich der Zug in Bewegung setzte, sprangen wir auf; offenbar war uns niemand gefolgt. Der Wagen dritter Klasse war ziemlich voll, aber das kam uns gelegen, denn so konnten wir, ohne aufzufallen, auf dem Gang bleiben. In einem der Abteile saßen ein paar Bauern und eine würdige Alte. Ins Gepäcknetz dieses Abteils schoben wir unser Bündel, für das Köfferchen fand sich Platz im Gepäcknetz des nächsten Abteils. Vor Dijon war mit einer Ausweiskontrolle zu rechnen, die ab und zu mit einer Durchsuchung des Gepäcks verbunden war. Wegen der Papiere machten wir uns keine Sorgen, um so mehr beunruhigten uns die Maschinenpistolen.

Die Legende unserer Reise war gut durchdacht. Meinen neuen Papieren zufolge, die mir Christian nach dem «Berlin-Debakel» beschafft hatte, hieß ich Alexander Popović, stammte aus Montenegro, war französischer Staatsbürger und wohnte im Departement Doubs in der Franche-Comté. Ich war in Paris auf Arbeitssuche gewesen und hatte dort zufällig Michel Zernin kennengelernt, der in Berlin gearbeitet hatte. In Deutschland habe es ihm so gut gefallen, daß er nach dem Urlaub wieder hin wolle, und er habe mich überredet mitzukommen. Jetzt fuhren wir angeblich zu mir, damit ich meine Sachen packen und Michel begleiten konnte.

Wir hörten den gleichmäßigen Rhythmus der Räder, Paris lag bereits hinter uns. Das trübe bläuliche Licht der Verdunkelungslampen leuchtete den Wagen kaum aus, und bald verlosch es ganz. Schlafen konnte ich nicht, zu angespannt waren die Nerven. Wenn uns nun doch ein Fehler unterlaufen war. Um uns abzulenken, spazierten wir auf dem Gang hin und her, traten auf die Plattform. Michel rauchte noch mehr als sonst, wobei er sich die Zigaretten so dünn wie Streichhölzer drehte, um Tabak zu sparen.

Der Zug hielt häufig. Fahrgäste stiegen aus, neue Reisende stiegen zu. Im Abteil der alten Frau waren alle ausgestiegen, sie saß jetzt allein in dem Abteil, wo unser Bündel lag, und sie war die einzige Zeugin, die wußte, wem es gehörte.

Es war bereits Mitternacht, das Stimmengewirr im Waggon war verstummt, auch uns begannen die Augen zuzufallen. Wir suchten uns einen Platz und verabredeten, abwechselnd ein Schläfchen zu machen, denn wir durften unser Gepäck nicht aus den Augen lassen. Als erster sollte ich ein wenig schlafen. Stimmengewirr holte mich aus einem angenehmen Schlummer. Eine merkwürdige Geschäftigkeit um mich herum: Viele stiegen aus, der Wagen leerte sich spürbar. Ich weckte Michel.

«Wo sind wir?» fuhr Michel auf und wandte sich an seinen Nachbarn.

«In Dijon.»

Die Bremsen quietschten, Michel sprang ans Fenster, wich aber sofort zurück. Aus dem langsamer werdenden Zug konnte man erkennen, daß auf dem Bahnsteig paarweise Feldgendarmen mit ihren traditionellen «Hundemarken» standen, Maschinenpistolen unter dem Arm. Ich schnappte mir das Köfferchen, und wir traten auf den Gang. In einigen Abteilen, auch in dem, in dem die Alte saß, waren die Fenster heruntergelassen, und eine angenehme Kühle wehte herein. Die Alte hatte es nicht eilig, doch viele Reisende, die auf dem Gang geschlafen hatten, drängten ungeduldig zum Ausgang. Der Zug hielt, die Tür öffnete sich, und auf der Plattform, alle anderen beiseite drängend, erschienen zwei «Hüter der neuen Ordnung».

«Ihre Papiere! Was haben Sie da?» begann wie üblich die Überprüfung des Reisegepäcks. In solchen Momenten schien es mir stets, als ob sie ganz allein mich suchten.

Die Feldgendarmen kamen langsam näher. Geschoben durch die anderen Reisenden, wurden wir in ihre Richtung gedrängt. Einer der Polizisten hatte aus unerfindlichen Gründen das Gefühl, daß wir an ihm vorbeihuschen wollten, und stellte sich uns in den Weg: «Halt! Papiere!»

«Ich bin Arbeiter mit einem deutschen Arbeitsvertrag», stellte sich Michel in deutsch vor und streckte in liebedienerischer Art seinen Fremdenpaß hin.

Seine Muttersprache zu hören verwirrte den Feldgendarmen einen Moment. Mit Interesse musterte er Michel, dann dessen Paß: «Ach so, ist gut, ist gut», und sein argwöhnischer Blick wurde sofort freundlicher.

«Das ist mein Freund», zeigte Michel auf mich. Ich begann nun gleichfalls mit der deutschen Sprache Eindruck zu schinden und Komplimente zu machen.

«Es hat mir so gut in Deutschland gefallen», stimmte Michel in meinen Lobgesang ein, «was für eine Sauberkeit! Welch unübertroffene Ordnung! Wenn ich allein an Berlin denke! Ich fahre so schnell wie möglich wieder hin, hier mit meinem Freund. Wir holen nur seine Sachen, und dann los!»

Von allen Seiten trafen uns böse Blicke, auch die Alte grollte uns offensichtlich. Der Feldgendarm war milde gestimmt und bereit, uns passieren zu lassen. Sollten wir es riskieren? Ich begann mich in die Nähe unseres Bündels zu pirschen. Einen Moment noch, und es wäre in meinen Händen gewesen, doch in diesem Augenblick erschien der zweite Ordnungshüter, der gerade die Durchsuchung des vorhergehenden Abteils beendet hatte. Er warf uns einen argwöhnischen Blick zu und zeigte auf das Köfferchen: «Was ist da drin?»

Nachdem er sich den Inhalt angeschaut hatte, hörten wir das ersehnte: «Sie können durchgehen!»

Unter den Augen eines so eifrigen Polizisten das Bündel vorbeizuschleusen konnte unmöglich gelingen. Mit Bedauern blickte ich auf das Bündel und dann unwillkürlich nach unten, wobei ich bemerkte, daß mich die alte Frau nicht aus den Augen ließ. Sogleich beeilte ich mich, ihrer drohenden Aufforderung, mein Bündel nicht zu vergessen, zuvorzukommen: Ich zuckte leicht mit den Schultern und flehte sie an, mit den Augen, stumm. Ich merkte, daß sie im Begriff war, etwas zu sagen, daß sie zögerte und sich dann demonstrativ zum Fenster wandte. Ich war mir sicher, daß sie wußte, worum es ging. Wie anders war unser seltsames, nervöses Verhalten in dieser Nacht zu erklären?

Wie dem auch sei, als wir auf dem Bahnsteig standen, lehnte sich die Alte ein wenig aus dem Fenster und rief unüberhörbar, während sich die Feldgendarmen im Zug noch immer zu schaffen machten: «Heh, ihr, was ist mit eurem Gepäck?» Im gleichen Moment reichte sie uns unser Bündel, das für sie eindeutig zu schwer war.

In der Abteiltür erschien einer der Feldgendarmen und wollte uns durch eine Geste andeuten, daß wir stehenbleiben sollten – Michel hielt das Bündel schon in seinen Händen –, aber die Alte lenkte seine Aufmerksamkeit sofort ins Allgemeine und klagte über die Nachlässigkeit der heutigen Jugend.

Wir winkten ihr zum Dank noch einmal zu und traten dann den Weg über den von deutschen Ordnungshütern wimmelnden Bahnsteig an. Dabei mußten wir uns sehr beherrschen, nicht schneller zu laufen. Noch heute in der Erinnerung sehe ich den nicht enden wollenden Bahnsteig vor mir und habe das Gefühl, als ob Michel und ich niemals ankommen würden.

In der Franche-Comté, jener waldreichen, bergigen Gegend entlang der Schweizer Grenze, strömten damals viele Verfolgte und Ausgestoßene aus allen Gegenden Europas zusammen. Abgelegene, verlassene Bauernhöfe, die oft nur über schmale Pfade zu erreichen waren, boten jedermann Unterschlupf: Flüchtlingen aus Kriegsgefangenen- und Konzentrationslagern, Angehörigen der Interbrigaden, jungen Franzosen, die es für klüger hielten, sich nicht dem direkten Zugriff der Deutschen auszusetzen. Die Bevölkerung sympathisierte kräftig mit ihnen und gewährte jede Form der Unterstützung. Hier, in der Franche-Comté, war es, wo die ersten Partisaneneinheiten des Maquis sich formierten.

Michel und ich waren hochwillkommen, als wir Anfang Mai 1942 mit unseren beiden Maschinenpistolen eintrafen. Wir unterstanden direkt Hauptmann Henri, der eine der beiden auf dem Gebiet der Franche-Comté operierenden Einheiten befehligte. Mit ihm zogen wir talauf, talab und zeigten den Jungs, wie man Brownings, Walters und Parabellums zerlegt oder mit Maschinenpistolen auf bewegliche Ziele schießt. Es war eine herrliche Zeit, Frühlingszeit, Aufbruchstimmung.

War es verwunderlich, daß ich gerade hier meine jugoslawischen Kameraden wiedertraf? Michailo und Nikolai, mit denen gemeinsam ich aus Saargemünd geflohen war, auch den rotwangigen Dobričko, der ziemlich dick geworden war, und Sredoje Siačić? Nur Džoka Cvijić fehlte, ihn hatte an der Grenze eine Kugel getroffen.

Hauptmann Henri hatte alle zusammenrufen lassen, um größere militärische Übungen durchzuführen. Am Abend saßen wir beisammen am knisternden Feuer, über uns der herrliche Sternenhimmel. Der Geruch der Erde, die Stille, das Feuer: in solchen Momenten hing jeder seinen Erinnerungen nach. Was war das nur für ein Krieg, der uns alle hier zusammengeführt hatte? Tolja, der Russe, stimmte ein Lied an. Es war wunderbar, all die Lieder wieder zu hören, nach so langer Zeit wieder Landsleute getroffen zu haben. Wir waren namenlose Soldaten, Soldaten der Schattenarmee, von denen keiner wußte, was ihn am nächsten Tag erwartete. Aber wir waren stolz, stolz und frei. Wieder wurde ein Lied angestimmt:

«Steh auf, du großes Land,
Stell dich dem Todeskampf...»

Die Gruppe Bretagne

Oktober 1942, einige Tage waren wir nun schon in Paris. Wieder
war ein Sommer vorübergegangen, und noch immer zeichnete
sich keine Wende des Krieges ab. Alle Hoffnungen richteten sich
auf Stalingrad, wo sich die Deutschen offensichtlich verrannt hatten, aber noch waren die Berichte widersprüchlich.

Michel und ich schlenderten über die großen Boulevards, ein
wenig ziellos und im ungewissen darüber, was die Deutschen mit
den hundertfünfzig Lastwagen samt Chauffeur vorhatten. Offenbar waren manche Wagen noch immer nicht fahrtüchtig. Dann
endlich war es soweit: Wir wurden nach Vincennes gebracht, jeder
bekam seinen LKW – Citroën oder Matford –, und in einer einzigen Kolonne brachen wir auf Richtung Westen. Es war eine lange
und schwierige Strecke, am Steuer saßen unerfahrene Chauffeure, und viele Fahrzeuge sahen bald entsprechend aus. Die
Deutschen, die uns in Kübelwagen begleiteten, fluchten.

Erst am dritten Tag kamen wir in St-Nazaire an, das stark zerbombt war. Hier nahmen wir Leute der Organisation Todt auf –
einer von ihnen saß jeweils auf dem Beifahrersitz – und fuhren
dann weiter zur Mündung der Loire, wo in Baustofflagern unsere
LKWs mit Säcken voller Portlandzement, mit Bewehrungen und
anderen Baumaterialien beladen wurden.

«Links! Geradeaus! Rechts!» kamen die Befehle von den Bei-
fahrern, und wir kurvten gehorsam durch die Gegend, vorbei an
Schlagbäumen und in die Sperrgebiete hinein, wo wir abluden.
Gebaut wurden hier Kampfstände aus Beton und Stellungen für
Luftabwehrgeschütze. Beim zweiten Mal sollten wir den Weg
allein finden, und mit einem kleinen Trick gelang es mir, eine
Michelin-Karte benutzen zu dürfen, in die ich die geheimen Mili-

tärobjekte einzeichnete. Michel und ich legten eine gemeinsame Karte an, auf der wir am Abend alle Wahrnehmungen des Tages zusammentrugen. Anschließend beseitigten wir die Eintragungen auf unseren Autokarten. Die gemeinsame Hauptkarte vervollständigten wir mit immer neuen Zeichen, kreisrunden, quadratischen, dreieckigen, sogar das Kaliber der Geschütze und ihr Schußfeld gaben wir an.

Darüber hinaus benötigten wir Informationen über das gesamte technische Gerät des Uferbereiches. Bei der deutschen Wehrmacht gab es eine seltsame, für uns aber nützliche Angewohnheit. An ihrem Gerät brachten die Deutschen besondere Kennzeichen an, beispielsweise einen springenden Hasen, einen Hirsch, ein Pik-As oder eine Tanne. Das waren die Erkennungszeichen des jeweiligen Kampfverbandes, des Bataillons, des Korps und so weiter. Auf diese Weise bekamen wir bald einen Überblick, welche Einheit über wieviel Technik etwa verfügte und wie es zahlenmäßig um die Truppe bestellt war. Die Zentrale war zuletzt auch interessiert an Meldungen darüber, wann U-Boote, Torpedoschnellboote oder sonstige Schiffe einliefen. Die entsprechenden Angaben funkten wir über unseren eigenen Sender. Dann war es an den Bombern der Alliierten, bei günstigen Witterungsbedingungen rechtzeitig da zu sein und ins Ziel zu treffen. Wegen der häufigen Bombenangriffe wurde unsere Kolonne allerdings bald aus St-Nazaire abgezogen und in der kleinen Ortschaft St-André-des-Eaux einquartiert, so daß wir nachts etwas ruhiger schliefen.

Wir hatten ein enormes Pensum zu bewältigen und waren auf die Unterstützung von Helfern angewiesen, wollten wir allen Aufträgen der Zentrale nachkommen. Zunächst sahen wir uns in unserer eigenen Kolonne um; unter den Polen gab es einige potentielle Kandidaten, mit denen wir uns schon in Berlin bekannt gemacht hatten. Ein gewisser Janek, ein Hobby-Boxer, bärenstark, aber lammfromm, wurde zum Sprecher der Polen bei den übrigen Gruppen. Durch ihn übermittelten wir Hinweise und Vorschläge, die zunächst völlig harmlos aussahen und lediglich darauf hinausliefen, den Deutschen eins auszuwischen. Janek wurde instruiert, wie man Vergaser, Unterbrecherkontakte und Ventile falsch einstellte. Ganz unvermittelt wuchs der Spritverbrauch der Matfords, weil viele Fahrer Kraftstoff in den Sand abließen, und bei den Deutschen war Kraftstoff beinahe so wertvoll wie Gold. Die Automechaniker waren total verwirrt und stellten die Kraftstoffzufuhr immer wieder aufs neue ein. Der Sturmführer geriet jedesmal außer sich, Tag für Tag das gleiche Bild. Nur bei den Citroëns, die mit Holzgasgenerator betrieben wurden, stand die Sache schwieriger, denn Brennholz interessierte niemanden.

«Wäre es nicht besser, die ortsansässige Bevölkerung mit dem überschüssigen Benzin zu versorgen?» fragten wir Janek vorsichtig, und der gab unseren Vorschlag weiter. Das Interesse bei den Polen stieg noch, als sie hörten, daß sie bei den Bauern gegen Benzin Naturalien wie Camembert, Butter, Sahne und Wein erstehen könnten. Der Wunsch, den Deutschen Schaden zuzufügen und ihnen ein Schnippchen zu schlagen, führte so zur Verbesserung des leiblichen Wohls. Die Polen waren begeistert. Von der Sabotage gingen die Zuverlässigeren unter ihnen über zum harmlosen Sammeln von Informationen, zur Registrierung von größeren militärischen Bewegungen und auch zur Kennzeichnung von Objekten auf der Karte, was von Michel und mir dann auf unsere Hauptkarte übertragen wurde.

Unser Bereich beschränkte sich auf den rechten Uferstreifen von Piriac-sur-Mer im Westen bis nach Nantes im Osten, auf die andere Seite der Flußmündung nach St-Brévin und Paimbœuf führten uns unsere Transportfahrten nicht. Es war ein großer Abschnitt, und in vielen Dingen verließen wir uns auf die Hilfe der Bevölkerung. Der Zufall kam uns dabei zu Hilfe.

Auf dem Markt von St-Nazaire hatten zwei französische Polizeibeamte einen Halbwüchsigen ergriffen.

«Was hat der denn angestellt?» Ich trat näher an die Polizisten heran, die den sich wehrenden Burschen mit sich zerrten. Ich trug meine schwarze deutsche Uniform, und auf der Uniformmütze glänzte geheimnisvoll die weitgehend unbekannte Buchstabenkombination «Sp». Was sich die Polizisten bei meinem Anblick wohl dachten? Schwarze Uniform wie die SS oder die Panzertruppen, aber die Buchstaben? Womöglich Sipo, Sicherheitspolizei?

«Er hat mit Nadeln spekuliert, Monsieur», antwortete einer der beiden.

«Spe-ku-la-tion», empörte ich mich. «So ein Schwein.»

Die französischen Polizeibeamten wechselten untereinander einen Blick, als erwarteten sie eine Entscheidung von mir.

«Den bringe ich persönlich zur Kommandantur.»

Die eingeschüchterten Beamten überließen mir den Jungen augenblicklich und beeilten sich, die Szene so schnell wie möglich zu verlassen. Wer weiß, was diesem Besatzer noch in den Sinn kommt.

Der junge Bursche ging friedlich neben mir her, ohne sich loszureißen, er war überzeugt, daß es schlecht um ihn stand. Auf meine Fragen antwortete er mit zitternder Stimme. Ich erfuhr, daß er Konstant Christidis heiße, aus Nantes stamme und siebzehn Jahre alt sei. Sie seien neun Kinder zu Hause im Alter von vier bis einundzwanzig Jahren, er, Konstant, sei «nach dem Vater der älteste unter den Männern». Der Junge spürte, daß ich ihm nichts Böses wollte. In seinen Augen war Erstaunen über meine Anteilnahme zu lesen.

«Hör mal, Konstant, ich bin kein Deutscher, sondern Jugoslawe. Sieh doch nur, ich habe nicht einmal eine Waffe. Ich bin nur ein einfacher Kraftfahrer.»

Der Bursche starrte mich ungläubig und stirnrunzelnd an.

«Du bist doch wohl Grieche? Na, dann sind wir beinahe Landsleute, beide vom Balkan, gewissermaßen Nachbarn.» Ich gab ihm mein Bündel, in dem einige Schachteln Käse und ein Pfund Butter waren, und sagte ihm, an der nächsten Ecke solle er sich aus dem Staub machen. Christidis und seine ganze Familie wurden uns zu treuen Freunden und Helfern.

Eine weitere Helferin fanden wir in Thérèse Binet, einem rotblonden jungen Mädchen, das als Kellnerin im Hotel «Océan» in La Baule arbeitete, wo gern deutsche Marine- und Luftwaffenoffiziere abstiegen. Was Thérèse und ihre Kolleginnen aus den Gesprächen und Prahlereien der deutschen Offiziere aufschnappten, war teilweise von großem Interesse. Ein Nachbar von Thérèse, ein gewisser Claude, war verliebt in Thérèse und hatte außerdem den Wunsch, im Kampf gegen die Besatzer mitzuhelfen. So entstand eine kleine Zelle Thérèse-Claude, die sich bald erweiterte.

In La Baule traf ich auch den aus Dalmatien stammenden Sawa. Etwa fünf Jahre vor Ausbruch des Krieges war er auf der Suche nach Arbeit nach Frankreich gekommen. Der Überfall der «Schwaben» hatte den stolzen und freiheitsliebenden Bergbewohner wütend gemacht. Französisch und Deutsch sprach Sawa fließend, und wie die meisten Dalmatiner sprach er auch Italienisch, seine Papiere waren in Ordnung, und außerdem hatte er Verbindung zu seinen Landsleuten bis hinauf nach Brest. Nach seiner Überprüfung begann Michel auf Anweisung der Zentrale Sawa häufig nach Brest zu schicken, wo die Deutschen einen großen Flugplatz unterhielten. Belgier arbeiteten dort als Anstreicher.

In Nantes gewannen wir noch zwei weitere wichtige Mitstreiter, die Bretonen Yves Sellier und Ange Le Bihan. Sie waren als Hilfspolizisten in Nantes eingesetzt, erhielten eine Dienstpistole und konnten mit ihren Dienstausweisen jederzeit an jeden beliebigen Ort. Yves und Ange leiteten eine Gruppe, die den Auftrag hatte, den Standort der Flakstellungen auf dem Stadtplan von Nantes zu kennzeichnen.

Mitte Dezember 1942 gab Michel auf Anweisung der Leitung das Funken mit dem eigenen Sender auf. Die Nachrichtenübermittlung übernahm von nun an ein professioneller Funker in St-Nazaire. Wir waren erleichtert. Die Verbindung zum Funker wurde zuerst von Michel selbst und später von Claude gehalten. Auf diese Weise konnten umfangreichere Informationen abgesetzt werden, was die Arbeit erleichterte.

Es verging kaum ein Tag, an dem St-Nazaire und Umgebung

nicht bombardiert wurde. Wir hatten uns bereits daran gewöhnt, sofort zu bremsen, aus dem Fahrerhaus zu springen und uns schnellstens auf die Suche nach einem mehr oder weniger zuverlässigen Schutz zu machen. Ausgerüstete Luftschutzräume gab es schon seit langem nicht mehr. Statt dessen hatten sich die Deutschen alle möglichen Maßnahmen ausgedacht. In St-Nazaire und Umgebung, vor allem in der Nähe des U-Boot-Bunkers und der Quais, waren Fässer mit Nebelsäure aufgestellt. Sobald die Alarmsirenen ertönten, öffneten sich an den Fässern Zerstäuberdüsen, und nach einigen Minuten war die Stadt im Nebel versunken. Zahlreiche MG-Drehtürme mit Vierlingsflaks und in der Tiefe gestaffelte Flakbatterien, die mit Netzen getarnt waren, feuerten aus allen Rohren. Über der Stadt wurden zahlreiche Ballons gestartet. Dennoch trafen die schweren Bomber der Alliierten erstaunlich genau. Es war immer das gleiche – bis zu jenem Sonntag Ende Januar 1943.

Gegen Abend tauchten die Bomber wie gewohnt auf. Vor der im Ozean versinkenden Sonne gaben sie ein grandioses Bild ab, sie flogen aus irgendeinem Grund sehr tief. Die Ohren dröhnten einem, die Flugzeuge kamen unbeirrbar näher und flogen in Keilform direkt auf die Flakstellungen zu. Kein Bomber unternahm auch nur den Versuch, die Formation zu verlassen und abzudrehen. Hatten die Nerven, die Maschinen gleichmäßig durch die dichte Mauer des Sperrfeuers zu steuern! Der Beschuß wurde stärker, immer neue Flakstellungen schalteten sich ein. Immer mehr Bomber gerieten in Brand, dichte weiße Wolken bildeten sich, aus denen silbrig glänzende Flugzeugteile herausschleuderten. Andere Flugzeuge verloren an Höhe, vollführten schlingernde Bewegungen und stürzten dann, schwarze Rauchschleifen hinter sich herziehend, in die Tiefe. Erst jetzt begannen einige Bomber abzudrehen, um dort zu verschwinden, von wo sie gekommen waren. Bei diesem Angriff zählte man 27 abgeschossene beziehungsweise getroffene Flugzeuge, fast ein Drittel der Armada. Die Royal Air Force stellte daraufhin ihre Luftangriffe auf St-Nazaire für lange Zeit ein.

Anfang Februar traf es dann die Deutschen. An allen öffentlichen Gebäuden war Halbmast geflaggt, an ihren Uniformen trugen die Besatzer Trauerbändchen. Die Arroganz der «Herrscher über die Welt» wurde in einer dreitägigen Staatstrauer merklich gedämpft. In Stalingrad, dem Feuerkessel, war die eiserne Faust der Wehrmacht zerschmolzen.

Die Bewohner Frankreichs erhielten neuen Antrieb, Mut faßten nun auch die, die sich früher entweder gefürchtet oder zu lange überlegt hatten. Zu lange hatten sie alle Erniedrigungen hingenommen. Jetzt war es an ihnen zu handeln.

Michel war in diesen Tagen zu einem Treffen mit seinem Verbindungsmann in Paris. Die Neuigkeiten, die er mitbrachte, waren niederschmetternd. In der Franche-Comté war die Gruppe von Hauptmann Henri zerschlagen worden, viele hatte man gefaßt. Dobričko Radoslavlević und Sredoje Siačić waren in der Nähe von Lyon verhaftet worden. In Berlin war die «Rote Kapelle» aufgeflogen, offenbar war auch Max ins Netz der Gestapo gegangen. Eine Hiobsbotschaft auf die andere. Ich konnte das alles nicht fassen: warum, warum gerade jetzt? Nimmt das Ganze denn überhaupt kein Ende? Es war mir unmöglich einzuschlafen, ich wälzte mich von einer Seite auf die andere. Schließlich hielt ich es nicht mehr aus, stand auf und zog mich an.

«Wo willst du denn hin?» hörte ich die Stimme Michels. «Sassy, bleib hier», aber ich hatte bereits die Tür hinter mir zugeschlagen.

Ich weiß nicht, was in mich gefahren war. Ich lief zum LKW, der Motor sprang sofort an, und ich raste los, ohne Ziel, ohne Halt. Tränen verschleierten meine Augen, liefen mir über die Wangen. «Ihr Hunde, Ungeheuer! Was soll man noch alles hinnehmen! Auch noch liebenswürdig sein zu denen, Bericht erstatten: ‹Keine besonderen Vorkommnisse, Sturmführer!› Widerlich.»

Vor mir die endlos lange regennasse Straße. Ich trat das Gaspedal durch und raste durch die Gegend, als wollte ich abheben. Wie wenig, wie herzlich wenig konnten wir doch tun!

Als mir bewußt wurde, daß es bereits fast sieben Uhr war und ich zurück mußte, um das Beladen nicht zu verpassen, wendete ich. Es war bereits ein kleiner Streifen der hinter dem Horizont aufgehenden Sonne zu sehen; das Licht brach sich auf dem feuchten Asphalt der Straße wie in einem Spiegel, und die Augen schmerzten. Vor mir konnte ich undeutlich ein Hindernis erkennen. Als ich näher kam, bemerkte ich, daß es eine bis oben beladene Heufuhre auf zwei hohen Rädern war. Ich überholte. In diesem Augenblick sah ich, daß mir über die gesamte Straßenbreite Radfahrer entgegenkamen. Sie beeilten sich auszuweichen. Wie der Wirbelwind sauste ich am ersten, zweiten, dritten vorbei. Da, ein Mädchen, ich bemerkte noch, wie sie mit dem Lenker schwankte, das Gleichgewicht verlor, dann tat es einen dumpfen Schlag. Ich trat auf die kreischende Bremse, sprang auf die Straße und sah das Mädchen auf dem Asphalt liegen.

Plötzlich – niemand hatte sie gerufen – tauchte ein Motorrad mit Feldgendarmen auf. Sie begannen die Bremsspur zu vermessen. Ich stand da wie versteinert.

Die Gendarmen versuchten mich zu beruhigen: «Hast keine Schuld, Mann!» Der eine stieg ins Fahrerhaus und überprüfte die Lenkung. Beim Aussteigen fiel sein Blick auf meine Karte, die aus dem Kartenfach der Tür ragte. «Was ist das denn?»

Der Feldgendarm begann sich die Karte genauer anzusehen, bemerkte die Kringel und Dreiecke und zeigte sie sofort dem anderen. Ihre Gesichter verfinsterten sich, sie durchsuchten mich und brachten mich in die Kommandantur nach Pornic.

Im dritten Stock des Gebäudes wurde hinter mir krachend der Riegel einer Zelle vorgeschoben, und ich hatte Muße, mich selbst zu verwünschen: in eine solche Situation zu geraten! Aus eigenem Verschulden! Mir war klar, daß ich in Kürze von der Abwehr oder von der Gestapo abgeholt werden würde. Ich mußte unverzüglich Michel warnen. Mit einer Durchsuchung unseres gemeinsamen Zimmers war auf jeden Fall zu rechnen, und was dann? Jetzt stand alles auf dem Spiel.

Das vergitterte Fenster ging zur Straße hinaus, ab und zu liefen Leute vorbei. Ich riß aus meinem Schuh die Einlage heraus und schmierte mit einem Bleistiftstummel darauf: «Hôtel Océan, Thérèse Binet. Sitze fest. Michel sofort warnen.» Dann rollte ich die Einlage zu einem Röhrchen zusammen und stellte mich wartend ans Fenster. Eine ältere Frau tauchte auf, die mir geeignet schien: Ich warf das Röllchen dicht vor ihre Füße. Sie schaute in meine Richtung, begriff sofort, bückte sich, als ob sie ihren Schuh zubinden wollte, und als sie weiterging, lag das Röllchen nicht mehr da. Ich wußte, daß Michel durch mein Fehlen beim morgendlichen Rapport mißtrauisch werden und deshalb bei Thérèse vorbeischauen würde. Nach einer Stunde tauchte die Frau vor meinem Fenster wieder auf. Sie blieb kurz stehen, hob den Kopf in meine Richtung und nickte, worauf sie schnell weiterging. Alle Achtung!

Als es dunkel wurde, brachte man mich zuerst in eine provisorische Gefängnisbaracke, da das Gefängnis von St-Nazaire durch Bombardements beschädigt worden war, und dann in das Gefängnis von Nantes, ins Maison La Fayette. Dort kam ich in einen besonderen Flügel, das «quartier allemand», das der Gestapo unterstand.

Die Untersuchung begann. Für wen ich gearbeitet hätte, für wen die Karte bestimmt gewesen sei und so weiter. Ich legte sofort ein Geständnis ab: Hätte angeblich etwas dazuverdienen wollen, wüßte, daß der eine oder andere an derartigen Dingen zuweilen interessiert sei und daß dafür gut gezahlt werde. Hätte vor einigen Tagen begonnen, mich damit zu befassen. Man schlug mich, verhörte mich wieder, dann erneut Schläge.

Schließlich, ich war ohne Bewußtsein, brachte man mich in eine Gefängniszelle des Krankenhauses «Hôtel Dieu». Offenbar wollte man mich kosmetisch ein wenig auffrischen, bevor ich vor das Kriegsgericht gestellt wurde. An der Tür hielten französische Uniformierte Wache. Zwei Tage später – ich traute meinen Augen nicht – stand Yves Sellier als Wache vor meiner Tür. Dann war Ange mein Bewacher. Unseren beiden bretonischen Freunden gelang es, Michel einen Besuch bei mir zu ermöglichen. Er teilte mir mit, daß an meiner Befreiung gearbeitet werde. Ich konnte nicht recht daran glauben.

Bald darauf brachte man mich zur Verhandlung vor das Kriegsgericht nach La Baule. Ein Gerichtssaal, Flaggen, das aus drei Personen bestehende Tribunal. Das Urteil lautete kurz und bündig: «Wegen versuchter Spionage verurteilt zum Tode durch Erschießen». Die Bestätigung des Urteils durch den Obersten Richter würde sieben oder acht Tage dauern. Ich hatte das Recht auf ein Gnadengesuch, genauer gesagt, ich konnte um den Einsatz in einem Strafbataillon an der Ostfront bitten.

Vom Gericht ging es wieder zurück in das Gefängnis. Das Gerüttel der grünen Minna ließ plötzlich nach, die Geschwindigkeit verringerte sich. Dann ein Schlag, und das Fahrzeug kippte um. Ich vollführte eine unglaubliche Pirouette. Die Tür der Zelle riß ab und traf mich direkt ans linke Bein. Vor Schmerz verlor ich das Bewußtsein, konnte nur noch das knallende Geräusch von Schüssen unterscheiden.

Zu mir kam ich in irgendeiner Bodenkammer. Ich erkannte das über mich gebeugte besorgte Gesicht von Konstant Christidis, der mir erklärte, daß Michel einen Zusammenstoß mit der grünen Minna inszeniert hatte, an dem Yves, Ange und er, Konstant, beteiligt waren. Die Bewacher waren erschossen worden.

Ich verspürte schreckliche Schmerzen im Bein. Der Knöchel war geschwollen, und ich stellte mir selbst die Diagnose, daß wahrscheinlich das Schienbein gebrochen oder gesplittert war. Ich benötigte unbedingt Bettruhe. Eine Bruchschiene machte ich mir aus Holzleisten, Anne, Konstants Schwester, legte mir Essigumschläge auf. Es war eine heldenmütige Familie, die Eltern von Konstant und seine acht Geschwister versteckten mich und pflegten mich gesund, obwohl überall Steckbriefe mit meinem Foto aushingen. Sechs Wochen ging das so, und nie werde ich die Adresse dieses gastfreundlichen Hauses vergessen: 15b, Rue Dos d'Ane.

Als zum dritten Mal die Bahnhofsglocke geläutet hatte, um die Abfahrt des Expreßzuges Nantes–Paris bekanntzugeben, erschien auf dem Bahnsteig ein deutscher Gefreiter. Gestützt auf Krücken und ein Mädchen an seiner Seite, humpelte der Gefreite zu dem sich in Bewegung setzenden Zug. Zwei Burschen trugen ihm sein Gepäck hinterher, einen Rucksack und ein Köfferchen. Ein «Held des Vaterlands», der sich offenbar in Nantes hatte kurieren lassen. Der Militärkommandant mit einer Patrouille kam gerannt, denn es gehörte zu seinen Pflichten, die Papiere der Abfahrenden zu prüfen. Doch der Soldat war zu ungeschickt, seine Papiere hatten sich in der Tasche verloren, nur das Eckchen des blauen Urlaubsscheins war zu sehen. «Schon gut, schon gut», winkte der Militärkommandant ab und half dem Gefreiten mit dem Verwundetenabzeichen auf das Trittbrett.

Zwar besaß der Herr auch keine Fahrkarte, aber eigenartigerweise fragte niemand weder nach den Fahrkarten noch nach den Papieren. Erst als ich auf dem Bahnhof Montparnasse ausstieg, las ich am Waggon das Schild «Nur für Wehrmachtsangehörige». Ich mußte dem Militärkommandanten von Nantes einen leisen Dank abstatten, er hatte mich genau in den richtigen Waggon gesetzt.

Der Zug war gegen Mitternacht in Paris angekommen, zur Zeit der Ausgangssperre. Der Bahnhof war von allen Seiten dicht, verlassen konnte ihn nur, wer einen speziellen Passierschein oder einen Wehrmachtsausweis besaß. Der Bahnhof leerte sich schnell, nur an den Ausgangtüren bildeten sich Schlangen.

Ich guckte mir einen Gepäckträger aus, dessen Gesicht mir Vertrauen einflößte, und rief ihn auf französisch mit gestelltem deutschem Akzent: «Gepäckträger, hierher!»

Er rollte sein Wägelchen heran, und ich flüsterte ihm zu: «Monsieur, bitte helfen Sie mir, ich bin ein Deserteur.»

Der Gepäckträger musterte mich kurz mit einem prüfenden Blick von Kopf bis Fuß, und nach kurzem Nachdenken raunte er: «Stellen Sie Ihre Sachen auf den Wagen und folgen Sie mir!»

Er transportierte mein Köfferchen und meinen Rucksack, ich

hinterher, wobei ich ihn hin und wieder antrieb: «Schneller, los, vite!»

Völlig konzentriert auf die Beobachtung der Wachen, bemerkte ich nicht einmal, daß der Bahnsteig zu Ende war. Der Gepäckträger schwenkte in eine Art Durchgang, öffnete eine Pforte, und schon standen wir auf dem Bahnhofsvorplatz.

«Wenn meine Hilfe noch benötigt wird», sagte der Träger, «dann merken Sie sich meine Nummer. Ich bin immer hier zu finden.»

Er weigerte sich entschieden, Geld von mir anzunehmen.

Zwanzig Minuten später war ich bereits im Hotel «Midi» und läutete. Enrico öffnete und nahm mir diensteifrig den Koffer ab.

«Wen darf ich eintragen?» fragte er mich, nachdem er sich gesetzt und sein Gästebuch geöffnet hatte, und blickte zu mir auf. Schweigend nahm ich mein Käppi ab. Als ich merkte, daß er mich noch immer fragend anblickte, hob ich meinen Schnurrbart an. In seinen Augen war zuerst Unschlüssigkeit, dann aber Erstaunen und Belustigung. Er sprang auf und stürzte zur Treppe: «Renée, schnell, komm nach unten!»

Auf der Treppe war das mir vertraute Klappern der Absätze zu hören. Renée! Sie wollte sich in meine Arme werfen, hielt aber plötzlich inne und fragte: «Warum hast du diese abscheuliche Uniform an?»

Ich bekam wieder mein Zimmerchen, Renée wich kaum noch von meiner Seite. Alle fünf Minuten kam sie gelaufen und sagte immer wieder: «Du lebst, daß du lebst! Jetzt laß ich dich nicht mehr weg!»

Mit Renées Hilfe begann meine neuerliche «Umwandlung». Die Schere wurde angesetzt, die Frisur verändert, das Haar gefärbt. Mit den Augenbrauen wollte es ewig nicht klappen. Ich ließ mich am Automaten fotografieren und erhielt bald darauf wieder neue Papiere. Henri Meunier brachte sie mir selbst. Ich avancierte zu Alexander Katchourine, französischer Staatsbürger russischer Herkunft, gebürtig aus Tunis, Rue de Champagne, Maginot-Linie, Regiment sowieso, Gefangenschaft, wegen gesundheitlicher Probleme vor wenigen Tagen aus der Armee entlassen. Den Familiennamen Katchourine hatte man, wie ich richtig vermutete, dem «Journal Officiel» entnommen. Für alle Fälle würde mir jemand aus Tunis «mein Haus» und die Stadt selbst beschreiben. Beim Weggehen händigte mir Henri Meunier noch 1000 Franc für meinen Lebensunterhalt aus und zeigte auf einen Blumenstock auf dem Fensterbrett, das «Sicherheitssignal».

Meine neue Legende war wesentlich besser als die von Georges Sokolow und Alexander Popović, und auch die Papiere waren tadellos gearbeitet. Nur das «Sicherheitssignal» brachte einige Unbequemlichkeiten mit sich. Man mußte, bevor man das Hotel betrat, zuerst einen Haken schlagen, um sich von der Hofseite davon zu überzeugen, daß der Blumenstock an seiner Stelle stand. Der «Tunesier», der mir die Stadt Tunis und «mein Haus» beschreiben sollte, erwies sich als Michel. Er tauchte gegen Abend auf und berichtete mir, wie in Nantes alles stand.

«Keine Ähnlichkeit mit dem Gesuchten», stellte Michel befriedigt fest, nachdem er mich in Augenschein genommen hatte. «Was diesen Popović betrifft, so habe ich übrigens das Gerücht verbreiten lassen, daß er aus Frankreich geflohen sei.» Renée lächelte, und ohne sich vor Michel zu genieren, schmiegte sie sich in einer Aufwallung von Zärtlichkeit an mich: «Ich will nicht, daß sie ihn fassen!»

Ich stand da wie erstarrt. Wie viele Male hatte ich schon früher, wenn wir zu zweit waren, versucht, ihr verständlich zu machen, daß ich für sie mehr empfand als nur freundschaftliche Gefühle. Aber Michel stand immer zwischen uns, denn ich wußte, daß auch ihm Renée nicht gleichgültig war. Doch ich hatte nie bemerkt, daß sie selbst mit aller Macht bemüht war, meine Gefühle zu übersehen. Ringsum lauerte der Tod, das Leben war kurz und unsicher, jede Minute konnte die letzte sein, sie aber tat so, als ob sie nichts verstand, und hielt sich von mir fern. Erst jetzt war alles klar zwischen uns.

«Ich habe dich von Anfang an geliebt. Aber du und Michel, ihr seid so gute Freunde. Am Ende hätte ich euch beide verloren.» Wie recht sie doch hatte. Wieviel Selbstbeherrschung und Echtheit des Gefühls gehörten dazu.

Die ersten Tage verließ ich das Hotel beinahe nie, nur wenn es unbedingt sein mußte. «Alex», sagte Renée eines Tages zu mir, «ich habe eine Überraschung für dich, komm mit.»

An der Station Porte de Choisy stiegen wir aus. Wir gingen die Route de Choisy entlang, die ich seit meinem ersten Tag in Paris kannte. Bald bogen wir ab in eine menschenleere Gasse und stiegen in das zweite Stockwerk eines kleinen Hauses hinauf. Was sollte das für eine Überraschung werden? Renée schloß die Tür auf, und wir traten in ein kleines ordentliches Zimmer mit Gasherd, Waschgelegenheit, WC, alles blitzblank. Verwundert schaute ich Renée an.

«Weißt du», schmiegte sie sich zärtlich an mich, «in deiner Lage kann es nicht schaden, noch einen Ersatzunterschlupf zu haben, was meinst du? Ich habe das Zimmer offiziell für meinen Bruder gemietet. Im übrigen ist es hier viel bequemer als im Hotel.» Einen ganzen Tag haben wir beide dann diese gemütliche kleine Wohnung «eingewohnt».

Mitte Juni bekam ich über Rohrpost eine Mitteilung von Henri Meunier, der mich zu einem Treffen in unser Lieblingscafé «Dupont» bat. Ich hatte mich lange genug tatenlos herumgedrückt. Vor Freude begann ich zu singen: «Chez Dupont tout est bon...» Henri Meunier, der wie immer voller Humor war, gab mir den Auftrag, Kontakt aufzunehmen zu einem leitenden Beamten der Milice de Darnand, einer Art Hilfspolizei, die die Deutschen bei Razzien und Fahndungen unterstützte. Der Beamte sei gegen eine «Entschädigung» zur Zusammenarbeit bereit, den ersten Teil der Bestechungssumme von 500 000 Franc habe er bereits erhalten. Ich sollte ihm etwas auf den Zahn fühlen. «Es ist ein Landsmann von dir. Möglicherweise gibt er sich dir gegenüber offener, aber ich warne dich, die Sache ist gefährlich.»

Meunier fuhr voraus. Anderthalb Stunden später klopfte ich mit dem vereinbarten Zeichen an die Tür einer Wohnung in der Rue Chardon-Lagache 61. Henri öffnete mir, hinter ihm stand ein Mann mit Kneifer, der mich prüfend musterte.

«Konstantin de la Lubi», stellte er sich vor und fügte nach einem Augenblick des Schweigens hinzu: «Bin Russe.»

Er war hager, hatte eine militärische Haltung, wie sie von Berufsmilitärs gern zur Schau getragen wird, und war fünfundvierzig bis fünfzig Jahre alt. Er lahmte ein wenig und benutzte beim Gehen einen Stock. Er sprach ein reines Französisch, aber den größten Teil unseres Gesprächs führten wir in russisch.

«Seltsam», wunderte sich Michel, dem ich am Abend Bericht erstattete, «bei unserer Leitung muß irgend etwas falsch laufen. Mein Chef hat entschieden, daß wir beide hier nichts mehr riskieren und uns in Kürze in die Franche-Comté absetzen sollen.»

«In die Franche-Comté?» fragte ich ungläubig. «Wer ist denn jetzt dort?»

Michel klärte mich auf, daß die Gruppe von Hauptmann Henri im Februar zwar zerschlagen worden sei, ihn selber hätten die Deutschen jedoch nicht gefaßt. Jetzt habe er sich an die «alten Füchse» gewandt, zu ihm nach Besançon zu kommen, da er beabsichtige, den Kampf in der Franche-Comté wiederaufzunehmen.

Vierzehn Tage später erhielt ich von Michel den Befehl, mir auf der Gare de Lyon eine Fahrkarte für den Abendzug nach Besançon zu kaufen. Umsteigen in Dijon. «Nicht erst für den Frühzug, hörst du, auch wenn der bis Besançon durchfährt.»

«Das ist doch idiotisch. In Dijon steige ich doch sowieso in diesen Zug. Weshalb soll ich den dann nicht gleich in Paris nehmen?»

«Hör auf das, was ich dir sage. Es hat einen Sinn. Denn du erzählst jetzt allen, daß du übermorgen früh fährst, auch deinem de la Lubi und selbst Meunier. Irgendwie gefallen mir die beiden nicht. Tatsächlich fährst du, wie ich es dir sage, morgen abend. Außerdem hast du dann in Dijon Zeit, zu prüfen, daß dir kein Schatten gefolgt ist.» Michel selbst sollte vier Tage später fahren als ich. Vor seiner Abreise würde er noch den Rucksack mit der Gefreitenuniform holen.

«Renée wird sich Sorgen machen», sagte ich, als wir uns verabschiedeten.

«Laß nur, sie wird es schon verstehen. Schicke sie morgen früh los, sie soll die Fahrkarte kaufen, das wird sie zerstreuen.»

Wie hartherzig er ist, dachte ich, wahrscheinlich liebt er sie noch immer, vielleicht treibt er mich nur aus Eifersucht so schnell zum Aufbruch. Oh, Michel, wenn ich gewußt hätte, daß wir uns zum letzten Mal umarmten!

Renée war zuerst ganz still, dann begann sie im Zimmer auf und ab zu gehen wie ein Tier im Käfig. Ich versprach ihr, nicht lange wegzubleiben, nach zwei Wochen wäre ich sicher zurück.

Am nächsten Morgen klopfte es. Es war de la Lubi. «Herr Meunier hat mir Ihre Adresse gegeben, verzeihen Sie. Haben Sie vielleicht die Liste der Freiwilligen für die Miliz schon fertig?»

Die Frage kam für mich überraschend, denn ich hatte keinerlei Anweisungen erhalten. Was sollte das für eine Liste sein, und zu welchem Zweck? Tatsache war, daß nur Meunier meine Adresse kannte. Offenbar hatte ich ihn nicht richtig verstanden. Schuldbewußt gab ich zu, daß ich in Verzug geraten sei – Renée mußte jeden Augenblick vom Bahnhof zurück sein, und ich wollte nicht, daß Konstantin de la Lubi mit ihr zusammentraf –, und versuchte, den Russen so schnell wie möglich loszuwerden. Ich erinnerte mich an die Anweisung Michels und sagte ihm, daß ich am nächsten Tag fahren würde. Nachdem ich ihn noch zur Metrostation begleitet hatte, ging ich mit einem ganz unguten Gefühl in mein Zimmer zurück.

Dann hieß es Abschied nehmen von Renée. Ich war vollkommen niedergeschlagen. War das denn etwa nichts, unser kleines gemeinsames Glück? Aber schalkhaft, wie sie war, hatte Renée schon vorgesorgt: «Ich habe eine Fahrkarte für den Frühzug genommen, da brauchst du nicht umzusteigen, und wir haben noch eine ganze Nacht.»

Das hieß, der Anweisung Michels zuwiderzuhandeln. Ich begann ratlos im Zimmer auf und ab zu gehen und wurde heftig: «Was hast du dir bloß gedacht, was soll daraus bloß werden?»

Sie fing an zu weinen, und die Tränen von Renée schnitten mir ins Herz, ich begann sie zu trösten. «Sassy», sagte sie schluchzend, «ich habe so ein ungutes Gefühl. Laß uns die Nacht noch einmal zusammensein, nur diese eine Nacht noch.»

Am 6. Juli um fünf Uhr früh wurde heftig an die Tür gepocht. «Aufmachen!» Und wieder ein lautes, forderndes, polterndes Klopfen. «Sofort aufmachen! Polizei!»

Es war eindeutig der deutsche Akzent, den Michel oft im Scherz gebrauchte. Was für ein Teufelsbraten, dachte ich, aber das geht jetzt entschieden zu weit. «Hör auf mit dem Blödsinn», schnauzte ich durch die Tür, «was machst du für einen Lärm um nichts?»

«Sofort aufmachen!»

Schlaftrunken streckte ich die Hand vor und nahm den Haken von der Tür. Im Nu war das kleine Zimmer voller Menschen, einige in Zivil, einige in SD-Uniform, mit Pistolen bewaffnet. Mein erster Gedanke war, daß ich mich wunderte, wie in dieser winzigen Kammer so viele Menschen Platz fanden. Das brachte mich auf den Boden der Tatsachen zurück. Meine Papiere waren absolut zuverlässig. Sie würden sie prüfen, sich entschuldigen und die Razzia in den anderen Zimmern fortsetzen. Doch für die Papiere interessierte sich niemand, keiner fragte danach, sondern sie begannen das Zimmer zu durchsuchen. Sie durchstöberten alles. Die arme Renée saß am Bettrand und bedeckte sich verschämt mit der Decke.

«Wo ist die Waffe?»

«Was für eine Waffe? Hören Sie, Sie verwechseln mich. Ich hatte niemals eine Waffe.»

Erst jetzt begannen sie meine Papiere zu prüfen, die sie aus dem Jackett gezogen hatten.

«Katchourine, Russe, französischer Staatsangehöriger. Kaum

aus der Gefangenschaft zurück, schon hat er mit den Kommunisten angebändelt.»

«Was denn für Kommunisten? Sie halten gerade eine Bescheinigung darüber in der Hand, daß ich einen Fahrschulkurs absolviere.»

Ich merkte, daß sie verwirrt waren. Sie waren davon überzeugt gewesen, eine Waffe zu finden, auf Widerstand zu stoßen, und hatten ein Pärchen angetroffen. Schön ruhig bleiben, sagte ich mir, noch ist nicht alles verloren. Meine Papiere waren in Ordnung. Ich erkannte meinen Vorteil und ging in die Offensive: «Vielleicht gestatten Sie wenigstens meiner Braut, sich anzuziehen.»

Die SD-Agenten wandten sich tatsächlich ab, Renée zog sich an. Nun begannen die Deutschen das Bett auseinanderzunehmen.

«Kann ich mich inzwischen rasieren?»

Auch das wurde gestattet. Ich rasierte mich sorgfältig und ohne Eile; ebenso ruhig, so als ob nichts geschehen wäre, erledigte auch Renée ihre Morgentoilette. Da drehte ich mich «ungeschickt», und der Blumentopf kippte vom Fensterbrett.

«Ach, was für ein Bär! Meine Lieblingsblume», jammerte Renée.

«Was für ein prima Kumpel», dachte ich bei mir.

«Was ist das?» Einer der SD-Leute hatte den Rucksack unter dem Bett entdeckt. Die deutsche Uniform, schoß es mir durch den Kopf.

«Ach, das?» antwortete ich gleichgültig. «Das sind Sachen meines Cousins. Er dient in der Wehrmacht. Er wurde verwundet und läßt sich jetzt irgendwo kurieren.»

Nachdem der Deutsche den Rucksack durchsucht hatte, stieß er ihn mit dem Fuß wieder unter das Bett.

Dann legten sie mir Handschellen an und führten mich ab. Vor dem Hotel sah ich, daß die Straße vollkommen abgeriegelt war. Wir bogen um die Ecke, und ich wurde in einen PKW verfrachtet. Der Fahrer fragte mich: «Woher stammst du?»

«Aus Tunis, Rue de Champagne.» Nach Michels Erzählungen beschrieb ich ihm das Haus.

«Wart mal, das kenne ich. Ich bin selbst erst vor kurzem von dort gekommen. Fast die ganze Stadt ist zerstört, aber reg dich nicht auf, dein Haus steht noch, das weiß ich genau. Was für ein Zufall! Da sind wir ja beinahe Landsleute.» Er reichte mir eine Zigarette.

«Danke, ich rauche nicht.»

«Ein schöner Landsmann», dachte ich bei mir, «so einer hat mir gerade noch gefehlt.»

Renée und ihr Vater saßen im Wagen hinter mir.

In der Rue des Saussaies wurde ich im Fahrstuhl in die fünfte Etage gebracht. Ich kam in ein kleines Durchgangszimmer. Rechts am Tisch saß ein weißblondes Fräulein in SD-Uniform, der man einen Zettel übergab.

«Name, Vorname?» fragte sie und begann, ein Formular auszu-füllen. Als sie zur Spalte «Grund der Verhaftung» kam, schrieb sie in schöner Sütterlinschrift das Wort «Spionage».

«Na, prost Mahlzeit», dachte ich. Ich war vollkommen ver-wirrt. Was war bloß falsch gelaufen? Nachdem der Fragebogen ausgefüllt war, wurde ich in ein großes Zimmer geführt, in dem sich bereits mehrere unter Bewachung stehende Personen befan-den, Männer und Frauen, auch einige, die ich kannte. Ein Fotograf zum Beispiel, der sich mit der Verkleinerung von Plänen und Kar-ten zur nachfolgenden Übermittlung per Bildfunktelegraph be-faßte. Ein totales Fiasko! Wir verständigten uns mit den Augen, daß wir einander nicht kannten.[7]

Mir war klar, daß jetzt ein Spiel auf Leben und Tod begann. Von jedem der in diesem Raum Anwesenden wußte die Gestapo irgend etwas, und sie wollte alles wissen. Die entscheidende Frage lau-tete: Was wußte die Gestapo bereits, was konnte sie überhaupt wissen? Um als Sieger aus diesem Duell hervorzugehen, mußte ich mich an alles erinnern, was der Verhaftung vorausgegangen war, mir bis ins letzte Detail Rechenschaft darüber ablegen, wen ich wann und wo aus welchem Anlaß gesehen hatte. Besonders die letzten drei, vier Wochen kramte ich immer wieder um, denn hier

lag die Schwachstelle. Daß die Deutschen Wind bekommen hatten
von meiner früheren Existenz als Georges Sokolow oder Alexander Popović, schien mir ausgeschlossen, denn hätten sie mich
sonst so lange frei herumlaufen lassen?

Der Fotograf, was ist mit dem? Aller Wahrscheinlichkeit nach
sind meine letzten Papiere sein Werk. Unter welchen Umständen
haben wir uns gesehen? Ich strenge mein Gedächtnis an, lasse alle
Einzelheiten flüchtiger Begegnungen an mir vorüberziehen. Ich
muß mir mögliche Versionen und Gegenversionen zurechtlegen,
die in Einklang zu bringen sind mit den möglichen Aussagen der
anderen. Und wenn sie anfangen, meinen Papieren auf den Grund
zu gehen, wenn sie fragen, woher ich sie habe? Ich werde hartnäk-
kig behaupten, daß ich sie auf dem Schwarzmarkt gekauft habe,
denn da kann man alles kaufen, da können sie hingehen und sich
selber überzeugen.

Arme Renée. Hoffentlich steht sie das durch. Nachdem man ihr
und mir die Handschellen abgenommen hat – ein gutes Zeichen –,
wurden wir gemeinsam in ein Vernehmungszimmer geführt.
Zwei nebeneinander stehende Stühle. «Setzen!» Der Gestapomann saß hinter einem Schreibtisch und glotzte uns mit stechendem Blick an. Er hatte grobe, verfettete Züge, ein aufgedunsenes
Gesicht mit Augen wie Stecknadelköpfe, ein Hitlerbärtchen und
igelig kurz geschnittenes, vor Brillantine glänzendes Haar. Alles
wie aus dem Bilderbuch, alles die gleiche Masche.

Auf dem Tisch lag weder eine Mappe noch ein Papier, dafür aber
ein biegsames, aus Lamellen zusammengesetztes Lineal von
einem Meter Länge (ich hatte bereits in der Bretagne Gelegenheit
gehabt, eine Probe davon zu bekommen, wie tadellos und mit
welch pfeifendem Geräusch ein solches Lineal peitscht und an der
Haut klebenbleibt, besonders, wenn man mit der Unterseite zu-
schlägt, an der kleine Flügelmuttern die Lamellen halten). Neben
dem schweren Schreibtisch mit zwei kompakten Seitenunterteilen
hatte sich ein hochaufgeschossener, pickeliger Deutscher aufge-
pflanzt, ebenfalls in Zivil. Sein ausdrucksloses, längliches Gesicht

mit dünnen Lippen und langer, dünner Nase erinnerte an einen Vogelkopf. Vom ersten Blick an war er mir noch widerlicher als der andere.

«Asseyez-vous», übersetzte er die Anweisung seines Chefs ins Französische. Er war also Dolmetscher, und das erhöhte unsere Chancen, denn so gewannen wir Zeit für unsere Antworten. «Herr Hauptsturmführer», erstattete der Dolmetscher Bericht, «das ist das Pärchen, das wir in der Rue de V. ... aus dem Bett geholt haben.» Sieh mal an, der Kerl war also beteiligt an unserer Inhaftierung.

Renée und ich taten so, als ob wir uns mit diesem ärgerlichen Mißverständnis abgefunden hätten, das sich hoffentlich bald aufklären ließ. Wir waren stark miteinander beschäftigt, ich streichelte ihre Hand, die auf meinem Knie lag, und schaute Renée zärtlich an.

«Gehen Sie schon lange auf Freiersfüßen?» konnte sich der Gestapomann in dieser für ihn so wichtigen Angelegenheit nicht zurückhalten zu fragen. Wir taten so, als ob wir ihn nicht verstanden hätten, und wandten uns dem Dolmetscher zu, worauf dieser sich einer hölzernen Sprache befleißigte, die nichts mit dem Französischen zu tun hatte. «Selbst in der Schule kann das jeder besser», hätte ich ihm am liebsten zugerufen.

«Wir wollen in ein paar Tagen heiraten», antwortete ich, Renée gleichsam um ihre Hand bittend.

Der vernehmende Gestapomann schwieg eine ganze Weile, wobei er bald Renée, bald mich mit den Augen taxierte: «Ihre Papiere!»

Eifrig reichten wir sie ihm, und er blätterte darin, drehte und wendete sie, bis er sie schließlich zurückgab. Dann schaute er uns wieder an. Unschlüssigkeit machte sich breit.

Am Ende führten sie uns ab, diesmal getrennt. Mit dem Aufzug hinunter, in den Hof, und ab mit der grünen Minna. Man brachte mich in ein modernes, solides Gefängnis, das Gefängnis von Fresnes, wie sich später herausstellte, und nach der üblichen Aufnahmeprozedur wurden Fotos und Fingerabdrücke von mir genommen. Anschließend sperrte man mich in eine feuchte Kellerzelle ohne Fenster.

Man gewöhnt sich schnell an die Einsamkeit einer dunklen Zelle, man beginnt auf die Geräusche zu achten. Jedes Geräusch hat seine Bedeutung, und man lernt sie sorgfältig zu unterscheiden. Die Essensausgabe sagt einem, wie spät es ist, Hofgang oder Badezeit erkennt man am Getrappel der Füße. Man lernt das leichte, silbrige Geklirre von Handschellen zu unterscheiden vom dumpfen Rasseln von Fußfesseln. Zuweilen durchbricht die Stille ein langer Schrei der Verzweiflung oder des Schmerzes, der sofort gedämpft wird; dann hört man, wie ein Körper fortgeschleift wird.

Meine Spekulationen darüber, wer möglicherweise als Denunziant unserer Gruppe in Frage kam, wurden von einem seltsamen Klopfen unterbrochen, dreimal kurz und leicht, einmal stark. Immer wieder. Es kam mir bekannt vor: Punkt, Punkt, Punkt, Strich, das waren Rufzeichen, wie sie beim WT-Funken verwendet werden. Mit einer Bürste ging ich «auf Empfang», es klappte. «Wer bist du? Woher kommst du?» – «Alex aus Paris», klopfte ich zurück. Es funktionierte einwandfrei. Selbst im Gefängnis konnte man sich miteinander unterhalten.

Die Zeit verging quälend langsam. Die Minuten der Einsamkeit wurden zu Stunden, die Stunden zu Tagen. Doch ich wurde seltsamerweise nicht zur Vernehmung gerufen. Bald ging ich in der Zelle hin und her, bald setzte ich mich und überlegte krampfhaft, wo das schwache Glied in unserer Kette zu suchen war.

Plötzlich drang in meine Zelle ein leiser Ruf von der anderen Seite: «Alex, A – lex!» Das kam so unerwartet, daß ich unwillkürlich zusammenzuckte, ich glaubte schon, verrückt geworden zu sein oder Halluzinationen zu haben. Ich schaute mich um, ringsum dicke Wände, die Klappe am Spion war nicht nach oben gezogen. Woher nur hat man mich gerufen, noch dazu mit meinem Namen? Erneutes Rufen, ganz offensichtlich aus der Richtung des WCs. Ich beugte mich über das WC-Becken und sagte unsicher, eher, um mich selbst zu überführen: «Ja, hier ist Alex. Was ist, was neckst du mich da?» Erschreckt wich ich zurück. «Ich bin es, Enrico», hörte ich mit Grabesstimme das Klobecken sagen – der reinste Gogol! «Die verzauberte Stelle»! Ich begann nervös zu lachen, denn was kann unnatürlicher und grotesker sein als ein Dialog mit einem WC?

Es war tatsächlich Enrico, Renées Vater. Die Gestapo hatte gegen ihn nichts vorzubringen, und so durfte ihn die Gefängnisverwaltung als Klempner verwenden. Enrico hatte somit die Möglichkeit, Etage für Etage, Zelle für Zelle die Spülbehälter und Wasserleitungen zu prüfen und zu reparieren. Wenn gerade kein Aufseher in der Nähe war, hob er die Klappe des Spions kurz hoch und schaute herein. Nur konnte man durch die starke Tür nichts verstehen. Deshalb hatte sich Enrico einen Trick ausgedacht: Er drehte den Hahn zum Spülbehälter zu, ließ das Wasser ab und erhielt auf diese Weise ein «Wechselsprechrohr», wie es Kapitäne besaßen, um mit dem Maschinenraum ihres Schiffes verbunden zu sein.

Enrico konnte anhand meiner Beschreibungen einige meiner Gefährten ausfindig machen und zwischen uns die Verbindung herstellen. Der erste war der Fotograf, dann Henri Meunier, der ein paar Tage später festgenommen worden war, und andere. Auf diese Weise erfuhr ich, wer zum Verhör gerufen wurde, was Inhalt der Vernehmung war und über welche Informationen die Gestapo verfügte.

Als ich nach zehn Tagen zum ersten Verhör geholt wurde, war ich deshalb nicht unvorbereitet. Das Verhör führte der gleiche Fettsack, der mich schon einmal vernommen hatte. Mit leiser, gleichmäßiger und einschmeichelnder Stimme begann er seine Fragen zu stellen, wobei er mich mit seinen Augen durchbohrte. Dann schaukelte er sich langsam hoch, wobei er die Stimme immer mehr hob, bis sie in einem hysterischen Schreien gipfelte. Die letzten Worte waren begleitet von Faustschlägen auf den Tisch. Urplötzlich brach er dann ab, ohne das Wort, das er auf den Lippen hatte, zu Ende zu sprechen. Diese «Methode des Überraschungs-effekts» und das Einschüchtern durch Schreien waren hier völlig fehl am Platz, denn beides verpuffte in der dem Geschrei des Gestapomannes folgenden Übersetzung.

Vier Wochen später hatte die Gestapo herausgefunden, daß die meisten von uns gefälschte Papiere hatten. Nun begannen die Folterungen, gefolgt von Verhören, dann wieder Folterungen, jeden Tag, ohne Pause, wenn man von den Sonntagen absieht. «Deinen Namen, du Scheißkerl, deinen richtigen Namen», brüllte der in Rage geratene Gestapomann.

Die Gefährten sprachen einander ständig Mut zu, es galt, so lange wie möglich durchzuhalten, auf Zeit zu spielen, denen draußen die Gelegenheit zu geben, die Spuren zu verwischen. In dem Wissen, daß jede Minute kostbar war, habe ich Verhör um Verhör durchgehalten.

Bei der nächsten Vernehmung bemerkte ich in meinem Dossier eine verkleinerte Kopie des Planes von Nantes. Der Faden zog sich also schon bis in die Bretagne: Michel, Yves, Ange, Konstant, Thérèse, Claude, der Funker, Sawa, sie alle hingen jetzt mit drin. Ich aber wurde zu keiner dieser Personen befragt, auch nicht zu Meunier. Wie es wohl unseren bretonischen Freunden ergehen mochte?[8]

Durch meine Hartnäckigkeit gerieten die Gestapoleute außer sich, und die Verhöre nahmen eine neue Qualität an. Zu Beginn mußte ich mich nackt ausziehen. Im Nebenzimmer des Vernehmungsraumes begann dann eine ganze Brigade von Folterknechten, mich auf einer am Boden angeschraubten Pritsche und einem Tisch mit speziellen Anschnallgurten und Zwingen zu bearbeiten. Diese Unmenschen waren Meister ihres Fachs, was haben sie sich nicht alles ausgedacht! Sie wollten klare Antworten von mir, nichts anderes. Noch heute habe ich ihr sadistisches Lachen und ihre Beschimpfungen im Ohr.

Die schlimmste Erniedrigung aber war der Dolmetscher, dieser miese kleine Erfüllungsgehilfe, der sich von Mal zu Mal mehr ins

Zeug legte. Seine Augen waren blutunterlaufen und funkelten in äußerster Erregung. Schreiend bespritzte er mich mit seinem ekelhaften Speichel. Wie weit würde dieses Ungeheuer gehen? In gewisser Weise kam der Vernehmer, kamen auch die Folterknechte, wenn sie brutal wurden, ihrem Auftrag nach: Sie mühten sich, wie sie es vermochten, mit meiner Hilfe das ganze Netz aufzudecken. Doch was hatte dieser Dolmetscher, dieser Bürohengst damit zu tun, was ging es ihn an? Wie der schon aussah, diese tobende Frühgeburt, dieses dumme Nichts, dieser Söldling, dieser Bastard... Irgendwie hielt ich das alles nicht mehr aus. Ich sprang auf und ging auf ihn los.

«Zur Erholung mit ihm», war das letzte, was ich noch mitbekam.

Wieder zu mir gekommen bin ich in der Zelle, vor Kälte. Es war nicht meine alte Zelle, sondern dieser Kühlschrank, dieser Eiskeller. War ich im Gefängnis in Fresnes oder bei der Gestapo? Der gemarterte Körper schmerzte dumpf, brannte, war wie versengt. Hinter dichtem Nebel lag der Weg, den ich bis zu dieser Hölle zurückgelegt hatte; noch einmal ließ ich alles Revue passieren. Der Kopf war frei, auch wenn es darin dröhnte. Ich strengte meinen Geist an. Nein, sie hatten mir nichts nachweisen können. Sie haben auch nicht in Erfahrung gebracht, daß ich Sokolow und Popović war. Nur daß ich nicht Katchourine bin, das wissen sie, und sie interessieren sich dafür, wer ich tatsächlich bin.

Plötzlich fing im Kopf alles an sich zu drehen, mich erfaßte ein Schwindelgefühl, und ich verfiel in einen seltsamen Zustand der Ruhe, spürte weder Kälte noch Schmerz, nur noch völlige Gleichgültigkeit. Die letzte Frage, die ich mir stellte, bevor ich mich zu konzentrieren aufhörte, war, wie lange ich wohl bereits in diesem Eiskeller sein mochte.

Zweiter Teil

In Buchenwald

«O Buchenwald, ich kann dich nicht vergessen,
Weil du mein Schicksal bist.
Wer dich verließ, der kann es erst ermessen,
Wie wunderbar die Freiheit ist.»
Marsch der Buchenwaldhäftlinge

*Buchenwald.
Linolschnitt von
Roman Efimenko,
der drei Jahre
in Buchenwald
interniert war*

Häftlingsnummer 44445

Langsam bewegt sich die lange Kolonne über einen großen, öden Platz, der bisweilen von einer aus einem Schornstein hervorzüngelnden Flamme erhellt wird. Was kann das für eine Flamme sein? «Das ist das Krematorium. Kein schöner Ort», erklärt gelassen unser Begleiter vom Lagerschutz.

Am Zaun des Krematoriums kann ich eine gleichmäßig ausgerichtete Reihe von Leichen erkennen: während wir auf dem Bahnhof herumstanden und immer wieder gezählt wurden, hatte man sie aus unserem Zug hierhergeschafft. Sie waren außen am Zaun abgelegt worden, wohl um uns eine «gute Ankunft» zu wünschen und uns gleichzeitig eine unmißverständliche Lehre zu erteilen. Haben diese unsere ehemaligen Gefährten wirklich ein so viel schlechteres Schicksal als wir?

Es herrscht Stille, die ungewöhnlich scheint nach dem wütenden Hundegekläff, den kehligen Schimpfworten und dem gleißenden Licht. Doch unsere Kräfte reichen nicht einmal, um vor Schmerzen zu stöhnen. Obwohl ich im bloßen Hemd bin, spüre ich die Kälte nicht. Eine Art Gleichgültigkeit, vielleicht sogar Beruhigung hat sich eingestellt.

Wir werden in einen großen quadratischen Raum geführt. An der Decke befinden sich mehrere Duschen. Die Gaskammer?

«Nein, es ist wirklich eine Dusche. Sieh doch, zu den Duschköpfen führen Rohre», beruhigt mich mein Nachbar. Doch durch die Rohre kann auch Gas geleitet werden.

Aus den Luken im Fußboden dringt warmer Dampf. Wir lassen uns fallen, wo wir gerade stehen, und strecken uns wohlig auf dem Fußboden aus. Wir wollen jetzt überhaupt nichts mehr, nicht einmal denken. Es ist warm, niemand treibt uns weg – also ist es gut.

Nach etwa zwei Stunden bemerke ich durch die weitgeöffnete zweiflügelige Tür die Schatten ausgemergelter Menschen. Sie zeigen mit den Fingern auf ihren Mund, was bedeuten soll, gebt uns etwas zu essen. Ihr Anblick weckt unser Mitleid, und diejenigen, die Reste von ihrem Proviantpaket übrigbehalten haben, geben etwas ab. In diesem Augenblick stürzt sich ein Hüne in schwarzer Feldbluse und Stiefelhosen auf die Schatten. Er trägt eine Armbinde mit der Aufschrift «Kapo». Trotz wüster Beschimpfungen verharren die Unglücklichen in Lethargie. Für sie ist nur eines wichtig, einen Bissen zu ergattern. Für ein Stück Brot nehmen sie Ohrfeigen und Stiefeltritte in Kauf. Nachdem der Kapo die Hungrigen auseinandergetrieben hat, beginnt er wahllos auf uns Neuankömmlinge einzuschlagen. Bald wird er dieser eintönigen Beschäftigung jedoch überdrüssig und verzieht sich.

Gruppenweise werden wir aus der Dusche hinausgeführt. Über einen kleinen Hof bringt man uns in einen geheizten Raum, wo wir uns nackt ausziehen müssen. Mein Hemd auszuziehen dauert nur eine Sekunde. «Ausweispapiere, Geld und Wertsachen abgeben», befiehlt ein Kapo und verteilt kleine Stoffsäckchen. Jeder legt seine persönlichen Sachen hinein, schreibt seinen Namen auf ein Schildchen und bindet es an dem Beutel fest. Dann müssen wir den Mund öffnen und die Hände vorstrecken. Damit ist die «Durchsuchung» beendet. Bei mir konnten sie nichts mehr finden: Der Ausweis steckte in meinen Socken, und alle Kleidungsstücke bis auf das Hemd waren mir unterwegs weggenommen worden.

Nun müssen wir uns auf einen Schemel stellen, und die «Gestreiften», Männer in Häftlingskleidung mit Rasiermessern und Haarschneidemaschinen, treten in Aktion. Nachdem unser Schamhaar abrasiert ist, dürfen wir uns setzen; dann werden uns die Köpfe kahlgeschoren, anschließend die Achselhaare und die gesamte Körperbehaarung rasiert. Mein «Friseur» hat ein sehr sympathisches russisches Gesicht. Ich frage ihn: «Bist du Russe?» Er schaut mich verwundert an und schaltet die Haarschneidemaschine aus. «Und du? Wieso bist du bei den Franzosen?» Was soll ich ihm antworten? «Ich komme aus einem Pariser Gefängnis.» Der Friseur flüstert seinem Partner etwas zu, der wiederum dem nächsten. [9]

Nach dem Haareschneiden müssen wir einer nach dem anderen in eine große Wanne mit einer scharf und stechend riechenden Kresyllösung eintauchen, wobei die durch die Rasur verursachten Schnittverletzungen, die Wunden an den Fußsohlen und die Kratzer vom Stahlboden des Güterwaggons schmerzhaft zu brennen beginnen. In den Augen des Kapos, der unser Bad mit ununterbrochenem Fluchen begleitet, sind wir Schweine, die auch durch noch so langes Waschen weder gesäubert noch desinfiziert werden können. Man muß unbedingt mit dem Kopf in der Flüssigkeit untertauchen. Wer zögert, den erwartet ein betäubender Schlag, und das führt dann dazu, daß man von der Brühe schluckt. Die nachfolgende heiße Dusche entschädigt ein wenig für diese Qual. Alle legen den Kopf in den Nacken und versuchen, mit dem ausgetrockneten Mund soviel Wasser wie möglich zu schlucken, das süßer und begehrenswerter ist als alle Getränke der Welt. Nach der Dusche werden wir wieder den Gestreiften vorgeführt, die, diesmal mit Eimern und Pinseln ausgerüstet, ausführlich unsere Schamgegend und die Geschlechtsorgane mit einer beißenden Lösung bearbeiten. Diese «Prophylaxe» wird durch ein an der Wand hängendes Plakat illustriert: «Eine Laus – Dein Tod». Läuse können Epidemien auslösen, die für das gesamte Lager verheerende Folgen hätten.

Immer noch völlig nackt, müssen wir in einem weiteren Zimmer etwa zwei Stunden warten. Dann erst geht es über einen eisigen Korridor zur Bekleidungskammer. Rechts befindet sich ein langer Tisch, hinter dem Häftlinge stehen und Bekleidung ausgeben. Wie auf einem Förderband erhalten wir im Vorbeigehen Unterhose, Hemd, Hose, Jacke, Mantel, eine runde Häftlingskappe und Holzschuhe. Ich erhalte zusätzlich einen Ledergürtel. Offenbar haben die «Verbindungen» meines Friseurs bereits Wirkung gezeigt. Jetzt tragen wir alle Häftlingskleidung wie Sträflinge in einem Kinofilm. Jetzt sind auch wir Gestreifte.

Anhand einer Liste werden wir aufgerufen, jeder erhält je drei rote Winkel mit dem Buchstaben «F» – ich als Russe bekomme welche mit dem Buchstaben «R» – und je drei weiße Bändchen mit Nummern. Wir müssen Winkel und Bändchen sofort an die Bekleidung annähen. So werde ich zum Häftling mit der Nummer 44445 und verliere auch das letzte, meinen Namen. Numeriert, gestreift und geschoren, erinnert nichts mehr an das, was uns bis gestern voneinander unterschieden hat: daß wir Individuen sind. Die SS-Leute haben alles getan, um uns unsere Vergangenheit, unsere Individualität, unsere kleinen Vorzüge und Schwächen zu nehmen. Von nun an sind wir Herdentiere, die vom Willen und der Laune der «Hirten» abhängen.

Mir persönlich kam diese Metamorphose sehr zupaß, denn unter meiner Nummer versanken alle meine Namen, auch die, die nicht bekannt waren und deren Offenlegung meine sofortige Liquidierung zur Folge gehabt hätte. Und was ist das schon für ein Unterschied, unter einem Namen oder unter einer Nummer zu sterben, wenn man lebt wie ein Sklave! Aber die deutsche Pedanterie hatte alles bis zur letzten Kleinigkeit durchdacht: Auf meiner Häftlings-Personalkarte, die in der Politischen Abteilung der SS geführt wurde, stand bereits, was ich damals natürlich nicht wußte, «N. N.» – «Nacht und Nebel», eine Abkürzung, die meist gleichbedeutend war mit dem Verschwinden eines Menschen auf Nimmerwiedersehen.

Auf einer Treppe vor einer geschlossenen Tür stehend, gab uns einer der deutschen Häftlinge in reinem Französisch erste Informationen über das Lager Buchenwald: «Ihr kommt jetzt ins Kleine Lager. Dort werdet ihr einige Tage vorübergehend in Quarantäne bleiben. Danach werdet ihr ins Hauptlager überführt, wo das Leben mehr oder weniger erträglich ist. Versucht alles, um einem Transport in Außenkommandos zu entgehen, vor allem einem Transport nach Dora. Die SS baut dort einen unterirdischen Betrieb, und die Lebensbedingungen dort sind so, daß es nach zwei bis drei Monaten für die Häftlinge aus ist: Luftmangel, Hunger, Prügel...»

«Wie kann man dem entgehen?»

«Einzig und allein die Arbeitsstatistik weiß Bescheid über die wirkliche Bestimmung eines Transports, die alle verschlüsselt sind. Versucht am besten, in Buchenwald zu bleiben. Natürlich ist das kein Sanatorium, aber immerhin kann man hier existieren.»

Anschließend durchliefen wir die Registratur. Zum letzten Mal nannten wir unsere Namen, erinnerten uns an unsere früher ausgeübten Berufe. Vielleicht war das für die anstehende «Arbeitsvermittlung» nützlich. Zur Überraschung aller erklärte einer kategorisch: «Arbeitsunfähig! Ungeeignet für Arbeiten jeder Art!» Auf meine Frage, ob dies nicht gefährlich sei, antwortete er mir: «Selbst wenn ich verrecken muß, für die Hitlerdeutschen werde ich nicht arbeiten!» Was für ein unbeugsamer Junge!

Alle Formalitäten hatten wir nun hinter uns, wir waren inventarisiert und standen auf dem Hof. Es wehte ein alles durchdringender Wind, unsere Kleidung war durchlässig und wärmte nicht. Wir mußten Aufstellung nehmen und wurden immer wieder von neuem gezählt. Offenbar befürchtete man, daß einer in den Korridoren des Duschraumes oder in der Wanne mit Kresyl abhanden gekommen war.

Während der ganzen Zeit hatten wir nicht einen einzigen SS-Mann zu Gesicht bekommen. Alles wurde von mehr oder weniger wohlwollend gesinnten Häftlingen erledigt. Auf dem Weg zum Kleinen Lager kamen wir dann an gefällig wirkenden zweigeschossigen Steinbaracken und ebenerdigen Holzbaracken vorbei und erhaschten einen Blick ins Innere: lange Tische, Bänke, ein Ofen, alles wirkte ordentlich und sauber. Vielleicht hatte uns in den ersten Stunden im Lager nur eine Pechsträhne erwischt, und in Wahrheit war es hier gar nicht so schlecht...

Ein Teil von uns, etwa tausend Mann, wurde im Block 62 des Kleinen Lagers untergebracht. Unsere Begleiter, die die gleichen Winkel und Nummernbändchen trugen wie wir, verteilten uns auf dreistöckige Boxen, die auf beiden Seiten der langen, an einen Pferdestall erinnernden Baracken standen. Wir bekamen dünne, mit Holzspäne gefüllte Baumwollmatratzen. Fand sich einer von uns nicht gleich zurecht, begann ein unglaubliches Fluchen – wie bei den SS-Leuten. Zeit schien hier höher im Kurs zu stehen als Gold. Nach dem ersten Zählappell – obwohl man dies schwerlich so nennen konnte, denn wir waren Nummern und mußten unsere Nummern auf deutsch nennen – erfolgte die Wahl eines Boxältesten. In unserer Box wurde ich gewählt. Dann die erste Suppenausgabe – eine Literkelle für jeden. Die Brühe, die in großen zylindrischen Thermosgefäßen gebracht wurde, die zwei Mann nur mit Mühe tragen konnten, verbreitete einen appetitlichen Duft. Es war eine Hafergrützensuppe. Unsere ausgetrockneten und brennenden Kehlen hätten auch gar nichts Festeres schlucken können. Die Stubendienste aßen je zwei bis drei Liter, was ihr vergleichsweise wohlgenährtes Aussehen erklärte. Nach dem Essen warfen wir uns auf die Matratzen und schliefen bis zum Abendappell.

In Fünferreihen standen wir am Abend anderthalb Stunden, bis endlich ein SS-Unterscharführer erschien. Er wechselte einige Worte mit dem Blockältesten, einem kräftigen, muskulösen deutschen Häftling, prüfte die Vollzähligkeit der Fünferreihen und entfernte sich wieder, ohne ein weiteres Wort verloren zu haben. Der Blockälteste hielt eine Rede, die einer von uns übersetzte. Er sprach vor allem über Disziplin und über die Selbstverwaltung des Lagers; wir sollten wachsam sein und uns vor jeder direkten Einmischung der SS hüten.[10]

«Selbstverständlich habt ihr das Recht, in den Stacheldrahtzaun zu laufen und Selbstmord zu begehen», sagte der Blockälteste zum Schluß. «Damit bereitet ihr euren Genossen allerdings eine Menge Unannehmlichkeiten, und dies wird als Mangel an Solidarität gewertet.» Du hast gut reden, dachte ich. Natürlich hat eine

Flucht für euch deutsche Häftlinge keinen Sinn. Wo sollt ihr auch hin in einem Land, das von euren eigenen Leuten kontrolliert wird. Damals hatte ich das Gefühl, daß die deutschen Häftlinge eine privilegierte Kaste bildeten, konnten sie sich im Lager doch weitaus freier fühlen als etwa an der Ostfront. Nachdem sie sich in Buchenwald ganz gut eingerichtet hatten, wandten sie sich natürlich kategorisch gegen alles, was den Verlust ihrer Ruhe und ihres relativen Wohlergehens hätte bedeuten können. Wurden die Blockältesten nicht nach Rücksprache mit der SS ernannt – für welche Dienste und Gefälligkeiten wohl? Wir wissen doch, daß der Hirt seine Hunde füttert, damit sie die Schafe besser bewachen, und die Schafe, das waren wir: verstört, gepeinigt, einander fremd.

Unter den Häftlingen, auch unter den Neuankömmlingen waren viele, die man wegen Schiebergeschäften, Schwarzmarkthandels und krimineller Vergehen festgenommen hatte. Auch Kollaborateure waren dabei, die sich den Besatzern angedient, dann jedoch deren Unmut hervorgerufen oder sich sonst etwas hatten zuschulden kommen lassen. Die anderen, die wirklich «Politischen», waren unterschiedlicher Couleur, je nach politischer Überzeugung, mitunter auch einander feindlich gesinnt. In Buchenwald avancierten alle, Betrüger, Schieber und wir, die «Kämpfer der Schattenarmee», ohne Ausnahme zu «Politischen», nachdem man uns die roten Winkel zugeteilt hatte.

Dann erging der Befehl zur Nachtruhe. Mit Ausnahme des Hemdes mußte jegliche Bekleidung abgelegt werden. Läge jemand unter der Decke mit mehr als dem Hemd bekleidet, dann gelte das bei der SS als Vorbereitung zur Flucht, was die entsprechenden Konsequenzen nach sich zöge. Wer sollte das eigentlich entdecken – die SS oder deren Zuträger?

Die Kleidung stapelten wir auf den Bänken längs der Tische, dann legten wir uns auf die Pritsche und drängten uns eng aneinander, damit alle Platz fanden. Kein Gedanke, etwa auf dem Rücken oder auf dem Bauch zu liegen. Sich von einer Seite auf die andere zu drehen war nur möglich, wenn sich alle gleichzeitig drehten.

So begann die erste Nacht in Buchenwald. In einem aus Brettern errichteten Block lagen jeweils 48 Mann in einem dreistöckigen Gestell. Der Blockälteste und die Stubendienste zogen sich in ihre Verschläge zurück, wo es natürlich viel geräumiger war und freier zuging. Bald war alles still. Man hörte nur stockendes Atmen, Schnarchen, trockenes Husten und ab und zu das Schluchzen derer, die sich noch nicht an die düstere Ausweglosigkeit ihrer neuen Lage gewöhnt hatten. Kein Zweifel, der SS war es hervorragend gelungen, uns alle gleichzumachen, alle Verbindungen mit der Außenwelt zu kappen, alles auszulöschen. Allein die Gedanken waren unser unantastbares Eigentum. So versuchten wir uns zurückzuversetzen aus dieser Massengruft in unsere ferne, unerreichbar scheinende Vergangenheit, dorthin, wo wir gelebt, geträumt, geliebt hatten, durchdrungen von Wünschen und Idealen, wo wir für diese Ideale gekämpft hatten, dorthin zurück, wo wir Menschen waren...

Halb vier morgens! Vom Geschrei und Gezänk der Stubendienste werden wir geweckt. Einen von ihnen namens Schora haben wir wegen seiner Massigkeit, seines groben Aussehens und seiner niedrigen Stirn Gorilla getauft. Ständig brüllt er herum und teilt aufs Geratewohl Schläge nach links und rechts aus. Dieser Mensch, wenn man ihn so nennen kann, ist offensichtlich gewalttätig bis zur Perversion. Ich glaube, in Buchenwald hat er sein wahres Glück und seine Bestimmung gefunden; an keinem anderen Ort könnte er seine niederen Instinkte auf diese Weise befriedigen.

Auf Befehl, nachdem wir uns schnell die Hose übergezogen haben, gehen wir in Reih und Glied hinter unserem Gorilla auf die Latrine im Hof. Hierbei handelt es sich um eine besondere Sehenswürdigkeit. In einem Block, etwas niedriger als der unsere, hat man eine große rechteckige Grube ausgehoben, deren Seitenwände betoniert wurden. Über die Grube wurden zwei Balken gelegt: Auf dem einen kann man sitzen und sich mit dem Rücken an dem anderen abstützen und so seine Notdurft verrichten. Im Halbdunkel dieses Blocks, wo es verhältnismäßig warm ist, gewöhnt man sich schnell an den besonderen Geruch der mit Chlorkalk vermischten Exkremente.

Wenn diese Einrichtung voll ausgelastet ist, das heißt, wenn Hunderte von Häftlingen mit heruntergelassenen Hosen und eng aneinandergedrängt ihre Notdurft verrichten, ist das ein selten komischer Anblick. Auch im Schweinestall sind die Tiere so dressiert, daß sie alle gleichzeitig ein und dieselbe Verrichtung in die gleiche Grube vollführen.

Zurück im Block, erhalten wir boxweise heißen Kaffee. Brot steht uns heute nicht zu, da wir, so heißt es, in Compiègne volle Marschverpflegung für fünf Tage erhalten hätten. Nachdem wir unseren Durst gestillt haben, bleibt Zeit, an unseren Hunger zu denken. Er quält uns besonders beim Morgenappell, der zum Glück nicht so lange dauert wie der am Vorabend. Der SS-Mann zählt uns der Reihe nach durch, läßt seine Absätze knallen und entfernt sich wieder mit gleichgültiger Miene, ohne ein Wort verloren zu haben. Was für ein leidenschaftsloser «Übermensch»!

Nach dem Appell führt uns der Gorilla wieder in Reih und Glied vorbei an der Latrine in einen Raum, wo runde Betonwaschbecken stehen, an denen sich gleichzeitig sechs bis acht Mann waschen können. Jeder muß sich bis zur Hose waschen, obwohl viele wegen des kalten Wassers überhaupt keine Lust haben. Dazu erhalten wir ein Stück Seife, besser gesagt, ein Stück Lehm mit Sand oder irgendeinem Putzmittel versetzt. Das eisige Wasser belebt uns. Wer sich sorgsam gewaschen hat, verspürt die Kälte nun viel weniger. Nach der «Morgentoilette» müssen wir zwei oder drei Stunden auf dem Hof stehen, und das bei Temperaturen von minus 10 bis minus 18 Grad. Inzwischen kippen die Stubendienste eimerweise Wasser über die Fußböden und kehren es mit Schrubbern über die Stufen. Von Zeit zu Zeit blicken sie hämisch in unsere Richtung, offenbar haben sie ihren Spaß daran, uns im Hof frieren zu lassen, bis die Fußböden getrocknet sind.

Am nächsten Morgen erhalte ich in meiner neuen Eigenschaft als Boxältester vom Stubendienst Janek Margarinewürfel, die mit einer speziellen Vorrichtung in zwanzig kleine Riegel geschnitten worden sind. Ein Würfel wiegt 500 Gramm, ein Riegel 25 Gramm. Im Halbdunkel konnte ich es nicht richtig erkennen; der Würfel war so geschnitten, daß sich von der einen Seite Riegel mit vier und von der anderen Riegel mit fünf Stückchen ergaben. Nachdem ich mehrere Riegel mit fünf Stückchen ausgegeben habe, merke ich, es reicht nicht für alle. Deshalb sage ich zu Janek: «Du hast uns weniger gegeben, als uns zusteht. Es ist nicht genug da!»

«Du Miststück, klauen willst du!» Er wirft sich auf mich und gibt mir eine schallende Ohrfeige. Wutentbrannt verpasse ich ihm als Antwort einen kurzen Schlag direkt ins Auge. Sofort springt jemand hinzu, stellt mir ein Bein, ein anderer wirft mich zu Boden, und los geht es – sie traktieren mich mit Fußtritten und schlagen mich mit Fäusten. Fünf Mann haben sich auf mich geworfen, wo sind die nur plötzlich hergekommen?

«Ins Krematorium mit diesem Hund», schreien sie wutentbrannt. Ich weiß nicht, wie es in diesem Moment um meinen Körper steht, der von allen Seiten geschlagen und getreten wird, aber ein Gesicht habe ich bereits nicht mehr, es ist eine einzige blutige Masse. Jetzt beginnen die Franzosen, die meinen Fehler entdeckt haben, sich für mich einzusetzen. Sie fordern ein Ende der Schlägerei. Es ist gar nicht so einfach, einer aufgebrachten Meute standzuhalten und sie zu beschwichtigen. Die Franzosen schirmen mich ab und lassen mich unter die Box kriechen. Einer von ihnen erklärt, daß ich Jugoslawe bin. Nach drei Stunden erscheint ein Russe in einer Ziviljacke und beginnt mich auszufragen. Ich folge seiner Aufforderung, aus meinem Unterschlupf hervorzukriechen, und traue meinen Augen nicht: neben dem Russen steht Dobričko. Ich rufe: «Dobry!», und wir fallen uns in die Arme. Sofort sind wir umringt vom Stubendienst, vom Blockältesten und den Franzosen. Es fehlt nur Janek, der irgendwo in der Ecke liegt und sein verquollenes Auge mit Umschlägen kühlt.

Dobričko und Siačić, die in der Nähe von Lyon gefaßt wurden, sind bereits seit mehreren Monaten in Buchenwald. Dobry ist in der Schreibstube, Siačić in der Lagerschusterei untergekommen.

«Wie gut, daß ich dich erkannt habe, sonst wäre es aus mit dir gewesen!» läßt Dobry sich vernehmen.

Am Mittag begleitet mich der Blockälteste zum LA-I, dem Ersten Lagerältesten, der mich dringend hat rufen lassen. Der Blockälteste ist nervös. «Sag bloß nicht, daß ich dich geschlagen habe. Woher sollte ich denn wissen, wer du bist?»

«Ach was», erwidere ich. «Hauptsache, wir haben die Sache geklärt.» Mein Ärger ist verflogen. Ich habe mich geirrt, sie haben sich geirrt – und dann plötzlich diese freudige, völlig unerwartete Begegnung. Der Blockälteste klopft unentschlossen an die Tür.

«Herein!» Der Blockälteste steht stramm und meldet: «Häftling Nummer 44445 laut Befehl von dir zur Stelle!»

In Buchenwald sind alle Häftlinge ungeachtet ihrer Stellung im Lager per du. Wir betreten ein geräumiges Zimmer. Am Tisch sitzt ein kräftiger Mann, nicht sehr groß, in einer schwarzen Feldbluse. Auf seiner Armbinde steht «LA-I». Rechts von ihm liegt ein großer Hund.

«Wer hat Sie so zugerichtet?» fragt der Lagerälteste. «Ist das unterwegs oder im Block passiert?»

Der Blockälteste steht da und rührt sich nicht, wirft mir flehende Blicke zu.

«Na ja. Es war ein Mißverständnis», sage ich.

Der Lagerälteste gibt dem Blockältesten ein Zeichen, und dieser verschwindet augenblicklich.

«Wer sind Sie, wie kommen Sie nach Buchenwald?» Er erhebt sich, schiebt mir einen Stuhl hin: «Setzen Sie sich doch.»

«Der Weg nach Buchenwald ist eine lange Geschichte», entgegne ich.

«Erzählen Sie!»

Das Wichtigste schien mir, daß ich am Leben geblieben war und den Eiskeller überlebt hatte. Im Halbschlaf spürte ich, daß ich auf die Beine gestellt, hinausgeführt und in einem Fahrstuhl nach oben gebracht wurde. Man führte mich über einen langen Gang, mir entgegen kamen zwei Frauen, Angestellte der Gestapo. Ihr Verhalten veranlaßte mich, an mir hinunterzuschauen, und ich merkte, daß ich nackt war. Wie ich mich schämte!

Endgültig zu mir kam ich auf dem Stuhl im warmen Zimmer des vernehmenden Gestapobeamten. Ich war also die ganze Zeit über in der Rue des Saussais gewesen, aber wie lange? Ich begann die Wärme zu verspüren, der Körper wurde heftig geschüttelt, nur mit Mühe konnte ich mich auf dem Stuhl halten. Die Stimme versagte ihren Dienst, die Zunge war wie Watte. Während mein Körper nur zuckende Bewegungen zu vollführen imstande war, arbeitete es in meinem Hirn. Ich beschloß, nichts von dem abzustreiten, was sie ohnehin wußten, und dabei so zu tun, als sei ich vollkommen gebrochen, als sei ich bereit, alles zuzugeben. Also nannte ich meinen richtigen Namen, erzählte, daß ich aus dem Stalag XII-F geflohen war, halb Frankreich durchquert und mich als Tagelöhner durchgeschlagen hätte, bis genügend Geld beisammen gewesen sei, mir falsche Papiere zu beschaffen, um mich damit für den freiwilligen Arbeitseinsatz in Deutschland zu melden. Ich jammerte in allen Sprachen und beklagte mein Schicksal. Alles, was mich traf, waren verächtliche Blicke.

Man brachte mich nach Fresnes in eine Viererzelle. Die Kameraden begannen mich abzureiben, mich zu massieren. «Hast überlebt», sagten sie immer wieder, wie zur Bestätigung und um mir Mut zu machen. «Drei Tage warst du drin. Bist ganz grau geworden.»

Nie werde ich diese Zelle, in der ich fast ein halbes Jahr verbrachte, vergessen, nie die Gefährten, die ich dort kennenlernte. Zellenältester war Noël Burdeyron, der schon über ein Jahr in Fresnes saß. Er hatte sich als Agent der «French Section» des Intelligence Service anwerben lassen und war nach Absolvierung einer geheimdienstlichen Ausbildung im April 1941 im Westen der Normandie mit dem Fallschirm abgesprungen. Seine Decknamen waren «Gaston» oder «Frank Norman Burly». Letzteres kommentierte er wie folgt: «Frank, weil ich Franzose bin, Norman, weil ich aus der Normandie stamme, und Burly ist ein Hinweis auf meinen Leibesumfang.» Davon allerdings war nicht mehr viel zu sehen, Noël wirkte geradezu abgemagert: «Meine Enthaltsamkeit angesichts der Gefängnisverpflegung hat ihre Wirkung nicht verfehlt, ich bin richtig grazil geworden.» Noël war ein wirklicher Freund und Kamerad, stets freundlich und gütig und sich seiner besonderen Verpflichtung als der Erfahrenste bewußt. Wenn jemand zur Vernehmung gerufen wurde, legte er ihm die Hände auf die Schultern, schaute ihm aufmerksam in die Augen und sagte: «Denke immer an deine Gefährten und vergiß sie niemals!» Sein kräftiger Händedruck machte Mut und war gleichzeitig eine Erinnerung, daß das Schicksal der Freunde immer auch von einem selber abhing. Die vom Verhör Zurückkehrenden empfing Noël mit gutmütigen Scherzen: «Schaut euch den an, wie gut sie den bearbeitet haben, die Fassade hübsch herausgeputzt! Das sind Spezialisten! Offenbar haben sie sich dabei völlig verausgabt, jetzt werden die Kerle vor Müdigkeit umfallen.»

Mehrmals am Tag ließ uns «Papa Noël», wie wir ihn nannten, Gymnastik treiben; diese bestand darin, den Zellenboden, den er Parkett nannte, zum Glänzen zu bringen. Den Schrubber, oder das, was davon übriggeblieben war, nahmen wir auch zur Hand, wenn wir durch hitzige Wortgefechte oder Verstimmungen aus dem Gleichgewicht geraten oder die erregten Nerven nach einem Verhör aufs äußerste gespannt waren. Am «Parkett» konnten wir unsere ganze Wut auslassen, der Fußboden glänzte stets wie eine Eisbahn.

Ende August wurde ein Neuer in unsere Zelle gestoßen. Er war sichtlich verwirrt. Seine äußere Erscheinung – groß, schlank, mit schmalen Händen und leicht wehendem Haar, in einem nach der Mode geschnittenen, gebügelten Maßanzug – machte uns sofort neugierig. Offenbar stammte er aus einer wohlhabenden Familie und war erst kürzlich verhaftet worden.

«Maurice Montet», stellte er sich vor. «Bin aus Fort Montluc, dem Gefängnis von Lyon, hierhergebracht worden.»

Nachdem wir uns das Neueste von draußen hatten berichten lassen, wobei sich zum weiteren Mal herausstellte, wie gut wir doch informiert waren, ging Papa Noël gleich zum Du über und wies auf die freigewordene Pritsche: «Na, dann mach's dir bequem. Vielleicht lächelt dir auf diesem Platz Fortuna. Dein Vorgänger ist gerade freigelassen worden.»

«Soviel Glück wird mir nicht zuteil werden», antwortete Maurice.

«In unserer Zelle ist die Hoffnung Gesetz. Pessimisten lassen wir hier nicht zu», ermahnte ihn Papa Noël.

Es war nicht üblich, Mitgefangene nach dem Grund ihrer Verhaftung zu fragen, die meisten erzählten von sich aus, sobald sie etwas Vertrauen gefaßt hatten. Der ältere Bruder von Maurice, Lucien Montet, war Pilot und hatte sich nach der Niederlage Frankreichs nach England abgesetzt. Mit dem Auftrag, die Rückführung abgeschossener alliierter Piloten über Spanien zu organisieren, kam Lucien Montet 1942 nach Frankreich zurück. Die Leitung dieses Netzes, das sich «Brandy» nannte, übernahm Maurice, Lucien kehrte nach London zurück.

Unter dem Decknamen «Simon de Lyon» hat Maurice Montet etwa fünfhundert Personen beim Übergang über die Pyrenäen geholfen. Dann hatte die Gestapo eine Belohnung ausgesetzt, und einer der Bergführer war in Versuchung geraten.

Maurice verfügte über hervorragende Kontakte zur Außenwelt. Noch heute erinnere ich mich an die Adresse seiner Pariser Verwandten: Avenue Henri Martin; eigenartigerweise bleiben

*Maurice Montet, der die Rückführung abgeschossener alliierter Piloten
über die Pyrenäen organisierte, zwei Monate vor seiner Verhaftung.
Agafonow sollte ihm später zweimal begegnen: in einer gemeinsamen Zelle
im Gefängnis von Fresnes und im Durchgangslager Compiègne*

solche Kleinigkeiten oft am besten hängen.[11] Da Maurice bei der Rücksendung seines Wäschepakets – unsere Form der Nachrichtenübermittlung – auch meinen Namen nach draußen weitergab, erhielt ich von nun an zu meiner Verwunderung regelmäßig Pakete mit Lebensmitteln, Wäsche und Socken. Besonderes Aufsehen erregte die Karbonylseife, die jeder Sendung beilag und die Begehrlichkeit unserer Bewacher weckte. Und wenn ich an die Delikatessen denke, läuft mir noch heute das Wasser im Munde zusammen: Frische Gänseleber mit Trüffeln etwa ist mir weder vor noch nach dem Krieg je zu Gesicht gekommen.

Der Gefängnisalltag sah natürlich anders aus: Verhöre, Tribunale, Menschen, die für immer verschwanden. Ich erinnere mich an einen Kommunisten namens Blanchet, der wegen Teilnahme an einer kommunistischen Kundgebung zu vier Jahren Gefängnis verurteilt worden war und nun kurz vor der Freilassung stand. Das mißfiel den Deutschen, sie ließen sein Dossier kommen und ihn nach Fresnes überstellen, um eine Wiederaufnahme seines Falles vorzubereiten. Er war Kraftwagenfahrer und hatte zwei Kinder. Seine Verhaftung, beteuerte er uns mehrfach, sei ein dummer Zufall gewesen, im Grunde sei er gar kein Kommunist; wenn er herauskomme, werde er ein Fuhrunternehmen gründen. Über die Frage, ob es zulässig sei, Leute einzustellen und diese dann auszubeuten, entbrannte ein heftiger Streit mit Noël und Maurice. Blanchet wandte sich hilfesuchend an mich, aber ich mußte den beiden recht geben: ein Kommunist darf das nicht.

Einige Tage lief alles routinemäßig, dann war es soweit. Gleich nach dem Wecken wurde der Türschieber geöffnet: «Blanchet!» Man reichte ihm Rasierzeug. Am Mittag kam er zurück, weiß wie der Tod.

«Ich werde erschossen», flüsterte er mit zitternder Stimme.

Papa Noël drückte ihm lange die Hand und sah ihm dabei fest in die Augen. «Akzeptiere deinen Tod mit Würde», schien er zu sagen, aber kein Wort wurde gewechselt. Das Ganze dauerte nur wenige Minuten, dann ging Blanchet für immer.

Henri Meunier war inzwischen nicht untätig geblieben.

Über eine lange Morsekette ließ er mitteilen, daß er den Denunzianten «rechnerisch» ermittelt habe: Es könne nur Konstantin de la Lubi gewesen sein. In der Tat, er war nicht verhaftet worden, nach ihm hatte die Gestapo nicht ein einziges Mal gefragt. Aber wie waren sie dann auf Ange und Yves gestoßen, die ebenfalls in Fresnes einsaßen und dort bestialisch gefoltert wurden, wie ich wußte? Wenn de la Lubi den Auftrag gehabt hatte, wie mir Henri daraufhin erklärte, bei Yves den Stadtplan von Nantes abzuholen, warum hat er dann dieses so brisante Dokument dem Fotografen übergeben, wenn er wirklich der Verräter war? Fragen und Vermutungen, aber es war nicht an mir, der ich dafür eine Nummer zu klein war, die ganze Geschichte aufzuklären.

In den ersten Januartagen des Jahres 1944 wurde Papa Noël abgeholt. Er lief ein paarmal auf und ab, dann nahm er ein Stückchen Zigarettenpapier und schrieb in einer kleinen, zierlichen Schrift, die sofort den geübten Untergrundkämpfer verriet: «To whom it may concern». Er bitte alle englischen Offiziere, dem Überbringer dieser Parole Unterstützung zu gewähren. Unterschrieben war das Ganze: «055-A». – «Versteck es gut», sagte Noël. «Du wirst es noch brauchen können.» Sorgfältig nähte ich das Papier in den Ärmel meines Jacketts ein.[12]

An die Stelle Noël Burdeyrons trat Marcel, Marcel Rayman, der «Zigeuner», der einmal Michels und mein Praktikant gewesen war. So schloß sich auch dieser Kreis, doch Marcel war ein anderer geworden. Er war erschöpft, müde von den langen Kämpfen, das Feuer in seinen Augen war erloschen. Marcel war überzeugt, daß gegen die Mitglieder seiner Gruppe ein öffentlicher Prozeß vorbereitet werde und daß dies auch der Grund sei, weshalb man ihn in die «Luxusetage» von Fresnes gebracht habe – damit die furchtbaren Spuren der Folter verheilten.[13]

Mitte Januar war es dann soweit: «Katchourine! Fertigmachen, schnell!» Nach wenigen Minuten stand ich im Keller in einer Schlange mit anderen Häftlingen, das Gesicht zur Wand. Nach einem Zählappell sperrten sie uns zwei Tage in Einzelzellen, um uns anschließend die Sachen auszuhändigen, die sie uns bei der Einlieferung abgenommen hatten, und uns auf LKWs zu laden – «zur Arbeit nach Deutschland». Bei den Ahnungslosen glimmte ein Fünkchen Hoffnung auf. Sechzig Kilometer vor Paris, im Lager von Compiègne, wurden wir ausgeladen.

Wer lief mir auf dem riesigen Gelände als erster über den Weg? Maurice! Er erzählte mir, daß es ihm gelungen war, sich mit seiner Schwiegermutter zu treffen, und daß diese jetzt damit beschäftigt sei, eine Million Franc aufzutreiben – die Summe, die der Kommandant verlange, um einen Namen von den Deportationslisten zu streichen.

Als am Abend die Namen aufgerufen wurden, fehlte der von Maurice. Ich hingegen mußte aus der Reihe treten. «Hier, nimm», sagte Maurice und reichte mir sein Taschenmesser. «Du hast es jetzt nötiger.»[14]

Unter Schlägen und Kolbenstößen wurden wir in Güterwaggons getrieben, hundertzwanzig Mann in jeden Waggon. Stehen konnten wir nur auf den Fußballen, an Sichumdrehen war nicht zu denken, so eng war es. Die Türen wurden zugeschoben, sofort war es finster und stickig. Zum Glück hatten wir Januar und Frost. Wie wäre es wohl bei Sommerhitze gewesen? Die Augen gewöhnten sich langsam an die Dunkelheit, und wir konnten an den Seiten schmale, mit Drahtgeflecht versehene Fenster erkennen.

Sobald sich der Zug in Bewegung gesetzt hatte, versuchten wir uns mehr Platz zu verschaffen. In Compiègne hatte ich mich mit vier anderen zusammengetan, die ebensowenig wie ich an das Märchen von der Arbeit glaubten. Alle fünf waren wir im Besitz von Messern. Wir entdeckten unterhalb eines Balkens, wo gewöhnlich Pferde angebunden wurden, drei Bretter, die wir so durchzuschneiden gedachten, daß direkt über dem Puffer ein Loch entstand, groß genug, um einen Mann durchzulassen. Wir machten uns an die Arbeit. Die um uns Stehenden bemerkten unser geschäftiges Treiben und fingen an zu protestieren. Es blieb uns nichts anderes übrig, als ihnen mit unseren Messern zu drohen, und so beruhigten sie sich wieder. Der Reihe nach wechselten wir uns ab; derjenige, der gerade ausruhte, hielt die umstehenden Panikmacher in Schach. Wir wußten, daß der Zug zwischen Bar-le-Duc und Nancy eine Steigung zu überwinden hatte und langsam fuhr. Wir mußten es einfach schaffen, es war die einzige Chance, am nächsten Morgen wäre der Zug schon in Deutschland.

Die Bretter waren mächtig hart, und erst nach Mitternacht gelang es uns, sie herauszuschlagen. Frische Luft strömte herein, frisch und sauber, herrlich angenehm. Schon vorher hatten wir durch Losen die Reihenfolge bestimmt. Ich war als vierter an der Reihe, mit den Füßen zuerst. Die Beine und die Hälfte des Rumpfes waren schon draußen, als ich merkte, daß der Kamerad vor mir noch immer nicht abgesprungen war. Er saß auf dem Puffer. Da ertönte plötzlich ein herzzerreißender Schrei, ein Schrei, wie ich ihn nie wieder gehört habe, während die Füße des Burschen, der als letzter dran war, bereits meinen Kopf berührten. Mein Vordermann war offenbar unter die Räder gekommen. Auf den Schrei hin gingen über die ganze Länge des Zuges Scheinwerfer an, Leuchtkugeln wurden abgeschossen, der Zug stand. Zu springen war sinnlos. Ich schob die Beine des mir nachfolgenden Burschen zurück, kroch selbst wieder durch das Loch in den Wagen und stellte mich, so gut es ging, wieder auf die Beine. Man hörte Schüsse. Jemand kletterte auf den Puffer, und im Licht der Öffnung konnte man die Mütze eines SS-Mannes erkennen.

«Hierher», rief er, «hier sind sie raus.»

«Wie viele?» fragte er, wobei er mit der Taschenlampe in den Waggon leuchtete. Alle schwiegen. Ich übersetzte seine Frage ins Französische. Wieder Schweigen.

«Drei Mann raus, schnell!»

Ich übersetzte wieder.

«Schnell!»

Als einer der Schuldigen schickte ich mich an auszusteigen.

«Du bleibst, du kannst Deutsch.»

Ich weiß nicht mehr, was in mir vorging, aber ich stieg trotzdem aus. Mir folgten der zur Fluchtgruppe gehörende junge Bursche und noch ein weiterer. Die Fäuste der Hinzugelaufenen sausten auf uns nieder, doch der Offizier gebot dem Schlagen Einhalt. Er befahl uns, daß wir uns nackt ausziehen sollten. Natürlich, warum die Kleidung schmutzig machen, wenn man sie noch verkaufen kann!

«Alles, alles ausziehen», tobten die SS-Leute. «Auch die Unterhosen und Socken! Auf den Boden legen!»

Ich war gefaßt auf eine Kugel ins Genick, aber nein, sie richteten unsere Füße nach oben und schlugen uns mit etwas Hartem, Kaltem auf die Sohlen, es verursachte höllische Schmerzen. Dann packten sie uns an Händen und Füßen und warfen uns in einen leeren Waggon aus Metall. Die Tür wurde verschlossen, und nach etwa fünf Minuten setzte sich der Zug wieder in Bewegung. Unter uns eine Schicht gefrorenen Drecks, der durch die Körperwärme langsam auftaute, zähflüssig wurde, bestialischen Gestank verbreitete. Wir konnten nur liegen; sich auf die Füße zu stellen war unmöglich, die Sohlen waren ein einziger Fleischklumpen.

In dieser Nacht gab es noch drei oder vier weitere Fahrtunterbrechungen mit Schießerei. Jedesmal wurden neue Gefährten im gleichen Aufzug wie wir in den Waggon geworfen. Am nächsten Morgen waren wir achtzehn Mann.

Wir wurden von einer Seite zur anderen geworfen, wobei Grat und Splitter auf dem rostigen Eisenfußboden den Körper tausendfach peinigten. Um nicht wie Federn hin und her geworfen zu werden, krochen wir aufeinander zu und umklammerten uns, so daß wir eine Masse bildeten, die nicht mehr so leicht von der Stelle zu bewegen war und obendrein noch Wärme spendete.

Am dritten Tag gegen Mittag blieb der Zug lange Zeit stehen, es war still. Dann waren Stimmen zu hören, Türen wurden geöffnet. Geräusche kamen näher, und wir drängten uns auf den Knien zur Tür. Krachend ging sie auf, und vor uns standen mehrere Schupos und zwei Frauen in Rote-Kreuz-Uniform mit Armbinde.

«Warum sind die nackt?»

Aus dem Stegreif dachte ich mir eine Antwort aus: Wir seien Geiseln, damit niemand ausrückt. Man habe versprochen, uns beim Überqueren der Grenze Kleidung auszuhändigen. Die Polizisten berieten sich untereinander. Nach einer Weile warfen sie uns einen Haufen Bekleidung herein, und später reichte man sogar jedem eine Schale heißer Suppe.

«Wo sind wir?» fragte ich.

«In Trier.»

Es stellte sich heraus, daß die Wachmannschaft aufgebrochen war, um sich auszuruhen, der Zug war den örtlichen Polizeikräften anvertraut worden. Offenbar war die Suppe auf ihre Veranlassung verteilt worden, aus der Küche für durchreisende Wehrmachtverbände. Plötzlich hatte ich das Gefühl, riesiges Glück gehabt zu haben, und ich erinnerte mich, daß ich schon einmal in Trier gewesen war, 1941 im Kriegsgefangenenlager.

Der nächste Halt war der letzte. Schreie, Schläge, Hundegekläff. Wieder wurden Türen geöffnet, aber es waren andere Geräusche, die Luft war erfüllt von Schrecken. Lärm und Durcheinander kamen näher. Die Tür wurde zur Seite gerissen; geblendet von grellem, in die Augen stechendem Licht sprangen wir auf, doch der Schmerz in den geschwollenen Fußsohlen zwang uns sofort, in die Knie zu gehen. Kopfüber ließ ich mich aus dem Waggon fallen, gerade noch rechtzeitig, um der Peitsche eines SS-Mannes zu entgehen, der in den Wagen gesprungen war. Am vorderen Wagen war immer noch das «Ausladen» im Gang, unter den Schlägen der SS taumelten die Leute heraus. Gerade war ein Junge mit vom Wahnsinn aufgerissenen Augen herausgesprungen, hatte den Arm zum Hitlergruß erhoben und völlig hysterisch geschrien: «Heil Hitler! Heil Mussolini!» Der SS-Mann, der dabeistand, schien zurückweichen zu wollen, holte dann aber mit seiner Stahlgerte aus und gab dem Jungen mehrere Schläge auf den Kopf. Er fiel in den zertrampelten Schnee, zuckte noch ein paarmal, dann bewegte sich nichts mehr.

Nachdem alle, die laufen konnten, ausgestiegen waren, wurden die Körper derer herausgeworfen, die nur noch schwache Lebenszeichen von sich gaben, und die Leichen der unterwegs Verstorbenen. Vor den Waggons standen Grüppchen von Menschen, daneben häuften sich Leichen. Drum herum die SS-Leute in ihrer schwarzen Uniform mit dem Totenkopf auf den Mützen, die Hunde an der Leine zerrten. Der weiße Schnee war stellenweise blutbefleckt. Die Grüppchen wurden zu einer Kolonne zusammengetrieben, ein SS-Mann zählte. Der SS-Mann, der uns zählte, wurde stutzig, dann raunzte er uns an: «Stehenbleiben!» und ging weg, um in Erfahrung zu bringen, was mit uns los sei. Sofort kam ein zweiter angelaufen, teilte Schläge aus: «Was seid ihr denn für Weichlinge! Ab, im Laufschritt in die Kolonne! Oder geht euch das nichts an?» Das war genau das, was wir brauchten. Unseren Schmerz vergessend, liefen wir, so schnell uns die Beine trugen, und verteilten uns über die Kolonne.

In leichtem Trab trieb man die Kolonne über groben Schotter. Die leichte Schneeschicht milderte ein wenig die Qual. Arme Füße! Aber wer vermag die Grenze unseres Durchhaltevermögens wirklich zu ermessen? Wenn es um den Tod geht, sind die Unbilden des Lebens nur eine Bagatelle.

Wir erreichten den Eingang. Über dem Eingang ein Turm mit einer Vielzahl von Scheinwerfern, die die Augen blendeten. Später erfuhr ich, daß dies «die Sonne von Buchenwald» war. Man schrieb den 29. Januar 1944. Ich war gerade vierundzwanzig Jahre alt geworden.

Der Lagerälteste hatte mir aufmerksam zugehört. Natürlich hatte ich ihm nicht bis in alle Einzelheiten die letzten sechs Monate meines Lebens erzählt, sondern knapp und präzise auf die ebenso knappen und präzisen Fragen geantwortet. Dann begann er offen über sich zu sprechen, wobei er zum Du überging. Er bezeichnete sich als Antifaschisten, der lange Jahre im Untergrund gearbeitet hatte. Seine Offenheit, der freundschaftliche und teilnahmsvolle

EXTRAIT DE DOCUMENTS	EXCERPT FROM DOCUMENTS	DOKUMENTEN-AUSZUG

Votre Réf.
Your Ref. ------------------------
Ihr Az.

Notre Réf.
Our Ref. T/D - 262 150------------
Unser Az.

Nom / Name / Name	GLANTZOW----------	Prénoms / First names / Vornamen	Aleksander-------	Nationalité / Nationality / Staatsangehörigkeit	russisch-----

Date de naissance / Date of birth / Geburtsdatum 18.11.1920--- Lieu de naissance / Place of birth / Geburtsort Koreis Krim-- Profession / Profession / Beruf med. Student, Sanitäter, Dolmetscher

Noms des parents / Parents' names / Namen der Eltern Mutter: Marija----------------------- Religion orthodox----------

Dernière adresse connue / Last permanent residence / Zuletzt bekannter ständiger Wohnsitz   Paris XIVme 111, rue de Varves----------------------

Arrêté le / Arrested on / Verhaftet am 6. Juli 1943---- à/in/in nicht angeführt------- par/by/durch nicht angeführt-----

Est entré au camp de concentration / Entered concentration camp / Wurde eingeliefert in das Konz.-Lager Buchenwald-------------- No. de détenu / Prisoner's No. / Häftlingsnummer 44445--------

le/on/am 29. Januar 1944----- venant de / coming from / von nicht angeführt-- par/by/durch BDS (*Befehlshaber der Sicherheitspolizei) Paris, Aktion "Meerschaum"

Catégorie, ou raison donnée pour l'incarcération / Category, or reason given for incarceration / Kategorie, oder Grund für die Inhaftierung "Politisch, Zivilarbeiter", roter Winkel----------

Transféré / Transferred / Überstellt am 5. Juni 1944 zum Konzentrationslager Buchenwald/Kommando Tröglitz-Rehmsdorf; zum Konzentrationslager Buchenwald (Hauptlager) Datum nicht angeführt und am 22./23. September 1944 zum Konzentrationslager Buchenwald/SS-Baubrigade VI.------------------------------------

Dernière mention dans la documentation des CC / Last entry in CC-records / Letzte Eintragung in KL-Unterlagen War am 1. November 1944 im Konzentrationslager Mittelbau/SS-Baubrigade VI.--------------------------

Remarques / Remarks / Bemerkungen In den Listen der Lagerarztuntersuchungen vom 18. Februar 1944 und 2. September 1944 ist vermerkt: "arbeits- und transportfähig".-----

Documents consultés / Records consulted / Geprüfte Unterlagen Häftlingspersonalkarten, Häftlingspersonalbogen, Effekten-Verzeichnis, Bekleidungskammerkarte, Schreibstubenkarte, Arbeitskarten, Nummernkarte, Zugangsbuch, Zugangsliste, Veränderungsmeldung, Transportlisten und Liste der Lagerarztuntersuchungen des Konzentrationslagers Buchenwald; Postkontrollkarte und Alphabetisches Verzeichnis des Konzentrationslagers Mittelbau.-----------------------------------

Expédié à / Dispatched to / Abgesandt an   Herrn
Alexander Agafonof
335013 SEWASTOPOL

Arolsen, den 21. November 1972

A. de COCATRIX
Directeur

A. OPITZ
Chef des Archives

HM	G
mv	

Поворот на обороте.

* A titre explicatif: ce complément ne figure pas sur les documents originaux
* Added by the I T S as explanation, does not appear on the original documents
* Erklärung des I T S , erscheint nicht in den Originalunterlagen

Ton zerstreuten meine letzten Zweifel. «So, nun haben wir uns kennengelernt!» Zum ersten Mal lächelte Erich Reschke. Zum Abschied drückte er mir die Hand.[15]

Die Disziplin im Lager war eisern. Die Gewöhnung an diese Disziplin begann bereits in der Quarantäne. Vom ersten Tag an brachte man uns bei, daß wir in der Früh sofort aufzuspringen und unsere Schlafstellen aufzuräumen hatten. Immer wieder wurde uns die Ausführung solcher Befehle wie «Mützen auf!», «Mützen ab!», «Achtung, stillgestanden!» eingetrichtert. Die SS duldete keine Unordnung, keine noch so geringe Nachlässigkeit, wer den Befehlen nicht sofort nachkam, den erwarteten Schläge und Hohn. Keinen Anlaß zu geben für unnötige Quälereien, das war der Sinn unseres Exerzierens. Dennoch wurde hierbei unverhältnismäßig hart durchgegriffen, und wir mußten lange bei Wind und Wetter draußen stehen. «Abhärtung» war das Prinzip der natürlichen Auslese, oder besser: In der Quarantäne ist das Leben keinen Pfifferling wert.

Die im Lager herrschende Sauberkeit und Hygiene verhinderten zwar den Ausbruch von Epidemien, aber die Verpflegungsrationen waren mehr als knapp bemessen, jedes Krümelchen Brot bedeutete, das Leben um einen Tag zu verlängern. Diebstahl wurde hart geahndet, wer eines derartigen Vergehens überführt wurde, hatte nichts zu lachen. Decken und Bekleidung waren in der Regel aus Glasfaser gefertigt, die überhaupt nicht wärmte; Decken zu Schals oder Fußlappen zu zerreißen galt als Verstoß gegen die Solidarität und wurde ebenfalls bestraft. Wenn du als Mensch nicht mehr existierst, werden deine Sachen dem nächsten von Nutzen sein: Dieses kultivierte Solidaritätsgefühl wurde jedem anerzogen, die Lagerselbstverwaltung war bestrebt, wenigstens einen Bruchteil menschlicher Würde aufrechtzuerhalten.

Der Lagerälteste hatte mir nichts versprochen, mir keinerlei Vergünstigungen zugeschanzt. Wir haben miteinander einfach von Mensch zu Mensch gesprochen. Doch allein die Tatsache dieses Gespräches mit Reschke hat mir große moralische Kraft gegeben; ich hatte Vertrauen gefunden und rechnete damit, daß mich Reschke am Kampf teilhaben lassen würde. So kam es. Gegen Ende der Quarantäne teilte mir Dobry mit, daß ich dem Arbeitskommando im Gustloff-Werk zugeteilt sei. Dort würden Metallfacharbeiter benötigt, besonders solche, die in Sprachen bewandert seien. Dobry sprach von einer «Entscheidung», die getroffen worden sei, von wem und wozu, sagte er nicht. Zuerst war ich gekränkt wegen seines Mißtrauens – schließlich kannte er mich ja –, doch dann überlegte ich noch einmal und begnügte mich damit, daß man mich ausgewählt hatte.

So wurde ich am Morgen mit mehreren anderen aufgerufen. Am Tor nahmen wir Aufstellung, und ab ging's im Marschtempo zu den Gustloff-Werken. Ich kam in Halle 11, wo Karabinerläufe für den K-98 gefertigt wurden. An mir völlig fremden Maschinen zum Schneiden der Karabinerlaufnut standen sowjetische Kriegsgefangene in Uniform. Viele von ihnen trugen Budjonnymützen, auf dem Rücken hatten sie eine mit Farbe aufgepinselte Markierung SU (Sowjetunion).

Der Meister, eine Deutscher in Zivil, führte mich zu einer Maschine, die von einer grellen Lampe mit einer Glühbirne aus Mattglas erleuchtet wurde. Daneben standen drei Palettenwagen, auf einem lagen Karabinerläufe, die anderen beiden waren leer. Der Meister erklärte mir, was ich zu tun hatte. Gegen das Licht mußte ich die Karabinerläufe prüfen; waren in den geschnittenen Rillen Kratzer zu erkennen, so war dieser Lauf auszumustern und auf einem der leeren Wagen abzulegen. Auf den zweiten Wagen kamen die von tadelloser Qualität, also ein ganz einfacher Arbeitsgang. Der Glanz im Inneren des Karabinerlaufs hatte eine starke Blendwirkung auf das Auge, aber gearbeitet wurde zehn Stunden am Tag. Die Augen ermüdeten, entzündeten sich und tränten.

«Hier erblindet man nach etwa sechs Monaten», höre ich einen Kriegsgefangenen in meiner Nähe sagen, gerade so, als ob er mit sich selbst spräche. Mit einem verstohlenen Lächeln blicke ich in seine Richtung. Er ist um die Dreißig und hat ein blasses, ruhiges, nicht besonders schönes Gesicht, seine Handbewegungen sind gleichmäßig und ohne Hast, wie bei einem erfahrenen und sicheren Arbeiter.

Der Meister, der meine Arbeit kontrolliert, ist zufrieden.

«Rauchen wir eine», höre ich plötzlich neben mir.

Wie ich mich umschaue, steht dieser russische Kriegsgefangene da. Mir ist klar, daß «Rauchen wir eine» heißen soll «Machen wir mal 'ne Pause», und ich habe nichts dagegen, mir ein wenig Bewegung zu verschaffen, den neuen Gefährten näher kennenzulernen.

«Was klotzt du so ran?» wendet sich der Russe an mich, als wir draußen auf der Toilette allein sind. «Willst wohl dein Augenlicht einbüßen? Hier, mein Freund, muß man ruhig arbeiten, nach dem Motto: langsam, aber sicher, damit du Kräfte und Gesundheit schonst. Selbst die Deutschen haben das Sprichwort abgewandelt ‹Kommando X – rabota nix!›»

Seinen Rat nehme ich mir zu Herzen, ich halte den Lauf nun länger in der Hand, blinzle ein wenig, so daß ich nicht direkt in das Laufinnere schauen muß, lege das Werkstück langsamer ab, und ebenso langsam nehme ich mir das nächste. Habe ich es etwa eilig?

«Du sortierst aber wenig in den Ausschuß», bemerkt nach einigen Tagen mein neuer Bekannter. «Geniere dich nicht, es ist sehr wichtig, daß die Läufe keinerlei Defekte aufweisen, denn erstens ist Ausschuß gefährlich für den Schützen, und zweitens ist die Streuung größer und die Durchschlagskraft geringer.»

Ich begreife, was man von mir will. Recht listenreich, diese Anleitung, und kein Deutscher kann etwas daran aussetzen. Ich schaue genau auf den Meister, seine Gewohnheiten, seine Methode, meine Arbeit zu kontrollieren. In den Palettenwagen mit den Guten beginne ich die eindeutig Gefährlichen abzulegen, in den Ausschuß sortiere ich die Brauchbaren, die ich mit ausgemusterten Läufen zudecke.

«Gut, sehr gut», murmelt zustimmend der Meister, der nichts

Böses ahnt. Aus Erfahrung weiß ich, daß es einem Deutschen nicht im Traum einfällt, daß man mit Maschinen Schindluder treiben und absichtlich Ausschuß produzieren kann.

«Du hast dich ganz schön eingefuchst. An der Front werden sie begeistert von deinen Waffen sein», lobt mich der Russe.

Ich verhehle nicht, daß ich interessantere Dinge erwartet hatte, einfache Sabotage war nicht mein Fall. Und letzten Endes arbeitete ich mit an der Herstellung von Waffen gegen meine Kameraden – was konnte schlimmer sein?

Ich arbeitete bereits die dritte Woche bei den Gustloff-Werken, als an einem Sonntag Dobričko zu mir kam. «Für dich interessieren sich mehrere Kameraden», bemerkte er vielsagend. Zur vereinbarten Zeit nach dem Mittagessen sollte ich in der Nähe der Goethe-Eiche, unweit der Küche, spazierengehen. Dieser Aufforderung kam ich selbstverständlich nach.

«Häftlingsnummer 44445, komm her», riefen mich zwei, die sich im gerade erst hervorsprießenden Gras niedergelassen hatten. «Rudi», stellte sich der eine von ihnen vor, ein schmächtiger Typ. Seine Augen hinter den dicken Brillengläsern hatten einen ungesunden Glanz. Der zweite sagte, daß er ebenfalls Rudi heiße.

Sicher hat es konspirative Gründe, daß beide den gleichen Vornamen tragen, dachte ich. An den Winkeln war zu erkennen, daß sie Deutsche waren. Ihre Zebraanzüge waren ungewöhnlich weiß. Einer der beiden sprach recht gut Russisch, der zweite weniger gut. Sie begannen ein Gespräch mit mir, das eher einem Verhör glich. Sie wußten, daß ich einen Paß auf den Namen Katchourine besaß, und sie waren im Bilde über die «Parole Noël».[16]

Ich mußte über einzelne Episoden meines Lebens berichten. Als ich fertig war, sagte Rudi mit der Brille zu mir: «Ich arbeite bei der Arbeitsstatistik. Habe gehört, daß dir die Arbeit bei Gustloff nicht besonders zusagt. Uns ist bekannt, daß du Student der Medizin warst; könntest du im Krankenrevier arbeiten?»

Sie versäumten nicht, mich darauf hinzuweisen, daß die Arbeit bei den Gustloff-Werken am begehrtesten war: immer ein Dach über dem Kopf, verhältnismäßig warm. Entlassen werde man von hier nur wegen eines Vergehens, und zwar nach Dora oder ins Krematorium. In Dora, in der Nähe von Nordhausen, wurden Teile der Geheimwaffe V-2 hergestellt. Kein Häftling, der dort arbeite, hieß es, werde am Leben bleiben, damit das Geheimnis nicht an die Öffentlichkeit dringe. Wer in Dora gelandet sei, für den gebe es eine Rückkehr nur über die Esse des Krematoriums.

Nach dem Gespräch an der Goethe-Eiche war mir klar, daß in Buchenwald eine gut eingespielte, mächtige Untergrundorganisation arbeitete. Ihre Mitglieder standen untereinander in fester Verbindung, und alle Schlüsselpositionen im Lager waren in ihrer Hand. Die Gruppe leistete nicht nur den Häftlingen Hilfe, sondern organisierte auch den Widerstand gegen das Regime. Mein Schicksal hatte eine jähe Wende genommen, obwohl ich selbst nichts davon ahnte. Am Abend händigte mir der Lagerläufer [17] ein längliches Papier aus, darauf stand «Zum Arzt». Wer über ein solches Papier oder auch über einen Krankenschein «Schonung» verfügte, brauchte nicht zum Appell oder zur Arbeit. Er zeigte den Schein dem Blockältesten und ging ins Krankenrevier.

Am nächsten Morgen betrachtete ich mir die lange Schlange vor den Türen des Krankenreviers; es waren völlig erschöpfte, ausgemergelte Häftlinge darunter. Die Kranken schauten hoffnungsvoll und furchtsam zugleich zur Eingangstür. Keiner von ihnen war davon überzeugt, daß er auch Hilfe erhielt. Der Chef des Reviers, der SS-Arzt Gerhard Schiedlausky, vertrat in strenger Befolgung der Grundsätze des Lagerkommandanten die Auffassung: «Im Lager gibt es keine Kranken. Es gibt nur Lebendige und Tote!»

Ich mußte nicht lange warten. Der Sanitäter, der in der Tür erschien und mit einem schweifenden Blick über die Schlange hinweg meine Nummer erkannte, rief: «Nummer 44 445, hierher!»

Wir betraten einen Gang, schwenkten nach links, und neben

einer Tür mit der Aufschrift «Kapo» blieb der Sanitäter stehen: «Geh rein!»

Gegenüber lag das Zimmer von Schiedlausky, und ich war unwillkürlich sofort auf der Hut.

In einem schmalen Zimmerchen saß der Kapo Ernst Busse.[18] «Komm rein, setz dich. Willst also im Krankenrevier arbeiten?» Busse sprach, als ob wir alte Bekannte wären. Ich erzählte ihm, daß ich Student an der medizinischen Fakultät gewesen war und auch schon ein Praktikum gemacht hatte. Busse prüfte meine Latein- und Medizinkenntnisse und fragte mich dann: «In welche Abteilung möchtest du?»

«In die äußere Ambulanz, dort ist es einfacher», entgegnete ich.

«Du kommst in die innere Ambulanz, anders geht es nicht. So, und jetzt gehen wir zu Clemens. Dort wirst du behandelt, ist nicht schlimm.»

Die Sprechzeit für die Kranken ging gerade zu Ende, im Zimmer mit der Aufschrift «Innere Ambulanz» waren nur die Häftlingsärzte. Ich lernte Clemens, den Hauptverantwortlichen dieser Abteilung, Marcel René, einen hochgewachsenen schlanken Franzosen, und den Tschechen Mirek kennen, der seinen Kneifer abnahm und den Kopf mit den ergrauten Stoppeln leicht nach vorn neigte. Genauso jung und genauso grau wie ich, dachte ich bei mir.

«Wir haben jetzt einen kleinen Trick mit dir vor», sagte Busse und gab mir mehrere Tabletten. Sie führten mich ein Stockwerk tiefer, befahlen mir, mich auf ein Bett in der Isolierstation zu legen, und schärften mir ein: «Wenn der Arbeitseinsatzführer kommt, dann sagst du ihm, daß dir schlecht ist und du in Kürze operiert wirst.»

Im Isolierzimmer verspürte ich nach Einnahme der Tabletten einen starken Schüttelfrost, der Körper fieberte und wurde über und über rot, es bildeten sich Ausschlag und Flecken.

Am nächsten Tag kam tatsächlich der Arbeitseinsatzführer angelaufen. «Schweinerei! Soll das hier ein Kurort sein», fiel er über Clemens her, «gestern war der noch vollkommen gesund, ich werde dem Kommandanten Bericht erstatten!»

«Der Kranke weist alle Anzeichen von Typhus auf», erklärte Clemens gelassen.

Der SS-Mann näherte sich dem Isolierzimmer: «Willst du lange krankmachen?»

«Weiß nicht», ließ ich verlauten.

Nach dem üblichen Gefluche, jedoch ohne den Mut, das Zimmer zu betreten, versetzte er der Tür erbost einen Tritt.

Am fünften Tag, voller Wut über meinen Zustand, strich er mich aus den Einsatzlisten. «Du kommst in ein mieses Kommando!» So avancierte ich zum Feldscher der Ambulanz.

Als erstes erhielt ich einen «Zebraanzug», wie ihn die beiden Rudis und alle Häftlingsärzte trugen, blau-weiß statt blau-gräulich. Ich hatte weiterhin meinen Platz in Block 40, aber in den Pausen zwischen Morgen- und Abendschicht konnte ich im Revier bleiben.

Es war eine höllische Arbeit. Pro Tag mußte jeder von uns in zwei Sprechzeiten je 200 bis 250 Patienten untersuchen: Messen der Temperatur, Abhören, Abklopfen, Pulsmessen. Benötigte der Patient eine Freistellung von der Arbeit, erhielt er eine sogenannte «Schonung»; war eine sorgfältigere Untersuchung, Therapie oder andere Heilbehandlung erforderlich, wurde ein Schein «Zum Arzt» ausgegeben. Untersuchung und Behandlung wurden tagsüber durchgeführt. In dringenden Fällen kamen die Kranken in Krankenzimmer der chirurgischen Abteilung.

Mit Hilfe von René, Clemens und Mirek lernte ich recht schnell, Herz- und Lungengeräusche zu bestimmen und die typischen Geräusche bei trockener und exsudativer Pleuritis, kruppöser Pneumonie, Herzaffektion, Phthisis und so weiter zu unterscheiden. Lungen- und Herzkrankheiten waren am meisten verbreitet, kein Wunder: Auf dem Ettersberg, wo sich das Lager befand, herrschte ein ungesundes, feuchtes Klima, häufig wehte ein starker Wind. Wenn man sich vorstellt, daß die Appelle manchmal Stunden dauerten – ich selbst habe einmal über acht Stunden bei Schnee und starkem Wind auf dem Appellplatz gestanden, so lange, bis der fehlende Häftling gefunden wurde, der sich unter einem auf Pfählen stehenden Block erhängt hatte –, dann wird einem vieles klar. Zum ersten Mal erlebte ich, was Hunger und unangemessene Schwerstarbeit anrichten können. «Vernichtung durch Arbeit», diese Parole wurde auch in Buchenwald umgesetzt. Furchtbare Fußödeme mit Geschwüren ließen die Haut an den Füßen stark anschwellen, die Haut wurde dünner als Zigarettenpapier. Das Herz war auf Grund des Dekompensationszustandes nicht in der Lage, das Blut weiterzupumpen und die Beine vom Flüssigkeitsüberschuß zu befreien, denn um das Hungergefühl zu unterdrücken, nahmen die Häftlinge unmäßig viel Flüssigkeit zu sich. Die Ödeme berechtigten nicht zur Freistellung von der Arbeit, doch in schweren Fällen haben wir Schonungsscheine unter einem Vorwand erteilt. Sollten doch die Unglücklichen ein wenig zu Kräften kommen, ihr Herz etwas stabilisieren.

Ich verhehle nicht, daß wir uns den Kriminellen gegenüber weniger nachsichtig verhielten. Das uns zugestandene Limit veranlaßte uns, den roten Winkeln den Vorrang zu geben vor den grünen, die manchmal zusätzlich mit einem «S» (Sicherungsverwahrter, unter Häftlingen genannt Schwerverbrecher) oder einem «B» (Befristeter Vorbeugehäftling, unter uns Berufsverbrecher) versehen waren. Es kam vor, daß Clemens sagte: «Nummer sowieso kriegt eine ‹Schonung›, hat sie verdient», und damit war der Fall klar.

Unser Großrevier galt nicht nur als «Insel der Rettung», sondern auch als Stab des illegalen Lagerkomitees. Schließlich war das Groß- oder Hauptrevier das Zentrum des gesamten medizinischen und Sanitätsdienstes des Lagers; dazu gehörten auch das Revier des Kleinen Lagers und viele Sanitätsstellen in den Gustloff-Werken, den DAW (Deutsche Ausrüstungs-Werke) und anderen Betrieben sowie Außenkommandos und Sanitätsposten bei den sowjetischen Kriegsgefangenen. Der Kapo Ernst Busse stand all diesem vor.

«Ich möchte dir etwas zeigen», sagte mir Busse eines Tages und führte mich zu einem Gebäude auf Pfählen, das sich in einiger Entfernung in der Nähe der Lagerumzäunung befand. Wir begaben uns nach oben in die Krankenzimmer. Rechts, im Zimmer 5, mit den Fenstern zum Zaun, lagen Kinder und Jugendliche mit abgemagerten Gesichtern, tief eingefallenen Augen und blauen Augenringen. «Sie haben alle Tbc», flüsterte Busse. «Wir retten sie vor dem Abspritzen und der Versuchsbaracke.»

In der Tat gab es in Buchenwald zwei zweigeschossige Steinblocks, die von einem Bretterzaun umgeben waren; Unbefugten war unter Androhung der Todesstrafe der Zutritt verwehrt. Die hier arbeitenden Häftlinge waren überaus schweigsam, dennoch sickerten Gerüchte durch, daß in Block 46 medizinische Experimente durchgeführt wurden. Es handelte sich vorwiegend um Versuche mit Fleckfieber. Man infizierte die Häftlinge mit Erregern ansteckender Krankheiten und erprobte an ihnen neue Medikamente, Impfstoffe und Präparate. Auch wurden dort Blutkonserven für die Front aufgefüllt.

Vor solchen Experimenten also versuchten Busse und seine Leute die Kinder und Jugendlichen zu retten, die an Tuberkulose erkrankt und entsprechend den Lagerbestimmungen zum Abspritzen bestimmt waren. Das Abspritzen erfolgte ebenfalls in Block 46. Das Herz zog sich einem zusammen, wenn man die vertrauensvollen Augen auf sich gerichtet sah, die um Hilfe flehten. Ich war so von Mitleid durchdrungen, daß ich anfing, ihnen lustige Geschichten zu erzählen. Ach, wie wenig war nötig, um die dem Untergang geweihten Kinder ein wenig fröhlich zu stimmen. Ab und zu ertönte ihr helles Lachen, das sofort unterbrochen wurde von Anfällen eines krampfartigen, trockenen Hustens. In ihren Lungen hatten sich große Kavernen gebildet. Busse stand mit finsterem Blick dabei und wartete.

«Komm», sagte er. Wir gingen nach unten in einen Raum, wo

ein kürzlich fertiggestellter Pneumothoraxapparat stand. «Hier werden wir eine Pneumothoraxbehandlung durchführen für alle, bei denen nur eine Lunge infiziert ist. Dazu braucht es einen Fachmann, ich denke, du wärst dafür geeignet.»

Dieser Vorschlag verpflichtete zu vielem, schließlich mußte man lernen, die Kanüle auf den Millimeter genau durch die Pleura zu führen, um die Lunge selbst nicht zu verletzen. Ich besaß diese Fertigkeit nicht, aber ich wußte, daß man es lernen konnte. Was sollte man auch anderes tun, wenn die SS strikt dagegen war, Häftlinge von ausgebildeten Spezialisten behandeln zu lassen? Man erzählte sich, daß bei der Einrichtung des Krankenreviers Fleischer den Dienst von Chirurgen versehen mußten; sie waren mit der Anatomie vertraut und konnten schneller angelernt werden. Häftlinge waren für die Herrenmenschen eben Vieh.

Am Ende war ich gezwungen, den Vorschlag Busses abzulehnen, denn all meine Gedanken kreisten um die Flucht. Zeit verschwenden für eine Ausbildung, auf Grund meiner Unerfahrenheit möglicherweise noch verantwortlich sein für den Tod eines Kindes – ich hätte es als Verbrechen angesehen.

Busse war verärgert. «Wovor hast du Angst? Ich sehe doch, daß dir die Kinder am Herzen liegen. Mein Herz ist auch nicht aus Stein. Einer muß es schließlich machen.»

Ich eröffnete Busse, daß ich vorhätte zu fliehen. Ernst schwieg lange und entgegnete dann: «Hast also beschlossen zu fliehen. Bist du dir darüber im klaren, daß das so gut wie unmöglich ist?»

Noch bevor ich ihm erklären konnte, wie ich mir die Flucht dachte, begann er plötzlich über sich zu sprechen, und mir wurde klar, daß Busse sich nicht weniger als ich nach der Freiheit sehnte. «Ich bin Deutscher», sagte er, «der Nationalsozialismus ist ein deutsches Phänomen, also müssen wir, die deutschen Antifaschisten, die deutschen Fehler wiedergutmachen. Wir haben nicht das Recht, uns einen Ort zu wählen, wo es leichter wäre, im Gegenteil. Mein Platz ist hier, in dieser Hölle, von hier muß ich meinen Kampf führen. Du aber hast die Freiheit zu wählen. Um eines jedoch bitte ich dich, solange du hier bist, hilf den Kindern. Es ist sehr wichtig, sie zu besuchen und ihnen Mut zu machen. Ich selbst gehe jeden Abend in die Kinderabteilung.»[19]

Ein Hauptproblem war die Versorgung der Kranken mit kalorienreicher Nahrung. Soweit es die Möglichkeiten erlaubten, erhielten sie zusätzlich zu ihrer Ration einen halben Liter Suppe und ein Stück Brot, aber das war bei weitem nicht genug. Die notwendigen Zusatzrationen wurden unter anderem beschafft, indem man im Tagesrapport zwei, drei Tage lang die Verstorbenen unterschlug. So zählten sie weiter als Lebende und erhielten weiterhin ihre Verpflegung, die nun den Kranken zugute kam. Die Toten halfen den Lebenden auf diese Weise durchzuhalten, vielleicht sogar zu überleben. Auch setzten die Häftlingsärzte bei der SS größere Suppenrationen für das medizinische Personal durch, und auch davon zehrten die Patienten. Nicht zuletzt waren die Köche und Küchenhilfen häufig auf die Hilfe der Ärzte angewiesen – von ihnen hing schließlich ab, ob einer für Arbeiten in der Küche überhaupt zugelassen wurde –, und so zeigten sie sich ihrerseits entgegenkommend.

Eigentlich ließ sich das medizinische Personal täglich auf neue Risiken ein. Beispielsweise wurden die von der SS unterschriebenen Medikamentenbestellungen, die nur geringste Mengen vorsahen, von unseren Leuten ein wenig frisiert. Manches dringend Benötigte kam auch von draußen, von Freunden und Verwandten, die Päckchen schickten. Von den vielen, die aufopferungsvoll und selbstlos arbeiteten, möchte ich den Österreicher Gustav Wegerer nennen, den für die Pathologie zuständigen Kapo.[20]

Zu denen, die täglich bis an die Grenze der Selbstaufgabe gingen, gehörte auch der Assistent von Busse, Otto Kipp. Er war 1933 verhaftet worden, konnte fliehen, kämpfte später bei den Interbrigadisten in Spanien und geriet dann in Gefangenschaft. Über Zwickau kam er nach Buchenwald. Er war um die Vierzig, vital, energisch, rastlos, das Gegenteil zu dem stillen, ausgeglichenen und besonnenen Ernst Busse. Immer war er zur Stelle, regelte und kontrollierte alles, half, lernte an. Beide waren keine ausgebildeten Mediziner, aber nicht die Kenntnisse waren es, die sie hier unentbehrlich machten, sondern Erfahrung und Pflichtbewußtsein.

Der Kontakt zu Leuten wie Busse und Kipp half, das Leben in diesem Lager, die «Vernichtung durch Arbeit» zu ertragen, sich nicht mit dem Sklavenschicksal abzufinden, sich nicht vor den Nazis zu fürchten.

Letzteres war das erklärte Ziel der Nazis: Tag und Nacht Angst und Schrecken zu verbreiten. Wie oft geschah es, daß sie einen Häftling aus dem Bunker zerrten, den sie vorher dort fast zu Tode geprügelt hatten, und unter Schlägen zu dem Galgen in der Nähe des Krematoriums trieben. Die in Reihe angetretenen Mithäftlinge mußten zusehen, wie der Körper ihres Gefährten in der Schlinge im Todeskampf zu zucken begann. Dazu spielte das Lagerorchester, gekleidet in rote Stiefelhosen und blaue Jacken – genau wie die jugoslawische Kadettenuniform –, verschiedene Schlager im Tangorhythmus, besonders häufig ertönte «Komm zurück, ich wart' auf dich...»

Jeden Morgen wurden von dem sogenannten Leichenträgerkommando Karren durch das Lager gezogen, die bis oben beladen waren mit Leichen; aus den Papiersäcken ragten nur die Füße heraus. In der Gärtnerei wiederum sah man ein Strafkommando, das unablässig bis zu 60 kg schwere, mit Fäkalien beladene Tragegestelle herumschleppte. Auf dem Rücken dieser Häftlinge ließ die SS die Peitsche besonders tanzen, und bisweilen stießen SS-Leute zu ihrer Belustigung Häftlinge in die Jauchegrube. Ein weiteres Strafkommando war der Steinbruch. Mit einem unmäßig schweren Stein auf den Schultern mußten die Häftlinge aus der Grube hochsteigen und ihre Last dorthin schleppen, wo gerade eine Straße oder ein Haus gebaut wurde. Am Abend kehrten sie ins Lager zurück; die Leichen der tagsüber Umgekommenen legten sie am Krematorium ab.

Die Apotheose des Todes zeigte sich hier als kirschroter Schein am Himmel. Aus einem kurzen, dicken Schornstein stieg Tag und Nacht dichter schwarzer Rauch auf und verbreitete im Lager den typischen Geruch verbrannten Fleisches. Ohne Unterlaß war die Vernichtungsmaschine in Aktion: «Feuer, Rauch, Luft, Himmel – Freiheit», verkündete die SS voller Häme.

Dieses Bild hatte jeder ständig vor Augen, es wurde zur Realität. Anfangs wirkte das Gefühl der ständigen Erwartung des Todes, seine Unumkehrbarkeit niederschmetternd. Später stumpfte sich dieses Gefühl durch die andauernde Nähe des Todes ab, und ich wurde zum Fatalisten: «Was kommen soll, das kommt, ich kann daran nichts ändern!» Andererseits war ich kein von der Angst überwältigtes Tier, das sich mit jeder Faser an das Leben klammert, sondern ein lebendiger Mensch, und kein Lebender wird sich jemals mit dem Gespenst des Todes anfreunden.

Ich erinnere mich, wie mir eines Tages Otto Kipp eine Eintrittskarte für eine Veranstaltung übergab und ich mich wunderte, was es wohl hier, in dieser Hölle, schon an Kultur geben könne. Der Kinosaal, nicht weit vom Revier, war bis auf den letzten Platz besetzt. Es war eine Veranstaltung zum 1. Mai, natürlich ein paar Tage später angesetzt, um bei der SS keinen Verdacht zu wecken.

Die einzelnen Auftritte wurden von Gruppen verschiedener Nationalität bestritten, was den internationalen Charakter und die Solidarität der Häftlinge aus allen vom Nationalsozialismus unterjochten Ländern unterstreichen sollte. Neunzehn Nationalitäten waren vertreten. Die Bühne betrat ein Halbwüchsiger, schmächtig, blaß, fast durchsichtig. Mit einer wunderbaren Diskantstimme begann er ein Lied zu singen, gemessen und gleichmäßig. Es handelte von der Heimat, vom Krieg, von der Soldatenpflicht und vom siegreichen Ende – ein eindeutig verbotenes Lied. Hätten die Aufseher davon erfahren, wäre allen Beteiligten des Konzerts der Bock sicher gewesen, eine spezielle Vorrichtung zum Auspeitschen der Häftlinge. Vor dem Gebäude waren Wachen aufgestellt worden, die die Aufgabe hatten, bei Auftauchen der SS sofort Warnsignale zu geben. Für diesen Fall waren neutrale Darbietungen einstudiert worden.

Besonders gefallen hat mir der russische Zirkusclown Jascha Goftman, der, um als Jude zu überleben, seinen Namen in Nikiforow geändert hatte. Er spielte mit einer Säge auf einem Besen, in dem offenbar ein Instrument eingebaut war. Jascha war Stubendienst im Kinderblock 8 – eine bessere Wahl hätte man nicht treffen können.

Höhepunkt dieses Tages war die Darstellung der qualvollen Arbeit im Steinbruch. Die «Zebras» schleppen im Eilschritt auf ihren Schubkarren riesige Steine, wobei sie vom Kapo immer wieder angetrieben werden, der dabei nach links und rechts Schläge austeilt und die Häftlinge als Schweine und Kretins beschimpft. Nun die Mittagspause. Ein Häftling sagt zum anderen: «Was soll ich sein, ein Schwein oder Kretin? Ich bin Opernsänger!» – «Und ich bin Theaterschauspieler», sagt der andere. «Ich bin Professor, meine Arbeiten sind weltweit bekannt», läßt sich ein Dritter vernehmen. In diesem Sinne geht es weiter, es melden sich Ärzte, Musiker, Ingenieure zu Wort. Daraufhin tritt der Kapo verstohlen näher und sagt zum ersten: «Was willst du sein, Opernsänger? Daß ich nicht lache! Na, dann zeig doch mal was von deiner Kunst!»

In diesem Moment geht im Saal das Licht aus, wir haben das Gefühl, in einem richtigen Theater zu sitzen. Auf der Bühne wird es hell, aus einem geheimnisvollen Halbdunkel tritt in schwarzem Umhang und mit einer Maske Mephisto. Er läßt seinen Umhang schwingen und singt eine Arie. Was für eine klangvolle, wunderbare Stimme! Welche Mimik im gekonnt geschminkten Gesicht! Sphärenmusik! Im überfüllten Saal herrscht Totenstille, niemand hat ein solches Schauspiel erwartet.

Der Kapo auf der Bühne ist überrascht, gibt sich aber keinesfalls geschlagen. «Dir glaube ich und auch dir, aber du, bist du auch mal wer gewesen?» wendet er sich an den nächsten, und der Reihe nach stellt sich heraus, daß jeder der Sklaven mit der Schubkarre,

167

die zuvor angetrieben und geschlagen wurden, einmal zur Elite in Kunst und Wissenschaft gehört hatte. Wir aber, die wir im Zuschauerraum sitzen, fühlen im Bann dieses Abends in uns den Menschen, ungebrochen und stolz.

In regelmäßigen Abständen, einmal in sechs Monaten, hatten die Häftlinge das Recht, speziell vorgedruckte Briefbögen, auf denen stand, was und was nicht geschrieben werden durfte, auszufüllen und nach draußen zu schicken. Als ich an die Reihe kam, überlegte ich lange, ob ich schreiben sollte oder nicht, und vor allem wem. Schließlich war alles genau zu bedenken, um den Empfänger nicht zu gefährden. Nach langer Beratung mit meinen Gefährten beschloß ich, mich bei Thérèse Binet zu melden. An Renée zu schreiben, wollte ich nicht riskieren aus Furcht, daß sie möglicherweise beobachtet wurde. Mein Hauptanliegen war es, etwas über Michel in Erfahrung zu bringen. Deshalb erwähnte ich in dem Brief etwas von «Puce» (Flöhen), Michels Spitznamen. Bei der Unterschrift fügte ich das Wort «Zig» (meinen Spitznamen) ein. Das schien mir unverfänglich, und irgendwie mußte ich mich ja zu erkennen geben, denn Thérèse war mein neuer Name ebensowenig bekannt wie meine neue Handschrift, die durch die Verletzung doch sehr gelitten hatte. Außerdem fügte ich einige Sätze an, deren Inhalt nur sie und ich verstehen konnten. Wird sie es begreifen, kann ich auf Antwort rechnen? Ich begann zu warten, hatte aber wenig Hoffnung.

Nachts wurde das Lager manchmal vom Geheul der schwarzen, schirmartigen Lautsprecher geweckt, aus denen es tönte: «Friseure, Sanitäter, Ärzte! Im Laufschritt ins Bad!» Wir wußten dann, daß wieder ein Transport eingetroffen war. Ein Fall ist mir besonders im Gedächtnis geblieben.

Tag und Nacht kamen im Lager Transporte an, ganze Güterzüge vollgepfercht mit Häftlingen. Sie kamen aus Compiègne, aus Auschwitz, aus anderen Lagern und Gefängnissen in Deutschland und anderswo. Furchtbare Züge – 600, 800, 2000 Menschen auf einmal. Es kam vor, daß die Begleitmannschaften unterwegs zu ihrer «Zerstreuung» mit Maschinenpistolen den Zug entlangliefen und auf die überfüllten Waggons schossen, wobei viele Häftlinge verwundet oder getötet wurden.

In einem dieser Transporte also – er kam aus Belgien – befand sich ein weißhaariger alter Mann. Seine Gefährten schleppten ihn, der halb bewußtlos war, bis zum Bad. Aus seinen Schußwunden in der Brust und auf dem Rücken sickerte, Bläschen bildend, blutiger Schaum. Ich wusch ihn, legte ihm einen provisorischen Verband an und ließ ihn dann auf der Krankentrage ins Revier bringen – er wird wohl kaum überlebt haben.

Etwa Mitte Mai erhielt die «Innere Ambulanz» Verstärkung durch einen kriegsgefangenen Russen, den Veterinärmediziner Grigori Boiko. Mich hatte Otto Kipp in die «Äußere Ambulanz» versetzt. Früh um vier wurde ich geweckt und begab mich zu meiner neuen Arbeitsstelle, wo es galt, alles Notwendige für die Aufnahme der Patienten vorzubereiten. Mullbinden, die mehrfach verwendet und immer frisch gewaschen aus der Wäscherei geliefert wurden, mußten geglättet und aufgewickelt werden; Abdecktücher schnitten wir aus speziellem, mehrlagigem Papier zurecht. Anschließend mußte alles sterilisiert, Spatel, Instrumente, Salben und Gefäße mit verschiedenen Lösungen mußten bereitgelegt werden. Alles hatte seinen bestimmten, streng festgelegten Platz, es durfte keine Sekunde verlorengehen. Die Transporte mit Hunderten und Tausenden von Häftlingen, von denen viele krank und verwundet waren, die täglichen langen Schlangen derer, die mit nässenden Geschwüren, Karbunkeln, Furunkeln und Verletzungen, die sie sich bei der Arbeit zugezogen hatten, zu uns kamen und sich Erleichterung erhofften, waren für uns Verpflichtung, schnell und gut zu arbeiten und auf alles vorbereitet zu sein.

Per Lagerlautsprecher wurden eines Tages zweihundert Nummern holländischer Häftlinge aufgerufen. Auch meine Nummer

K.L. Buchenwald,   K.L.Buchenwald, 4.6.44.
Der Lagerarzt.

An den
Arbeitseinsatzführer,
K.L. Buchenwald.

Für den Transport können als Häftl.-Pfleger
nachstehende Häftlinge Verwendung finden:
Nr. 41659 Renet, Marcel, Bl. 26   als Arzt
Nr. 44445 Glantzow, Alexander Bl.40
                        als Pfleger

                           Der Lagerarzt
                      K.L. "Buchenwald"

                    SS -Hauptsturmführer d.R.

war darunter. Was hatte das zu bedeuten? Die Zusammenstellung des Transports erfolgte unter der Kodebezeichnung «Willi». Wohin es gehen sollte, wußte niemand.

Im Revier erhielt ich eine Armbinde mit der Aufschrift «Arztpfleger» und wurde zum Leiter der Sanitätsstelle dieses Transports ernannt. Busse und Kipp teilten mir zwei große Kisten zu, Medikamente, Instrumente und Verbandsmaterial für dreitausend Mann, entsprechend der Norm. Was mag sie dazu veranlaßt haben, wenn es doch nur zweihundert sind, dachte ich. Wir wurden auf LKWs verladen, und am Abend trafen wir am Bestimmungsort ein, einem Zeltlager in hügeligem Gelände in der Nähe von Zeitz. Ringsum elektrisch geladener Stacheldraht, Wachtürme. In zwei großen Zelten wurden die Holländer einquartiert, ein etwas kleineres Zelt wurde mir als Sanitätsstelle zugewiesen. In einer Ecke befand sich die eigentliche Sanitätsstelle mit einem Bett für mich, im übrigen Teil des Zeltes waren mehrere Strohsäcke auf der Erde ausgebreitet. Ein SS-Oberscharführer nahm die beiden Kisten mit den Medikamenten an sich, mir ließ er lediglich zwei Büchsen mit Ichthyolsalbe und Vaseline sowie einige Instrumente und einen Teil des Verbandsmaterials. «Wenn etwas benötigt wird, hast du dich an mich zu wenden», schnarrte er mich an.

Zwei Tage später trafen immer neue LKWs mit Häftlingen, ungarischen Juden, ein, insgesamt dreitausend Mann. Am frühen Morgen mußten sie Aufstellung nehmen, wurden vor das Tor getrieben, wo man sie zwang, ihre Holzschuhe auszuziehen, sie über die Schulter zu werfen und barfuß über frisch aufgeschütteten Schotter zu laufen, und das etwa vier Kilometer weit! Diejenigen, die stolperten oder zurückblieben, schlug man unbarmherzig mit Knüppeln und Gewehrkolben. Der Schotter war bald voller Blutflecken. In den ersten Tagen verließ ich jedesmal mit den Häftlingen gemeinsam das Lager und wurde so unfreiwillig Zeuge der SS-Willkür. Ich selbst hatte Schuhe an, konnte am Straßenrand laufen und war in erster Linie damit beschäftigt, Möglichkeiten für die Flucht zu erkunden.

Wir wurden auf das Gelände der kürzlich zerbombten BRABAG geführt, wo aus Braunkohle künstliches Benzin hergestellt wurde. Das Werk selbst wies keine Bombenschäden auf, dafür waren die Versorgungsleitungen, die elektrischen Kabel, zahlreiche Nebengebäude und die Rohre der Fernheizung und der Wasserversorgung beschädigt. Die Juden mußten neue, tiefe Gräben ziehen, mannshoch, in denen sie bewehrte Kabel mit großem Querschnitt zu verlegen hatten; anschließend sollten die Aufschüttungen wieder beseitigt werden. Ein Teil der Gräben war offenbar bereits mit einem Bagger ausgehoben worden.

Arbeiten mußten die Häftlinge zwölf Stunden am Tag, mit einer Mittagspause, aber ohne Verpflegung. Am Abend kehrten die Juden, wiederum barfuß über die Steine, ins Lager zurück. «Das Schuhwerk muß geschont und den Juden muß das Arbeiten beigebracht werden», höhnten die SS-Leute. Immer wieder wurden Schläge mit Gummiknüppeln ausgeteilt. Die Begleitmannschaft stachelte sich gegenseitig an, ließ ihrem hochgezüchteten Haß und Sadismus freien Lauf.

Nach ein paar Tagen begann das Verlegen von bewehrtem Bleimantelkabel. Wie eine endlose dicke Schlange wurde es auf den Schultern der Menschen langsam fortbewegt, wobei es sich mal nach unten durchbog, mal von einer Seite zur anderen hüpfte oder nach hinten rutschte. Als ich sah, daß einer der Unglücklichen im Graben gleich fallen würde, vollführte ich unwillkürlich eine ruckartige Körperbewegung, bereit, hineinzuspringen und Unterstützung zu geben. Im gleichen Augenblick hörte ich das Schloß eines Karabiners knacken und sah die auf mich gerichtete Mündung: «Zurück!» Ich hielt inne, der Wachmann ließ den Lauf sinken und murmelte versöhnlich: «Das sind Juden! Die sollen lernen, wie man arbeitet!»

Bei der Rückkehr ins Lager schleppten und stützten die Häftlinge viele ihrer Gefährten, die sich Beine und Arme gebrochen, den Fuß zerschmettert oder andere Verletzungen erlitten hatten. Die Zahl der Verletzungen stieg von Tag zu Tag, auch Tote waren zu beklagen. Der Oberscharführer blieb unbeugsam: «Die Juden bekommen nichts. Sollen ruhig wissen, was körperliche Arbeit bedeutet! Haben doch selbst den Spruch geprägt: ‹Wer nicht arbeitet, soll auch nicht essen.› Faulpelze können wir hier nicht gebrauchen. Ich selbst habe die Anweisung erteilt, daß die, die nicht arbeiten, auch nichts zu essen erhalten.»

Bald begannen die Schornsteine der BRABAG wieder zu rauchen, die Produktion lief wieder an. Die Zisternenwagen, gefüllt mit Treibstoff für die Panzer, wurden jeweils morgens auf den Weg gebracht, doch kurz darauf erfolgte ein weiterer Bombenangriff, erneut wurden die Gleise zerstört. Natürlich wurden die «Feuerzeuge» dabei nicht geschont, ringsum brannten die Behälterwagen mit Benzin lichterloh und explodierten. Dann ging alles wieder von vorn los. In den zwei Monaten, die ich dort arbeitete, ereigneten sich die Bombenangriffe jedesmal dann, wenn das Werk gerade wieder mit der Produktion begann, das heißt, irgend jemand mußte die Informationen regelmäßig und rechtzeitig an die Alliierten weiterleiten. Und erneut begann die Aufbauarbeit...

In dieser Zeit erhielt ich die lang erwartete Antwort von Thérèse Binet auf meinen Brief. In verschlüsselter Form teilte sie mir mit, daß «Puce», um sich zu rächen, mit seiner Partisaneneinheit einen wagemutigen Angriff unternommen hatte. Es war ihnen gelungen, einige Deutsche zu töten, aber die Kräfte waren zu ungleich, so daß sie selber ihr Leben im Kampf ließen. Das Ganze hatte sich in der Nähe von Villers-le-Lac abgespielt, nahe der Grenze zur Schweiz. «Michel ist also tot, und ich bin am Leben! Gibt es je eine Gerechtigkeit?» Mich erfaßte eine tiefe Depression, denn ich war ja schuld an diesem Tod, weil ich seinen Befehl nicht genau befolgt hatte, nicht zur verabredeten Zeit losgefahren war. «Ich wurde damals gefaßt und befinde mich nun hier, bin am Leben, Michel aber ist tot! Welches Recht habe ich weiterzuleben?» Es gibt Momente, wo nichts mehr zu helfen vermag.

«Sofort zum Oberscharführer», rief mich ein Kurier aus der Gruppe der Holländer, völlig außer Atem.

Viele SS-Leute hatten sich dort versammelt, aber ich achtete nicht auf ihre erbosten Gesichter.

«So, du Drecksack, Berichte willst du über uns schreiben, beschweren willst du dich», brüllte der Oberscharführer und hielt mir ein von mir verfaßtes Schriftstück unter die Nase. Ich erhielt einen Schlag auf das Jochbein, und noch einen und noch einen, wobei ich nicht einmal versuchte auszuweichen, so verblüfft war ich, oder besser gesagt, ich begriff nicht, wie mein Bericht in seine Hände gelangt war. Da der Oberscharführer sich weigerte, für die «Dreckjuden» Mullbinden herauszurücken, und wir uns mit aufgelegtem Papier behelfen mußten, brachen die zahlreichen Wunden immer wieder auf, und es bildeten sich Würmer. Dieser Zustand war für mich unerträglich, und so beschloß ich gemeinsam mit den jüdischen Ältesten, einen Bericht an das Hauptlager zu schicken. Offenbar war ich verpfiffen worden.

Man warf mich zu Boden und begann mich mit Stiefeltritten zu traktieren, doch ich nahm sie nicht wahr, empfand keinerlei Schmerz, war der Wirklichkeit entrückt, schrie nicht. Seelischer Schmerz kann stärker sein als der körperliche, kann ihn verdrängen. Die Schläge prasselten auf mich nieder – und hatte ich das nicht verdient? «Michel, mein lieber Michel, ich fühle mich dir gegenüber so schuldig!»

«Aufstehen! Aufstehen! Los, los», drang es plötzlich in mein Bewußtsein, und ich hörte das Gebrüll der SS-Leute, die überrascht waren ob meiner Passivität. Ich erhob mich, schwankte, mir wurde schwarz vor Augen, Blut schoß aus den Wunden. «Dieses Miststück kommt ins Krematorium», konnte ich noch hören, dann schleppte ich mich mühsam in mein Zelt.

Man ließ niemanden zu mir. Nach zwei Tagen wurde ich zusammen mit den Leichen und in Begleitung zweier SS-Leute in das Hauptlager gebracht. Es war bereits Nacht, als ich in die Schreibstube gestoßen wurde. «Fertigmachen!» tönte meine SS-Begleitung, warf dem Diensthabenden irgendein Papier auf den Tisch und entfernte sich dann.

Am Tisch saß Dobričko. Nachdem er das Papier gelesen hatte, blickte er auf und fragte: «Was hast du angestellt?» Teilnahmslos berichtete ich ihm alles. Als ich bei der Sache mit Michel angelangt war, schossen mir die Tränen hervor. Dobričko war erregt; er führte mich in Block 17 und befahl mir, mich nicht von der Stelle zu rühren.

Später erzählten sie mir, daß Busse, zu dem Dobričko augenblicklich gerannt war, sofort alle seine Männer zusammenrufen ließ. Danach holten sie mich.

«Ich habe dir doch immer wieder eingeschärft: Vorsicht und immer wieder Vorsicht! Bei wem wolltest du dich denn beschweren? Hättest du lieber nachgedacht.»

Mit strengem Blick schaute er mich an. Wievielmal hatte er wohl schon, so wie jetzt, über das Schicksal anderer entschieden und dabei sein eigenes Leben aufs Spiel gesetzt? Die einen rettete er vor den Todesspritzen, andere vor dem Krematorium, wieder andere vor Dora oder Auschwitz.

«Sofort ins Krankenrevier!» durchbrach Busse das allgemeine Schweigen und begab sich zum Ausgang. Ganz offensichtlich war er auch jetzt wieder bereit, einen Gefährten zu retten.

Etwas später knackte es in den Lagerlautsprechern, und es ertönte das Kommando: «Telefonapparat 35, Hörer abnehmen!» Der Befehl, der durch die Lautsprecher ging, war in den entferntesten Winkeln des Lagers zu hören. Der Sinn des Befehls war jedem klar: Das Krematorium erhielt die Anweisung zur Vorbereitung der Hinrichtung. Die Häftlinge kannten auch den weiteren Verlauf. Nach 25 bis 30 Minuten wurden die Nummern der zum Tode Verurteilten zum Tor gerufen. Dieses Procedere war unwiderruflich, so war es vom Lagerkommandanten festgelegt worden. Auch an diesem Augusttag lief alles wie üblich ab. Das ist das Ende, wußte ich.

Die Sonne strahlte und bildete spielerisch helle Lichtpunkte auf den Fensterscheiben.

Ich dachte an meine ferne Kindheit, an den Küstenstreifen von Jalta, reich an Sonne und Wärme. Siebzehn Jahre war es her, seit ich meine Heimat verlassen hatte. Die Erinnerungen an damals bedrückten meine Seele.

Im Lautsprecher war ein erneutes Knistern zu vernehmen, und auch im Krankenzimmer hallte das Gebrüll des Kommandos wider: «Häftling Nummer 44 445, im Laufschritt zum Tor!»

Ich wurde aufgefordert, mich zum Sterben zu begeben. Die Depression war völlig verflogen. «Bleib ruhig liegen», befahl ich mir selbst. Damals, in den feuchten Kellern der Gestapo, als ich im Eiskeller allen Folterungen ausgesetzt war, hatte ich mir in den Minuten der Verzweiflung den Tod als Erlösung herbeigewünscht. Jetzt war es anders. Eben erst hatte ich erfahren, daß Anfang Juni die Verbündeten gelandet waren, daß sie Frankreich fast völlig befreit hatten und sich auf dem Vormarsch nach Deutschland befanden. Der Sieg, so schien es, war nahe, man mußte leben und kämpfen, wenigstens überleben bis zur Befreiung. Ich rief den Sanitäter und bat ihn, mir einen von unseren Leuten zu schicken. Es erschien Otto Kipp, der mir befahl liegenzubleiben.

«Häftling Nummer 44 445, los, los, zum Tor! Im Laufschritt!»

Wieder rief ich nach Kipp: «Bin wieder aufgerufen worden. Wenn ich nicht gehe, leidet das ganze Lager darunter. Ich muß gehen.»

«Du bleibst! Wir sagen dir schon, was zu tun ist!»

Ein drittes Mal mußte ich Otto nicht rufen lassen, er erschien selber in Begleitung eines Sanitäters. Sie führten mich über breite Stufen nach unten in den Keller, öffneten eine Tür, und wir befanden uns in der Leichenhalle. Kipp wies auf eine der Leichen, woraufhin der Sanitäter schweigend mit einem Farbstift auf der Brust des Toten die Zahlen 4 4 4 4 5 aufzumalen begann. Es war ihm anzumerken, daß er an einer derartigen Sache nicht zum ersten Mal beteiligt war.

«So, du bist jetzt Peter Babitsch, ein Russe aus Stalino, mit der Nummer 7015. Vorerst, vergiß es nicht.»

Anstelle meiner Streifen erhielt ich drei mit der neuen Nummer. Die Leiche wurde ins Krematorium geschafft, der Lautsprecher schwieg.

«Ich habe dir das alles gezeigt, damit dir eines klar wird: Ab heute liegt unser Leben, das von Ernst Busse und vielen anderen in deiner Hand. Du hast jetzt kein Recht mehr, einen Fehler zu machen.»[21]

Einige Tage verbrachte ich danach im Isolierzimmer des Reviers. Dann kam Otto mit der Nachricht, daß alles gutgegangen war. Nun konnte ich wieder meine alte Nummer tragen, durfte jedoch der SS auf keinen Fall in die Arme laufen.

Kipp schickte mich zu Gustav Wegerer, mit dem ich erst einmal eine Partie Schach spielte. Wir sprachen über Flucht, und Wegerer machte mich mit seinem Kollegen Achim Lewit und mit einem Landsmann von mir, Nikolai Simakow, bekannt.

Nikolai, ein ehemaliger Sergeant des Grenzschutzes und eigentlich Kriegsgefangener, war ein mutiger und kluger Mann. Von ihm erfuhr ich, wie es den ersten Kriegsgefangenen in Buchenwald ergangen war. Sie gelangten gar nicht erst auf das Lagergelände, sondern wurden gleich in den sogenannten «Pferdestall» gebracht, ein spezielles Gebäude, wo man sie durch Genickschuß tötete. «Pro Minute eine Leiche», brüsteten sich die SS-Männer. Die Anlage war zur Tarnung wie ein Untersuchungszimmer ausgestattet, und die Henker trugen weiße Kittel. Später kamen die sowjetischen Kriegsgefangenen auch ins Lager, wo ihnen drei speziell abgegrenzte Blocks, die Blocks 1, 7 und 13, zugeteilt wurden.

Ich hatte mich mit Nikolai in einem Block des Kleinen Lagers verabredet. Als ich eintrat, versuchte er sich mühsam vom Bett aufzurichten.[22] Seine tief eingefallenen Augen hatten einen kranken, fiebrigen Glanz, genauso wie bei den Kindern im Tbc-Block, die Diagnose war klar.

«Ich weiß, daß du vorhast zu fliehen. Doch auch hier kann man kämpfen», sagte er ohne große Vorrede.

Er deutete an, daß das Internationale Lagerkomitee (ILK) Vorbereitungen für einen bewaffneten Aufstand treffe. Gebraucht würden zuverlässige Leute. Ich verhehle nicht, daß mir die Idee in diesem Moment wahnwitzig erschien. Wie sollten die Häftlinge der zweitausend Mann starken, bis zu den Zähnen bewaffneten Bewachertruppe Widerstand leisten? Die SS hatte bei Bedarf den Flugplatz in Nohra, Panzer, Artillerie und die gesamte Logistik des Krieges zur Verfügung. Was hatten die Häftlinge dem schon entgegenzusetzen? Im übrigen war ich nach meinem Erlebnis in Zeitz ein gebranntes Kind. «Lieber den Spatz in der Hand als die Taube auf dem Dach», dachte ich, die Flucht schien mir sicherer. Ich glaubte weder an die Möglichkeit noch an den Erfolg des Aufstandes. Zwar wußte ich, daß einige Tage zuvor unter Leichen versteckt ein leichtes Maschinengewehr ins Lager geschmuggelt worden war, aber was war *ein* Maschinengewehr?

«Des Menschen Wille ist sein Himmelreich», seufzte Nikolai, und damit war unser Gespräch beendet.

Ich hatte jetzt meinen Platz in Block 30, bei den Russen. «Die Russen dort sind zuverlässige und erprobte Kerle, die lassen dich nicht auffliegen. Schau dich ein bißchen unter ihnen um, such dir Freunde, die sich dir anschließen», hatte mir Gustav Wegerer geraten.

Arbeiten ging ich jetzt in die Gärtnerei. Es war zwar ein Strafkommando, aber das hatte keine Bedeutung. Sobald wir angelangt waren, wurden zwei, drei Mann von den anderen getrennt eingeteilt, und die krochen dann mit Körben in den Tomatenreihen herum, um die reifen Früchte zu pflücken. Keinerlei Aufsicht, kein SS-Mann weit und breit. Wir aßen Tomaten, soviel wir wollten – nur das Salz fehlte.

Die Arbeit war nicht sonderlich anstrengend, ab und zu gelang es sogar, ein Nickerchen zu machen, so daß ich abends gutgelaunt gern ein paar Besuche machte. Besonders zog es mich in Block 34, zu den Franzosen, lustigen und geistreichen Burschen, die stets für einen Scherz gut waren und für Zerstreuung und Abwechslung sorgten.

Wir schreiben den 24. August 1944. Gestern abend hat mir der Läufer einen Zettel «Zum Arzt» ausgehändigt. «Ich bin nicht krank», sage ich verwundert.

«Ich weiß auch nichts. Du hast den Auftrag, morgen nicht zur Arbeit zu gehen. Zwischen 12 und 14 Uhr mußt du im Block bleiben, verstanden?» Was sie wohl mit mir vorhaben?

Zur festgesetzten Zeit sind außer mir noch zwei oder drei Mann im Block, sie haben ebenfalls einen Zettel erhalten. Wir platzen vor Neugier, erwarten etwas völlig Außergewöhnliches. Plötzlich, um 12 Uhr 50 heulen die Sirenen: Fliegeralarm! Wir stürzen zu den Fenstern und sehen am blauen Himmel eine kleine «Mustang», die über dem Lager einen Kreis zieht, eine Rauchgassignalkerze abwirft, damit die Bomberpiloten die Richtungs- und Windgeschwindigkeitskorrektur vornehmen können, und dann abdreht. Und da kommt auch schon das Geschwader der fliegenden Festungen. Gleißend im Licht der Sonne, sehen wir die Stanniolbänder herabgleiten.

Ich starre gebannt aus dem Fenster. Die ersten Bomben schlagen oberhalb des Hundezwingers und bei den Gustloff-Werken ein. Danach fallen einige Serien in der Nähe der SS-Kasernen und am Steinbruch sowie auf die DAW. Selbst am Eingangstor ist eine Bombe gefallen; überall Explosionen, Rauchsäulen steigen in die Höhe. Und immer neue «Christbäume» fallen vom Himmel, Bombensplitter schwirren durch die Luft. Die Brandflächen dehnen sich immer mehr aus; jetzt fängt das Dach der Effektenkammer, die direkt an die Lagerküche angrenzt und wo die persönlichen Gegenstände der Häftlinge aufbewahrt werden, zu brennen an. Wir stürzen hinaus, um zu löschen.

Im Lager selbst waren drei Bomben gefallen, zwei in der Nähe des Zauns zum Krematorium, eine zwischen den Baracken auf dem Platz, wo sich die Elektro- und die Optikwerkstatt befanden. Der Brand in der Effektenkammer war durch zwei Phosphorbrandbomben und die Funkenbildung vom Großbrand im Holzlager der DAW verursacht worden. Vom Dach dieses Gebäudes konnte ich alles gut erkennen. Das Eingangstor war weit geöffnet, Häftlinge liefen eilig hin und her. Nachdem es uns gemeinsam gelungen war, den Brand auf dem Dach zu löschen, rannte ich ins Revier, um den Ärzten bei der Versorgung der vielen Verletzten zu helfen.

Natürlich gab es für den Bombenangriff einen Grund. Ein paar Tage zuvor hatten wir erfahren, daß in einigen Hallen der Gustloff-Werke und der DAW neue Maschinen für die Produktion von V-2-Raketen installiert worden waren und daß in Kürze mit der Serienfertigung begonnen werden sollte. Dies war offenbar über das ILK auch den Alliierten zu Ohren gekommen, die dann ihrerseits das ILK von dem bevorstehenden Bombenangriff unterrichteten. Und wieder hatte jemand seine schützende Hand über mich gehalten.

Fast alle Holzbaracken der SS-Außendienste, darunter auch die Baracke der Politischen Abteilung, wo die Dokumente und Fotos der Buchenwaldhäftlinge aufbewahrt wurden, brannten vollständig ab. Das paßte gut, denn jetzt war längere Zeit erforderlich, um die Kartei aus anderen Archiven zu rekonstruieren.

Wenige Tage nach dem Bombenangriff forderte mich Wegerer auf, mir zuverlässige Leute zu suchen: «Such dir etwa zwanzig Mann, wir sehen euch für einen geeigneten Transport vor!»

Die russischen Häftlinge trafen sich oft am Block 25. Anführer war Nikolai Birjukow, genannt «Sibirjak», ein kräftiger rotblonder Kerl mit groben Gesichtszügen und unschöner, fleischiger Nase, eine Seele von Mensch und ein unverbesserlicher Spaßvogel obendrein, einer, der immer zum Singen aufgelegt war. Seine Leute, alle im Alter zwischen 17 und 25 Jahren, arbeiteten in sogenannten «Prestigekommandos», in der Wäscherei, Tischlerei, Näherei, Schusterei – und, das hatten sie dem ILK zu verdanken, in der Tansportkolonne der Strumpfstopferei.

Bekanntlich bringen Lieder, Späße, Fröhlichkeit und Geselligkeit Menschen einander stets näher, und so auch hier. Ich begann von meinen Abenteuern, über Partisanen und ihren Kampf, über

Flucht aus Gefängnissen und Lagern zu erzählen. Während meine Erlebnisse mit deutschen Widerstandskämpfern auf Skepsis stießen – für die Jungen war jeder Deutsche ein Faschist und damit ein Feind –, weckten die Erzählungen von gelungener Flucht ungeteiltes Interesse.

Nikolai Lisizin, ein ehemaliger Politoffizier, der unverständlicherweise den Spitznamen «Amerika» hatte, begann mich ins Visier zu nehmen: «Schenk mir reinen Wein ein! Was hast du für Pläne und Möglichkeiten, du quatschst doch hier nicht umsonst was von Flucht.»

Warum soll ich mich ihm nicht offenbaren, dachte ich bei mir. «Amerika» war wie ich der Meinung, daß es sich für einen Soldaten nicht geziemt, im Lager zu sitzen und das Ende des Krieges abzuwarten. Am Ende war er ebenso bereit mitzumachen wie Nikolai, der Sibirier. Schließlich schloß sich der Gruppe auch ein ehemaliger «Patient» von mir an, der achtzehnjährige Wassili Orlow, genannt «Wassiliok», ein großer, schlanker, aber kräftiger Kerl mit schwarzen Augenbrauen. Ein SS-Mann hatte ihm in der Möbelfabrik «zum Spaß» mit einer Schranktür den Mittelfinger der linken Hand gebrochen. Da ich zu diesem Zeitpunkt in der Äußeren Ambulanz arbeitete, mußte ich ihm zwei Fingerglieder amputieren und die Wunde behandeln, wobei er sich sehr standhaft zeigte. Seitdem hatte er unbegrenztes Vertrauen zu mir. Zur Gruppe gehörte noch ein dritter Nikolai, der «Belofinn» genannt wurde, ebenfalls ein zuverlässiger Bursche. Insgesamt kamen zwölf bis fünfzehn Mann zusammen, doch damit war die Sache erst einmal zu Ende. Und um ein Haar wäre sie aufgeflogen.

In Buchenwald stand an der Spitze jeder Nationalität eine eigene Führung – das Zentrum. Die Leitung der Franzosen hatte Oberst Frédéric-Henri Manhès, der seinerzeit Jean Moulin, dem künftigen Bevollmächtigten General de Gaulles auf französischem Territorium, zur Flucht nach Großbritannien verholfen hatte, indem er ihn mit falschen Papieren versorgte. Als im Mai 1944 der bekannte Kommunist Marcel Paul mit einem Transport aus

Auschwitz in Buchenwald eintraf, teilte er sich mit Manhès die Leitung der französischen Häftlingsgruppe.[23] Ihnen zur Seite stand Pierre Durand, der ehemalige Leibwächter von Colonel Fabien in der Franche-Comté.

Was ich nicht wissen konnte, war, daß es bei den sowjetischen Häftlingen nicht eine, sondern zwei gut funktionierende Organisationen der zentralen Leitung gab: die Organisation der Kriegsgefangenen, die Simakow gebildet hatte und die von ihm geleitet wurde, und die von Smirnow geführte Gruppe der zivilen Häftlinge.[24] Den Sicherheitsdienst leitete ein gewisser Kjung.

Eines Abends, es war bereits Nachtruhe, bedrängten mich meine Kumpels in Block 30, Flügel A, wo ich untergebracht war, ihnen etwas über meine Erlebnisse aus der französischen Résistance zu erzählen. Plötzlich ging das Licht aus, in der eingetretenen Dunkelheit forderte eine fremde Stimme dazu auf, «das provokative Gequatsche zu unterlassen», und eine andere Stimme begann, einen Lagebericht zu verlesen: Siegesmeldungen der Roten Armee sowie Nachrichten über die Eröffnung einer zweiten Front, die begonnene Befreiung Polens, den Aufstand in Rumänien und die Partisanenbewegung in den unterjochten Ländern. Es war eine gleichmäßige, überzeugende und zugleich leidenschaftslose Stimme. Neben mir flüsterte jemand begeistert: «Das war Iwan Iwanowitsch!»

Die Tür fiel ins Schloß, und das Licht ging wieder an.

In der Tat, das waren wirkliche Informationen, und man mußte schon viel Mut besitzen, derartige Nachrichten in Buchenwald zu verbreiten. Ich war stolz, daß auch bei den Russen wichtige Arbeit geleistet wurde und sie ein eigenes Widerstandszentrum bildeten.

Nun waren jedoch einige der führenden Köpfe der Untergrundbewegung im Lager grundsätzlich gegen Flucht. Allein den Gedanken an Flucht oder ein Gespräch darüber empfanden sie als schädlich für ihre Arbeit. Dies war irgendwie verständlich. Nicht verständlich hingegen war es, daß in der sowjetischen Gruppe das Gerücht verbreitet wurde, ich sei ein Spitzel. Da mir meine Kumpels glaubten und wie früher freundschaftlich zu mir hielten, ließ man sich eine andere Abschreckungsmethode einfallen.

Nikolai, der Sibirier, kam eines Tages angelaufen und sagte: «Saschka» – das war mein Kosename unter den Russen – «eben hat man Wassiliok in Block 46 geholt. Auch ich bin aufgerufen worden, und sie haben mir gedroht, wegen der Beteiligung an deiner Gruppe.» Die Sache hatte eine ernste Wendung genommen. Wie konnte ich Wassiliok da herauspauken? Schließlich hatte ich ihn ins Verderben gestürzt. Und die anderen? Alle würden sich von mir abwenden. Ich lief zu Busse, um ihn um Rat zu bitten.

«Tja, das sieht sehr nach Einschüchterung aus», bestärkte er mich in meinem Verdacht. «Lauf zu Gustav, jetzt ist jede Minute kostbar. Bitte ihn in meinem Namen zu helfen. Nur er allein ist in der Lage, etwas zu unternehmen.»

Wegerer zeigte sich besorgt, konnte aber nichts versprechen. Es sei fast unmöglich, jemanden aus diesem fürchterlichen Block herauszubekommen, er habe das bisher noch nicht erlebt.

Dann sagte er noch: «Übrigens bist du schon dreimal in ganz miese Listen eingetragen worden, zum Abtransport nach Dora, einmal sogar ins Krematorium. Du mußt es dir mit irgend jemandem verdorben haben! Zum Glück werden all diese Listen von uns geprüft.»[25]

Ich kann nicht sagen, daß ich mich in meiner Haut wohl fühlte. Wassiliok war einer der ersten gewesen, die an unsere Flucht glaubten, und nun hatte ich ihn in den Vernichtungsblock gebracht. Am Abend plötzlich stand, wie von den Toten auferstanden, mein Wassiliok vor mir. Er weinte fast vor Freude: «Um ein Haar hätten sie mich punktiert, und mit mir wäre es ausgewesen!» Ich hatte nicht das Recht, den Namen dessen preiszugeben, dem er für seine Rettung hätte danken müssen, aber er ahnte wohl, daß der «Wundertäter» der allmächtige Gustav war.

Einige Tage später übergab ich Wegerer eine Liste mit fünfzehn Nummern. Das waren alle, die ihr Heil in der Flucht suchen wollten, mehr hatte ich nicht zusammenbekommen.

Über die Lautsprecher wurden häufig Nummern für Transporte aufgerufen. Stets ging dabei das Gerücht um, daß diese Häftlinge gen Westen, in die Nähe von Köln, geschickt werden. Nun eröffnete mir Wegerer, daß in Köln und Umgebung bereits bewaffnete Gruppen von geflüchteten Lagerhäftlingen in Aktion getreten seien; er werde diese Gruppen davon unterrichten, daß wir zu ihnen stießen. Ich wunderte mich in höchstem Maße, daß das ILK offenbar sogar über Verbindungen zu Geflüchteten verfügte. Bis unsere Nummern endlich zum Aufruf kamen, dauerte es freilich noch einige Zeit.

Am Morgen des 22. September wurden einundzwanzig Nummern zum Tor befohlen, die meine war darunter. Die Bewacher waren ziemlich aufgeregt, denn die Lagerverwaltung hatte sich mit der Aufforderung zum Abtransport um zwei Stunden verspätet. Eine unglaubliche Nachlässigkeit und Bummelei! Wir wurden eiligst durchgezählt und im Laufschritt vor das Tor geführt. Ein bereitstehender LKW brachte uns zum Weimarer Bahnhof, da die Gleise in Buchenwald bei dem Luftangriff am 24. August zerstört worden waren.

Einige Stunden später stiegen wir aus. Wir befanden uns in Berga-Kelbra bei Nordhausen; nicht weit von hier mußte dieses furchtbare Dora sein, ich bekam Herzklopfen. Zu Fuß entlang den Bahnschwellen erreichten wir schließlich einen langen, aus Viehwaggons bestehenden Zug. Es war ein sogenannter «Mobiler Transport», seine offizielle Bezeichnung lautete «Mittelbau VI/SS – Baubrigade», was später geändert wurde in «I/SS Eisenbahnbauzug». Die Belegungsstärke lag bei 500 Häftlingen, von denen einige gestorben oder durch Krankheit ausgefallen waren; unser Trupp von einundzwanzig Mann sollte das Kontingent wieder auffüllen. Fast die Hälfte der Häftlinge waren Russen, die übrigen kamen aus Frankreich, Deutschland, Jugoslawien und Polen. Da wir auf verschiedene Waggons verteilt wurden, nämlich auf die jeweils leeren Plätze, waren unsere weiteren Fluchtvorbereitungen erheblich beeinträchtigt.

184

Auf der einen Seite der Waggons waren durchgängige Doppel-stockpritschen mit Strohsäcken für 24 Mann eingebaut. In der Mitte stand ein langer Tisch mit zwei Bänken. In der Ecke der anderen Waggonhälfte war eine Trennwand aus Drahtgitter ange-bracht, hinter der zwei Betten für die Bewacher standen. Gegen-über hatte man eine Art Abtritt mit nach draußen führender Rinne aufgestellt. Die Wachmannschaft bestand aus 70 Mann. Chef des Eisenbahnbauzuges war ein Österreicher im Rang eines Haupt-sturmführers, ein junger Mann mit eigenem Motorrad, auf dem er bei jedem längeren Aufenthalt des Zuges in der Gegend herum-knatterte. Wir bekamen ihn nur wenig zu Gesicht. Als sein Assi-stent fungierte ein Hauptscharführer, unterstützt von sechs Hel-fern niederer Dienstgrade. Dieser Hauptscharführer zog unser be-sonderes Interesse auf sich. Er war mittelgroß und von kräftiger Gestalt, hatte ein Gesicht wie ein Habicht mit einer langen, rüssel-artigen Nase und hielt in der Hand immer eine Reitgerte, von der er jedoch niemals Gebrauch machte. Er wirkte auf uns wie ein Zerbe-rus, auf alles paßte er auf, und wie der erfahrenste Spürhund wit-terte er alles. Unter seiner verwegen sitzenden Schiffchenmütze zeigte sich kurzgeschnittenes schwarzes, hie und da bereits von Grau durchzogenes Haar. Und obwohl er sich niemals brutal ver-hielt, nötigte er uns nicht nur Achtung ab, sondern ließ uns auch ein wenig zittern. Glücklicherweise beehrte er uns selten mit seiner Anwesenheit, denn seinem Scharfsinn wäre nichts entgangen.

Der Zug brachte uns weiter in westlicher Richtung. Unterwegs blieben wir häufig und lange stehen, wie das bei einem Güterzug außerhalb des normalen Fahrplans üblich ist. Der Tag verging, es wurde Nacht. Am frühen Morgen weckte uns hastiges Hin- und Herlaufen, der Zug stand, die Bewacher unseres Waggons öffneten ein wenig die Tür und sprangen hinaus. Die SS-Männer waren in heller Aufregung: Während der Nacht waren alle Häftlinge eines Waggons verschwunden, man fand nur die betäubten, gefesselten und entwaffneten Bewacher. Es hieß, in dem Wagen seien sowjeti-sche Offiziere gewesen.[26]

Eine verwegene und, nach meiner Auffassung, unbesonnene Flucht: mitten in Deutschland, bei Kassel, ringsum eine fanatisierte, durch Terror eingeschüchterte Bevölkerung, flink agierende Jungen der Hitlerjugend und dann geflüchtete Gefangene in gestreifter Häftlingskleidung! Beim ersten Versuch, Kleidung oder Eßbares aufzutreiben, wird die Bevölkerung Alarm schlagen, und die Hatz beginnt. Nein, dachte ich, die Chancen für die Geflüchteten sind gleich Null. So handeln nur die Mutigen aus Besessenheit oder zur Verzweiflung getriebene Menschen. Gustav und Ernst hatten dringend geraten, die Flucht erst bei Köln, auf keinen Fall früher zu riskieren. Mir war klar, daß eine Flucht sorgfältig vorbereitet sein wollte. Aber ob wir Köln jemals erreichen würden?

Die wütenden SS-Leute ließen ihren Ärger an uns aus, gaben uns weder zu essen noch zu trinken. Außerdem warnten sie uns, daß bei einem weiteren Fluchtversuch jeder Zehnte nach Dora oder an den Galgen käme. In den Waggons wurden die Trenngitter abmontiert, von nun an mußten die Wachmannschaften auf der Plattform über den Puffern fahren, während wir im Wagen unsere eigenen Herren waren.

Gegen Abend erreichten wir Bingerbrück. Bei einem offenbar kürzlich erfolgten großen Luftangriff waren der Bahnhof und alle Gleise zerstört worden, die Waggons lagen umgekippt, einige brannten noch. Wir begannen mit Aufräum- und Wiederaufbauarbeiten. Nach etwa zehn Tagen wurden zwei der Geflüchteten eingefangen und sofort nach Dora transportiert. Die SS-Männer behaupteten, es seien die letzten beiden gewesen, die sie nun auch noch geschnappt hätten.

Die Absperrung während der Arbeit war so großräumig, daß es uns möglich war, in den Ruinen des Bahnhofs und den beschädigten Waggons auf der Suche nach Eßbarem und «was uns sonst noch der liebe Gott geschickt hat», herumzuschweifen. So entdeckten wir einen Keller, in dem volle Weinfässer lagerten. Wir füllten eine 20-Liter-Thermoskanne, die sonst für Kaffee verwendet wurde, und warteten auf den Abend. Aber kaum haben wir Aufstellung genommen zum Abmarsch, taucht, wie zum Trotz und weiß Gott woher, unser Hauptscharführer auf. Dreht seinen Hals nach hier und dort, schnuppert mit seinen wie bei einem Hund sich blähenden Nüstern, wendet sich zu den Thermoskannen, geht ein paarmal um sie herum und beginnt plötzlich mit seiner Reitgerte daran herumzuklopfen, wobei er immer weiter schnuppert, bis er schließlich befiehlt: «Die hier aufmachen!»

Er hat natürlich genau ins Schwarze getroffen, wobei sich auf seinem Gesicht keinerlei Verwunderung darüber zeigt, daß die Kanne voll ist. Er taucht einen Finger in die Kanne, riecht und leckt daran und läßt die Augen rollen, wobei ein zufriedenes und wonniges Lächeln auf seinem Gesicht erscheint. Plötzlich berührt die Spitze seiner Reitgerte meine Brust, und ich höre ihn sagen: «Dieses Fäßchen kommt in meinen Wagen, und zwar unverzüglich! Von jetzt ab jeden Tag ein volles Fäßchen, verstanden!» Dann, als wäre nichts gewesen, kommandiert er: «Vorwärts, ohne Tritt marsch!»

Über uns kreisten immer häufiger die Aufklärungsflugzeuge der Alliierten. Hin und wieder setzten sie zum Tiefflug an, gaben Geschoßsalven ab. Niemals aber attackierten sie «Gestreifte», so daß sich bei ihrem Auftauchen die SS-Männer jedesmal unter uns mischten. Unser Zug stand an einem Tunneleingang. In schnellem Tempo fuhren ständig geschlossene LKWs hinein und heraus, ganz offensichtlich befand sich in diesem Berg ein unterirdischer Rüstungsbetrieb. Das merkten natürlich auch die Aufklärer und begannen häufiger über dieser Stelle zu kreisen. Von deutschen Flugzeugen war weit und breit nichts zu sehen!

Drei Wochen waren vergangen. Plötzlich mußten wir unsere Arbeit mittendrin unterbrechen und im Laufschritt zum Zug zurück, der sofort losfuhr. Wir waren vielleicht fünfzehn Kilometer gefahren, als an der Stelle, wo wir eben gestanden hatten, Bomben einschlugen, offensichtlich wurde der Tunnel bombardiert. In der Nacht setzte sich unser Zug, wie wir anhand der Sterne feststellen konnten, in Richtung Norden in Bewegung. Norden, das hieß Köln.

Mehrere Waggons, darunter auch der Personenwagen für die Wachmannschaft und der mit dem Küchentrakt, wurden in einen Tunnel unter einen Eisenbahndamm geschoben. Der Waggon mit Kolja-Amerika und mir blieb mit den anderen unter freiem Himmel stehen. Wir befanden uns in der Nähe des Städtchens Brühl, circa achtzehn Kilometer südlich von Köln.

Täglich wurden wir zum Güterbahnhof-Süd nach Köln gefahren. Köln war total zerbombt. Dutzende beladener Güterzüge waren hier zum Stehen gekommen, alle Gleise rings um den Güterbahnhof vollständig zerstört. Auch wir saßen hier ganz schön in der Tinte. Unsere Aufgabe war es, die Gleise wieder flottzumachen, damit die mit Kriegsgerät, Post und Lebensmitteln beladenen Waggons weitergeleitet werden konnten.

Zweimal am Tag, also früh, wenn wir zur Arbeit fuhren, und am Abend, wenn wir wieder zurückkehrten, passierten wir den Eisenbahnhaltepunkt Kalscheuren. Dort standen, direkt neben dem Eisenbahndamm, zwei Baracken, in denen Ostarbeiterinnen wohnten. Es gelang uns ohne Mühe, Kontakt herzustellen und uns mit ihnen zu verabreden. Wir erklärten ihnen, an welcher Stelle wir arbeiteten und daß sie unter dem großen Stein, der dort lag, einen Brief von uns finden würden. Sowohl wir als auch die Mädchen waren in erster Linie an Landsleuten interessiert. Es stellte sich heraus, daß die Mädchen aus den Gebieten Smolensk, Brjansk, Dnepropetrowsk und Stanislawow kamen. In einem unserer Briefchen baten wir sie um ihre Hilfe für den Fall unserer Flucht, was sie uns auch versprachen.

Bei uns hatte sich inzwischen etwas höchst Merkwürdiges zugetragen, eine Flucht, wenn man es denn so bezeichnen kann. Das kam so: In meinem Waggon gab es ein Bürschchen von etwa sechzehn Jahren, Wanja, genannt «Kurskij». Offen gestanden hatte ich so eine Memme überhaupt noch nicht erlebt. Tagsüber, bei der

Arbeit, schmiß er sich auf die Erde und bedeckte seinen Kopf mit den Händen, sobald auch nur die ersten Geräusche eines Flugzeuges zu hören waren. Niemand konnte ihn dazu bringen, sich von der Stelle zu bewegen. War er aber im Waggon, dann glitt er wie ein Aal augenblicklich von seiner Schlafpritsche herunter und tauchte ab unter das Bett. Wir nannten ihn nur «Vogel Strauß».

«Wanka! Wo kommst du denn her?» Wir waren in ein halbzerstörtes Gebäude gelaufen, in dem sich bereits einige junge Kerle in Zivil befanden, um uns vor einem Luftangriff zu schützen. Einige der Ostarbeiter hatten sich über unseren mit dem Gesicht nach unten liegenden Wanka gebeugt, und es stellte sich heraus, daß sie Landsleute und zufällig alle aus einem Dorf waren. Nun versuchten sie mit allen Mitteln, unseren Vogel Strauß zur Flucht zu überreden. Wanka wollte davon natürlich überhaupt nichts hören, auf keinen Fall!

«Ihr könnt ihn ja entführen», warf ich scherzhaft ein. Die Jungen flüsterten eine Weile untereinander, plötzlich verschwand einer von ihnen und kam bald darauf mit einer Decke zurück. Ehe ich mich versah, hatten sie unserem Wanka einen Knebel in den Mund geschoben, rollten ihn in die Decke ein und hatten eben nun ein Bündel dabei. In diesem Wirrwarr war ohnehin nicht mehr viel zu begreifen. Als die Flugzeuge abdrehten, mußten wir draußen Aufstellung nehmen, und das Durchzählen begann. «Stimmt nicht, einer fehlt», murmelte verwundert der Wachmann.

Sofort ging die Sucherei los, aber Wanka war nicht auffindbar, wie vom Erdboden verschluckt! Plötzlich entdeckte einer der SS-Männer an einem frischen Bombentrichter ein Stückchen «Zebrastoff» mit Blutspuren; die Suche wurde eingestellt: «Den hat's erwischt.»

Prima ausgedacht, Jungs! Solidarität, Kameradschaft und Entschlossenheit waren bei diesen Burschen keine leeren Worte, und so hoffte ich, daß wir auch auf die Mädchen aus Kalscheuren bauen konnten.

Der ständige Bombenhagel löste bei den Wachmannschaften

immer wieder Panik aus: Wie waren sie doch auf ihr Leben bedacht! Die «Gestreiften» dagegen hatten nichts zu verlieren und verspürten nicht immer den Drang, einen Unterschlupf zu suchen; viel wichtiger war es für sie, die Unaufmerksamkeit der Bewacher zu nutzen, um etwas Eßbares aufzutreiben. So entdeckte ich eines Tages in einem halbverbrannten Waggon, ziemlich weit weg von meinem Arbeitsplatz, Säcke mit Mehl. Auf der Stelle schnappte ich mir einen Sack, warf ihn über die Schulter und ging los, wobei mir fast die Beine versagten. Unsere Taschen mit Mehl zu füllen wäre eine Sache von Sekunden gewesen, eine Woche lang hätte es dann für alle herrliche Fladen gegeben. Doch es hat nicht sollen sein. «Halt! Stehenbleiben», hörte ich plötzlich von hinten jemanden schreien. Ich lief schneller. Ein Schuß fiel, ich spürte einen Schlag im Rücken, so daß es mich beinahe langgestreckt hätte. Plötzlich, wie aus dem Boden gestampft, sah ich den Hauptscharführer mit seiner Reitgerte, die Pistole in der Hand auf mich zulaufen. Von allen Seiten kamen nun Polizisten heran und wollten mich festnehmen.

«Weshalb?» fragte verwundert der Hauptscharführer.

«Er kommt vor Gericht wegen Plünderung.»

«Ach Quatsch, bei uns geht das schneller und einfacher», antwortete der Hauptscharführer, wobei er meine Nummer in sein Notizbuch schrieb. Dann gab er den Befehl, den Sack an seinen Platz zurückzubringen. Als ich versuchte, ihn aufzunehmen, bemerkte ich, daß er ein Loch hatte, aus dem das Mehl herausrieselte. Das also war die Erklärung: Das Mehl – Ursache des Schusses – war gleichzeitig meine Rettung.

Beim abendlichen Zählappell blieb der Hauptscharführer direkt vor mir stehen, und ich dachte, jetzt ist es aus mit mir, der schickt mich jetzt direkt an den Galgen. Er nahm sein Büchlein, riß das Blatt mit meiner Nummer heraus, zerriß es, ließ die Papierschnipsel wegflattern und sagte, wobei er mich listig anblinzelte: «Das nächste Mal gebe ich dir einen mit zum Schmierestehen, und dann wird geteilt.»

Es war höchste Zeit, unsere Fluchtvorbereitungen endlich abzuschließen. Am Samstag wurden wir alle zwei Stunden früher von der Arbeit abgeholt, denn die SS-Leute wollten sich einen «Wasch- und Badetag» gönnen, der sich bis Sonntag hinzog. Am Sonntag sollten deshalb nur zwei Waggons mit Franzosen unter der Bewachung einiger SS-Leute zur Arbeit fahren.

Ganz unerwartet wurden Sibirjak und ich zum Hauptsturmführer gerufen, der uns eröffnete, daß am Montag alle Häftlinge kahlzuscheren seien. «Euch betrifft das nicht», fügte er hinzu, denn er ernenne uns hiermit zum Kapo beziehungsweise Vorarbeiter. Das war wenig erfreulich, denn erstens war zum Handlanger der SS zu avancieren eine Schande, und zweitens hatten Kahlgeschorene auf der Flucht kaum eine Chance durchzukommen. Was tun? Verduften, solange es noch nicht zu spät ist. Ich besprach mich mit dem ehemaligen Politoffizier «Amerika» und vereinbarte auf seinen Rat mit den Franzosen, daß zwei von ihnen freimachen und an ihrer Stelle zwei von uns rausfahren. Mit Sibirjak, Belofinn und den Jungen aus unserer Gruppe verabredeten wir, bei geglückter Flucht Verbindung über die bewährten «Briefkästen» der Ostarbeiter aufzunehmen.

Am Sonntag fuhren «Amerika» und ich mit den Franzosen auf Arbeit. Gegen Mittag erfolgte ein gewaltiger Luftangriff, Bomben fielen in unmittelbarer Nähe, die Franzosen und die Bewacher warfen sich auf die Erde, um Schutz zu suchen. Für uns das Signal, uns abzusetzen, dorthin, wo die Bomben explodierten, wo Bombensplitter und Erdklumpen herumflogen, wo die Äste von den Bäumen krachten, zuerst robbend, dann aufrecht. Wir liefen, was die Beine hergaben, immer weiter und weiter.

Völlig außer Atem und nach Luft japsend, rannten wir um unser Leben. Im Laufen zerrten wir uns die «Zebrajacken» herunter, Kolja hatte nur ein Hemd darunter, ich trug ein Ziviljackett. Die Häftlingsjacken vergruben wir in einem Laubhaufen. Dann weiter über eine kleine Lichtung. Vor wenigen Minuten befand sich hier noch eine Flakbatterie, bedient von Achtzehnjährigen, die in die

Luft feuerten. Jetzt bot sich in ätzendem, graugelbem Rauch ein grauenhaftes Bild: umgestürzte Geschütze, aufgerissene Erde, Trichter an Trichter, hier und da Teile menschlicher Körper in letzten Zuckungen, Gestank, Blut, ätzender Qualm – bloß weg hier!

Der Wald hörte jäh auf, es schlossen sich Gärten mit Lauben und kleinen Gewächshäusern an. Glücklicherweise war weit und breit kein Mensch zu sehen. Wir verschafften uns Zutritt zu mehreren Gartenlauben, Kolja fand einen verschlissenen Arbeitsanzug, der ihm genau paßte; er sah jetzt von Kopf bis Fuß recht manierlich aus. Wir fanden noch einen kaputten Revolver und ein altes Jagdmesser – wenigstens bewaffnet, dachten wir, wenn auch nur symbolisch. Am Waldrand pirschten wir weiter. Offenes Feld zu überqueren, das war nicht zu schaffen. Aber wo die Stunden bis zum Einbruch der Dunkelheit verbringen? Wir entdeckten einen großen, weit verzweigten Strauch direkt am Waldrand. Hier krochen wir unter, bedeckten uns mit Laub und warteten ab.

Am Nachmittag war plötzlich das Rascheln von Zweigen zu hören: Aus dem Dickicht sprang unversehens eine Gruppe keuchender SS-Männer hervor. Den einsam am Waldesrand stehenden Strauch würdigten sie keines Blickes, sie stürzten im Laufschritt auf ein paar Heuschober zu, wobei sie fast über uns gestolpert wären. Sie umringten den ersten Schober, feuerten ein-, zweimal hinein, stocherten mit dem Bajonett darin herum und riefen: «Raus hier!» Beim nächsten Schober machten sie es genauso, dann schauten sie sich nach allen Richtungen sorgsam um, standen noch eine Weile unschlüssig da, begannen sich zu streiten und hauten schließlich ab.

Wir blieben weiter in unserem Versteck, von wo aus wir den Eisenbahndamm am Horizont gut erkennen konnten. Nach etwa zwei Stunden sahen wir eine Dampflok mit zwei Waggons gemächlich in Richtung Brühl kriechen – unsere Bewacher mit den Franzosen! Sie hatten also nicht das Ende des Arbeitstages abgewartet, nun konnten wir aufatmen, keine Umzingelung, keine Verfolgung mehr.

Schon am Morgen dieses Tages war ich davon überzeugt gewesen, daß wir es schaffen würden, es war ein abergläubisches, gutes Vorgefühl, das ich hatte. An einem Sonntag wurde ich geboren, an einem Sonntag begann für mich der Krieg, und all diese Sonntage nahmen für mich ein gutes Ende. Ich glaube daran, daß der Sonntag mein Tag ist. Auch heute war wieder ein Sonntag, Sonntag, der 5. November 1944. Die Bombenangriffe hatten rechtzeitig eingesetzt, wir konnten abhauen und waren nun in Freiheit. Kein Zweifel, wir hatten die Vorsehung auf unserer Seite.

Ein halbes Jahr noch bis zum Sieg

Mit Einbruch der Dunkelheit verließen wir unser Versteck im rettenden Strauch, überquerten ein großes Feld und machten uns entlang den Bahngleisen auf den Weg nach Kalscheuren. Unser Schicksal lag nun in den Händen der Mädchen. Würden sie uns erwarten? Hatten sie unsere gestrige Nachricht überhaupt erhalten? Und was, wenn sie es sich anders überlegten, wenn sie plötzlich Angst bekämen und Krach schlagen würden? Im Westen war unentwegt Geschützdonner zu hören, langsam, aber unbeirrbar kamen die Alliierten voran, das Ende der Leiden war in greifbare Nähe gerückt. Es galt nur noch ein wenig durchzuhalten, ein kleines bißchen. Wir konnten nicht ahnen, daß sich dieses «bißchen» noch ein ganzes halbes Jahr hinziehen würde, ein halbes Jahr noch bis zum Sieg.

Die Mädchen hatten gewartet. In ihrem glühenden Kanonenöfchen wurden meine Zebrahosen, meine Nummer und der rote Winkel – meine letzten Sträflingsattribute – zu Asche. Die Nummer 44 445 gab es nicht mehr. Die Mädchen staffierten uns ordentlich aus, sogar eine Schirmmütze hielten sie für uns bereit. Außerdem hatten sie einen jungen Burschen angeheuert, der uns in das ein paar Kilometer entfernte Männerquartier der Ostarbeiter in Hermülheim brachte. Unterwegs klärte er uns darüber auf, wie unsere «Legalisierung» gedacht sei. Vor allem sollten wir unsere Mützen nicht abnehmen, um uns durch unseren kurzen Haarschnitt nicht zu verraten. Würde dennoch jemand darauf aufmerksam, könnten wir uns damit herausreden, daß wir vor kurzem Typhus gehabt hätten.

Im Lager der Ostarbeiter herrschte eine große Fluktuation. Die meisten strömten aus dem Frontbereich zurück nach Deutschland, und viele hatten es eilig, nach Osten zu kommen, der Heimat ein Stück näher. Deshalb sollten wir bei möglichen Befragungen sagen, daß wir vor der Front geflohen und aus Richtung Düren hierhergekommen seien. Morgens holten jeweils zwei deutsche Meister ihre Arbeitsbrigaden ab; einmal kam der eine zuerst und nahm eine Brigade mit, etwas später holte der zweite den Rest ab, am nächsten Tag wurde das Ganze umgekehrt praktiziert, dann kam der zweite Meister zuerst. Wir sollten jeweils mit dem zweiten mitgehen und sagen, daß wir den ersten Durchgang verschlafen hätten. Auf diese Weise bekamen beide Meister unsere Anwesenheit mit.

Für die Ostarbeiter hatte man in einem großen Gebäude am Ortsrand, im sogenannten Kaisersaal, Quartier gemacht. In einem großen Saal standen rechts an der Wand die typischen Doppelstockbetten mit schmalen Zwischengängen, links an den Fenstern stand eine lange Reihe von Tischen mit Bänken. Hier lebten etwa achtzig Jungen im Alter zwischen 16 und 18 Jahren. Sie waren dem Rathaus Hermülheim zugeteilt, und ihre Aufgabe bestand darin, die Straßen und Wege der Umgegend instand zu halten. Was mich am meisten verblüffte, war die Tatsache, daß trotz der ununterbrochenen Bombenangriffe die akkuraten Deutschen nicht aus der Bahn geworfen schienen. Überall war man eifrig bemüht, planvoll zu wirtschaften und alles in Ordnung zu halten. Selbst kleine Radspuren wurden sofort beseitigt, von Bombentrichtern ganz zu schweigen.

Nach einigen Tagen waren unsere Gesichter den beiden Meistern vertraut. Ich avancierte bald zum Dolmetscher, «Amerika» zu meinem Assistenten. Abends übergaben wir die Liste derer, die tagsüber gearbeitet hatten, und auf dieser Grundlage wurden die Rationen ausgegeben. Ich war für die Aufstellung in der einen Brigade verantwortlich, Nikolai für die in der anderen.

Das Ostarbeiterlager im Kaisersaal, eine Gemeinschaftsunterkunft ohne Aufpasser und Wachen, ohne Prügel und Gebrüll, wirkte wie ein ganz gewöhnliches Jugendlager. Kein Vergleich zu dem, was ich 1942 im Askaniawerk in Berlin erlebt hatte. Lag hierin ein Sinneswandel im Verhältnis zu den Ostarbeitern, den ehemaligen Sklaven? Wenn nicht die Fremde, der Krieg, die Ungewißheit gewesen wären, hätte man das Leben in Hermülheim fast als normal bezeichnen können. Geselligkeit und Scherze, Lachen und Gesang – niemand verbot es hier. In den Liedern war die Stimme der Heimat zu spüren, doch es entstanden auch spontan neue Lieder, in denen, wenn auch sehr vorsichtig, vom unfreien Leben die Rede war und die «neue Ordnung» kritisiert wurde.

Die Verbindung zu den «Gestreiften» wurde über die gleichen «Briefkästen» aufrechterhalten wie bisher. Sibirjak und Belofinn baten darum, Möglichkeiten zum Überwechseln für weitere Flüchtlinge zu schaffen. Dabei konnten uns nur die Gruppen in Köln behilflich sein, von denen man zwar schon viel gehört hatte, doch von denen niemand wußte, wie man an sie herankam. Ohne Kontakte mit der Außenwelt konnten auch diese Gruppen natürlich nicht existieren, und so versuchten wir, den Radius unserer Recherchen auszudehnen. Da zwang uns ein Vorfall zu größter Vorsicht.

Ein Unbekannter von etwa dreißig bis fünfunddreißig Jahren hatte sich zu uns durchgeschlagen. Er behauptete, daß er vor der heranrückenden Front abgehauen sei. Dann wieder deutete er an, aus dem KZ geflohen zu sein. «Hast du dir mal seine Haare angesehen?» fragte mich «Amerika» am nächsten Tag. «Fürs Konzentrationslager eindeutig zu lang. Dafür hat er längst gemerkt, wie kurz unsere sind.» Da er sich mit Andrej vorstellte, rätselten wir herum, ob es sich nicht vielleicht um Andrej Belanowski handeln könne, der uns angekündigt worden war, den wir persönlich jedoch nicht kannten. Weshalb war er dann aber ohne den ebenfalls angekündigten Iwan, genannt «Moskwa», gekommen? Wir beschlossen, uns vorerst jedenfalls nicht zu erkennen zu geben.

Der angebliche Andrej versuchte sich unterdessen mit den jungen Leuten anzufreunden, doch dabei unterlief ihm ein Fehler. Einem von den Jungs erzählte er, daß in Köln eine Schwester von ihm wohne, die er zufällig ausfindig gemacht habe und die er besuchen wolle. In zwei Tagen sei er wieder zurück.

«Hast du denn einen Ausweis?» Schließlich wußten doch alle, daß für eine Fahrt nach Köln ein Ausweis erforderlich war.

«Den habe ich bereits erhalten», sagte der falsche Andrej und wedelte mit einem Papierchen herum, auf welchem sein Gesprächspartner eindeutig ein Siegel mit Hitleradler erkennen konnte. Das teilten uns die Jungs natürlich sofort mit, denn das alles war doch zu eigenartig. Unser Verdacht verdichtete sich zur Gewißheit, als wir erfuhren, daß er sich mehrfach vertraulich nach Moskwa erkundigt habe.

«Wenn er morgen nach Köln geht und der Gestapo berichtet, sind wir dran. Wir müssen die Sache mit ihm hinter uns bringen», beschloß «Amerika».

In der Nacht weckte ich Andrej.

«Kommst du mit? Wir wollen einen Kumpel abholen, der aus Köln zu uns stößt.»

Andrej ging mit.

Auf einem Feld, etwa drei Kilometer vor Kalscheuren, das von Bombentrichtern übersät war, erledigten wir ihn. Er schrie auf deutsch «Zu Hilfe! Hilfe!»

In einem Bombentrichter vergruben wir die Leiche. Der Ausweis hat uns später noch gute Dienste geleistet.

Nach einigen Tagen war es «Amerika» gelungen, einen Kontakt zu Kölner Gruppen herzustellen. Als Treffpunkt wurde das Wohnheim der Mädchen in der Ziegelei vereinbart. Nikolai ließ sich wie üblich nichts anmerken, so war er eben.

Kaum hatten wir die Schwelle der Mädchenbaracke überschritten, waren wir umringt von Männern in langen schwarzen Regenpelerinen, wie sie die SS-Offiziere trugen. Auch ihre Kopfbedeckung war die der SS. Unter den Pelerinen zeichneten sich deutlich die Umrisse von Maschinenpistolen ab. Mir wurde ganz mulmig: Offensichtlich waren wir in eine Falle geraten. Grob wurden wir abgetastet, dann brachte man mich in einen Nebenraum.

«Wer bist du, woher kommst du, was schnüffelst du hier herum?» prasselten unfreundliche Fragen auf mich hernieder. Auch die durchbohrenden Blicke verhießen nichts Gutes. Immerhin stellten sie ihre Fragen in russisch. Mein Eingeständnis, daß ich aus dem Konzentrationslager geflüchtet sei, stieß auf Belustigung und Argwohn. Es war schrecklich, schließlich waren es eindeutig die Unsrigen! Ich weiß nicht, welchen Verlauf die Sache genommen hätte, wenn nicht mein Befrager plötzlich jemanden angesprochen hätte, der hinter mir stand: «Kennst du den?»

Ich drehte mich um. Da stand ein schlanker, hochgewachsener junger Mann, der offenbar gerade den Raum betreten hatte.

«Saschka! Bist du es wirklich? Leute, er ist es! Ich war mehrfach bei ihm im Revier. Er ist es, den man uns angekündigt hat!»

Gustav Wegerer hatte also Wort gehalten und die Jungen über meine Flucht in Kenntnis gesetzt. Als er es mir in Buchenwald ankündigte, wollte ich es eigentlich nicht glauben, so unwahrscheinlich schien es mir, daß Wegerers Verbindungen bis nach Köln reichen sollten.

Der Bursche, der mich erkannte, hieß Fedja, und seine Umarmung half, die Situation schlagartig zu entspannen. Nun wurde Nikolai hereingebracht, man wollte auch ihm auf den Zahl fühlen. Vorsicht ist die Mutter der Porzellankiste.

Wer waren diese Jungs, woher kamen sie? In Köln und Umgebung gab es zahlreiche Großbetriebe und Konzerne, die gern auf die billigen Arbeitskräfte aus Konzentrationslagern zurückgriffen. Dafür zahlten sie dem Wirtschafts- und Verwaltungshauptamt der SS einträgliche Sümmchen. Infolge der massiven Bombenangriffe auf die Industrieanlagen im Großraum Köln war es Häftlingen gelungen, sowohl aus Betrieben als auch aus dem Massenlager auf dem Kölner Messegelände zu fliehen. Wurden sie geschnappt, erwarteten sie brutale Schläge und anschließend der Galgen. Sie waren sich darüber im klaren und wußten, wie unsicher ihre Lage war. Zu verlieren hatten sie nichts. Sie lebten wie gejagtes Wild, ein Leben im Untergrund, in Kellern.

Während ihres Aufenthaltes in Gestapogefängnissen und in Konzentrationslagern hatten sie die Brutalität der Nazis am eigenen Leib zu spüren bekommen, und auch vorher hatten viele Gelegenheit, damit Bekanntschaft zu machen. Es ist schwer vorstellbar, wie sie sich nach ihrer Flucht gefühlt haben mögen, als sie sich schutzlos in gestreifter Häftlingskleidung verstecken mußten, eingegraben in Haufen von Sand und Müll, bei jedem Geräusch hochschreckend. Die Nacht war ihr einziger Freund und Verbündeter. Das war die Stunde, wo sie sich von Gejagten in Jäger verwandelten. Jeder mußte auf der Hut vor ihnen sein, zumal wenn er bewaffnet war, denn Waffen waren für die Geflohenen die Erfüllung ihres sehnlichsten Wunsches. Wenn schon ihr Leben nichts wert war, dann sollte es wenigstens andere teuer zu stehen kommen. So hatten sie sich allmählich eine ganze Sammlung von SS-Pelerinen, Mützen, Stiefeln und Waffen – Maschinenpistolen, Pistolen, Granaten – angelegt. Streiften sie anfangs allein oder paarweise herum – je nachdem, wie viele auf einmal geflohen waren –, so fanden sie allmählich zusammen, vereinigten sich, bildeten kleine Gruppen von vier bis acht Mann.

Viele Häuser waren zerbombt, andere verlassen, da ihre Bewohner es vorgezogen hatten, aufs Land zu flüchten. Die Keller waren oft gar nicht leergeräumt. Man mußte nur einen Zugang finden, und schon war man mit Eßbarem und Kleidung versehen, und möglicherweise bot der Keller auch einen geeigneten Unterschlupf. Wurde ein solcher Keller zur «Mannschaftsunterkunft» umfunktioniert, war es unbedingt erforderlich, mehrere Ausgänge zu schaffen. Auf diese Weise bildeten sich regelrecht Katakomben.

Überleben, das Ende des Krieges abwarten, das war den Jungs zuwenig. Bei jedem von ihnen hatten sich Wut und Rache angestaut, schließlich hatten sie vieles durchgemacht, Erniedrigungen, Schläge, den Tod ihrer Freunde. Ein Gefühl der Schande verspürten die Burschen nicht, schließlich hatten sie niemanden um Freiheit angefleht, sie hatten sie sich genommen. Die Schande, wenn es denn eine war, bestand darin, daß man zusehen mußte, wie Freunde und Gefährten gequält und erschlagen wurden, man selber aber keinen Finger rühren konnte zu ihrer Verteidigung. Wenn sie gezwungen gewesen waren, auf Abfallhalden herumzukriechen auf der Suche nach etwas Eßbarem, Kartoffelschalen und holzigen Steckrüben, dann war jetzt der Zeitpunkt gekommen, den Peinigern all das zurückzuzahlen. Aug um Auge, Zahn um Zahn. Sie waren einfach nicht länger bereit, sich als ein «Stück Scheiße» behandeln zu lassen, und ich für mein Teil konnte sie deswegen nicht verurteilen. Auch bei mir hatte sich vieles angestaut.

«Ja, und weshalb, sagst du, hast du uns gesucht?» Die peinliche Befragung wurde fortgesetzt. Ich ging jetzt aufs Ganze. Wir hofften nicht nur auf ihre Hilfe für uns, Nikolai und mich, sondern auf Hilfe für alle. Es müsse etwas unternommen werden, damit auch andere die Chance zur Flucht bekämen. So ließe sich etwa durch einen Überfall auf den Bauzug in Brühl eine Panik inszenieren, die dann die Gefährten zur Flucht nutzen könnten. Zuvor müßten einige Stützpunkte mit Kleidung, Schuhwerk und Essen angelegt werden. Ebenso seien Treffpunkte für die Zusammenführung und geeignete Verstecke festzulegen.

«Ihr wollt also, daß eure Kameraden befreit werden. Woher wißt ihr überhaupt, daß sie selber das wollen?» Natürlich sei es ein verlockender Gedanke, Gefährten zu helfen, aber für einen richtigen Angriff reichten die Kräfte nicht aus: dreiundzwanzig Mann, fünfzehn Maschinenpistolen, etwa fünfzehn Handgranaten, einundzwanzig Pistolen, das sei zuwenig für siebzig Mann Bewachung. Gewiß spiele der Überraschungsfaktor eine wichtige Rolle, vielen könnte es gelingen zu entkommen, aber was dann? Ein Massenausbruch werde die Nazis in Harnisch bringen. Ohne das Einverständnis der Ostarbeiter in den nächstgelegenen Lagern sei da gar nichts zu machen.

Mitten in unsere Debatte platzte Iwan-Moskwa mit zwei Gefährten.

«Wo warst du bloß? Mich haben sie hier inzwischen beinahe um die Ecke gebracht», dachte ich mir beim Anblick dieses kräftigen, mir aus Buchenwald gut bekannten Burschen. Wir waren gerade bei der Frage, wie man die Geflüchteten mit Zivilkleidung versorge. Iwan plante für die Nacht ohnehin einen «Beutezug», da könnten sie sich einmal umschauen. Warum ich nicht gleich mitkäme. «Trägst ja ziemlich miese Klamotten, könntest mal was Neues gebrauchen», ermutigte mich Iwan.

«Und was ist mit Andrej?» wollte ich wissen.

«Mit ihm ist was schiefgelaufen», antwortete Iwan. «Nach der Flucht sind wir gemeinsam gut bis Köln durchgekommen. Belanowski hatte sich die Füße wund gelaufen, konnte kaum noch gehen. Ich mußte ihn in einer Ruine zurücklassen. Soll er dort warten, dachte ich. Ich selbst bin weiter, gegen Morgen hatte ich meine Kumpels gefunden und konnte mich umziehen. Wir waren aber gezwungen, die Nacht abzuwarten. Haben dann stundenlang gesucht, aber keine Spur von Andrej.

Ich erzählte Iwan von unserem Unbekannten, der vorgab, Andrej zu heißen, und beschrieb ihn. Die Beschreibung paßte nicht, also war klar, daß man den richtigen Andrej gefaßt und aus ihm die Sache mit Iwan herausgeprügelt hatte. Die Gestapo schickte dann einen Spitzel.[27]

Iwan schleifte mich also mit auf seinen Beutezug. Ich schäme mich, eingestehen zu müssen, daß ich mich daran beteiligt habe, aber es war das erste und das letzte Mal, und ich stand auch nur Schmiere, während Iwan und seine Leute in irgendeinem Keller herumstöberten. Anschließend mußte ich ein großes Bündel in eines der Frauenlager bringen, wo bereits ein gut angeheizter Ofen wartete. Ach, wie viele «unbrauchbare» Dinge wanderten da hinein, weshalb hatten sie das alles nur mitgenommen? Moskwa ließ mir einen tadellosen Anzug, einen Regenmantel, Hut, Sonnenbrille, Hemd und Krawatte, sogar Handschuhe zuteilen. Er mußte deshalb ein Machtwort sprechen, weil seine Kumpels sich ungern von solcher Beute trennten. Iwan heftete an den Regenmantel noch ein goldenes Parteiabzeichen; es sah genauso aus, wie das, das der Abteilungsleiter bei Askania getragen hatte. Weshalb nur ich eingekleidet wurde, Nikolai aber nicht, war mir unverständlich. Vielleicht weil er Politoffizier gewesen war?

Auf diese Weise neu ausstaffiert, begann mein Doppelleben. Während Nikolai und ich tagsüber Dolmetscher der Ostarbeiter spielten, machten wir uns am Abend auf den Weg, um die vorhandenen Geheimunterkünfte zu inspizieren und mögliche neue Verstecke ausfindig zu machen. Wir wagten uns bis in die Kölner Innenstadt vor. Seit dem gewaltigen Angriff am 31. Mai 1942 war die Stadt immer wieder Ziel alliierter Bomberverbände gewesen, inzwischen glich sie einem unübersehbaren Trümmerfeld. Ich hatte meine Zweifel, ob es hier überhaupt noch etwas zu zerbomben gab, aber die Angriffe gingen systematisch weiter. Auf dem Domplatz, hinter einer Wand von Sandsäcken, ragten die beiden Türme des Kölner Domes in den Himmel. Welch Wunder der Gotik! Der Dom stand bis ans Ende stolz und aufrecht in diesem Trümmerchaos, so als ob es ihn nichts anginge. «Möge er sein unbeugsames Haupt erheben...» Die Worte Puschkins fielen mir ein, und es wurde mir schwer ums Herz ob dieser Barbarei, zu der der alleszerstörende Krieg die Menschheit verdammt hatte. Wieviel Mühe machte dieser Krieg zunichte! Wieviel Krüppel würde es am Ende geben!

Die Notausgänge in den Schlupflöchern wurden zum Schutz gegen Zugluft mit Matratzen verstopft. Als Licht dienten Fläschchen mit Petroleum und Docht, auch Daimon-Taschenlampen standen in genügender Anzahl zur Verfügung. Am Tag war es ruhig in den Kellern, nachts geriet alles in Bewegung. Scherzhaft nannten wir die Zeit ab 21 Uhr Sperrstunde.

Wir hatten inzwischen Kontakt zu weiteren Ostarbeitern aufgenommen, ihnen Schutz in unseren Verstecken angeboten. Diesen Kontakt hielten wir über zwei Verbindungsleute, die sich in einem verlassenen Gartenhäuschen im Süden von Köln einquartiert hatten. Auch die «Briefkästen» versahen weiterhin zuverlässig ihren Dienst, und wie früher hatten wir Kontakt zu Sibirjak und Belofinn. Es war ein merkwürdiger Zufall, daß sie beide Kolja hießen und beide kräftige, rotblonde Kerle waren.

Ein gewisser Fedja, der mit seinen Leuten für die Verpflegung zuständig war, hatte umfangreiche Vorräte gehortet. Sie hatten sich Zugang verschafft zu einem städtischen Hauptlager, die Wachen, die gar nicht daran dachten, Widerstand zu leisten, überrumpelt und bis zum Morgen alles abtransportiert. In Ruinen in der Nähe hatten sie alles vergraben und es dann in den nächsten Nächten nach und nach in die Geheimverstecke gebracht. Die Ratten waren das einzige Problem. Aufgefüllt wurden die Lebensmittelreserven aus verlassenen Güterwaggons, die auf den zerbombten Gleisen steckengeblieben waren. Brot aber war nie dabei; so behalfen wir uns mit Schnittkäse, schnitten eine Scheibe ab, beschmierten sie mit Butter oder Margarine, obendrauf Wurst, Marmelade oder auch Kunsthonig, und schon hatten wir unsere kalorienreichen, wenn auch bis zum Erbrechen widerlichen «Sandwiches».

Unsere Öfen nutzten wir kaum, der Rauch hätte uns verraten. Aber die Mädchen in den umliegenden Lagern bereiteten uns wahre Festessen. Den Meisterköchinnen sei ewiger Dank dafür, wie sie aus dem wenigen, was zur Verfügung stand, wohlschmeckenden Borschtsch und leckere Suppen zauberten, jeder von uns leckte sich die Finger danach!

Aus dem geplanten Angriff auf den Eisenbahnbauzug wurde nichts. Geredet haben wir darüber viel, aber als es dann soweit war, erlebten wir einen völligen Reinfall. Im Grunde war es eine absurde Idee gewesen, am Tag und bewaffnet achtzehn Kilometer zurückzulegen, an einem für alle unbekannten Ort unter SS-Wachmannschaften eine Panik zu erzeugen und danach mit möglichst vielen Geflüchteten in die Verstecke zurückzukehren. Dennoch machte ich mich mit Nikolai auf den Weg in Richtung Kirbergtunnel, wo die Aktion stattfinden sollte. Als wir uns bereits auf dem Hinweg im Wald völlig verirrten, waren auch wir von der Undurchführbarkeit unseres Planes überzeugt.

In dieser Nacht erlebten Nikolai und ich ein merkwürdiges Spektakel. Zunächst, wie gewohnt, das Heulen der Sirenen und kurz darauf das dumpfe Grollen der Flugzeuge. Dann aber wurde es im Wald unerwartet hell, wir schauten nach oben und sahen durch das Gewirr unbelaubter Zweige ein seltsames, buntes Raketenfeuerwerk auf uns zukommen. Ich hatte mich inzwischen an die nächtlichen Bombenangriffe mit ihren Illuminationen gewöhnt, aber dies übertraf alle meine Erfahrungen. Die pfeifenden Geräusche fallender Bomben waren gut zu hören, deutlich ließen sich die Einschläge unterscheiden. Doch plötzlich kam ein sich immer mehr verstärkendes Geheul direkt auf uns zu, so, als ob ein tausendköpfiger Gogolscher Drache mit einer Meute blutsaugender Tiere vom Himmel stürzte, um sich mit seinen Krallen in uns hineinzubohren und uns die Seele herauszureißen. Wir zitterten vor Angst, und bar jeglicher Vernunft stürzten wir los. Das Geheule, das eine oder zwei Minuten gedauert hatte, verstummte ebenso unvermittelt, wie es eingesetzt hatte.

Indes brachten gegen 7 Uhr die Mädchen aus Kalscheuren drei Flüchtlinge zu uns, die sie bereits in andere Kleidung gesteckt hatten. Wassiliok Orlow war einer der drei; die Freude über das Wiedersehen war groß. Die drei berichteten uns, daß die so unerklärliche nächtliche Illumination und das Geheule auch im Häftlingslager für Verwirrung gesorgt hatten. Alle waren verstört durcheinandergelaufen, jeder in eine andere Richtung, die Wachen verloren den Überblick. Wassiliok stürmte mit seinen Kumpels über die Eisenbahngleise nach Kalscheuren. Am Abend stießen zwei weitere Häftlinge zu uns.

Unter Ausnutzung unserer Stellung als Dolmetscher der Ostarbeiter radelten wir auf Fahrrädern über die Straßen und Wege der Umgebung, warfen hie und da einen Blick in einen Heuschober oder eine Gartenlaube und konnten auf diese Weise einige «Gestreifte» auflesen, die sich dort verborgen gehalten hatten.

Wir fanden Geflüchtete an den unmöglichsten Stellen. Eines Morgens, noch ganz früh, sahen Ostarbeiterinnen, die auf einem Bauernhof arbeiteten, daß der Hofhund traurig um seine Hütte schlich und gekränkt winselte. Sie schauten nach, und richtig, in der Hundehütte saß ein «Gestreifter». Die Mädchen brachten ihn zu uns, wobei sie sich vor Lachen schüttelten. Dem Burschen war ganz anders zumute. Nachts führten wir «unsere Gefangenen» in kleinen Gruppen in die Kölner Katakomben.

Unweit der Stelle, wo der Bauzug stand, sahen wir ein plattgedrücktes, löchriges Faß aus Eisenblech, das sich in die Erde gebohrt hatte. Das war also die Erklärung unseres nächtlichen Schreckens. Ich erinnerte mich, daß mir jemand von der Wirkung solcher durchlöcherter Fässer, die von Flugzeugen abgeworfen wurden, erzählt hatte. Ganz offensichtlich hatte ein solches «Geschoß» mit seinem unnatürlichen Gejaule auf uns eine ähnliche Wirkung wie Gewehrsalven auf die Indianer.

Eines schönen Tages, Kolja und ich radelten wieder einmal durch die Gegend, wobei wir uns rein äußerlich nicht von Deutschen unterschieden, kamen uns zwei Eisenbahner entgegen. Als wir an ihnen vorbeifuhren, kamen sie mir in ihrer Eisenbahneruniform doch sehr jung vor. Ich drehte um, überholte sie, blieb stehen und dachte – die kenne ich doch! Ich nahm Hut und Brille ab, und schon stürzten sich beide auf mich: «Saschka! Wir dachten schon, dich nie zu finden. Die Mädchen haben uns den Weg zu dir gezeigt, aber wir haben uns verirrt, zwei Tage schon sind wir unterwegs.» Es handelte sich um Senja Jegupow aus Woroschilowgrad und Wanja Semljanoi aus dem Gebiet von Dnepropetrowsk, beide fünfzehn Jahre alt, beide aus Buchenwald.

Am frühen Morgen brachte ich die nächsten sechs Flüchtlinge in die Katakomben. Zu dieser Sechsergruppe gehörten unter anderem Senja Jegupow, Wassiliok, ein baumstarker Jugoslawe, an dessen Namen ich mich nicht erinnere, und Tolja, ein kräftiges Bürschchen, Sohn des Direktors eines großen Kiewer Betriebes, wie er nicht ohne Stolz erwähnte. Es war merkwürdig, niemand erwartete uns. Ich tastete mich zur Lampe, zündete sie an, zeigte den anderen, wo Lebensmittel und Wasser zu finden waren, wo sich der Notausgang befand und was sie sonst wissen mußten.

«Unter solchen Bedingungen haust man hier also», rief Tolja mit sichtlichem Unbehagen aus, und ich bedauerte bereits, ihn mitgenommen zu haben, er würde uns bestimmt zur Last fallen. Die Jungs waren hundemüde; ich gab dem Jugoslawen als dem kräftigsten unter ihnen ein Messer, teilte Tolja als ersten Wachdienst ein, und wir hauten uns aufs Ohr. Nach zwei Stunden sollte mich Tolja wecken, ich überließ ihm deshalb meine Uhr. Ich schlief unruhig, meine Sinne waren geschärft, und ich hörte im Halbschlaf unklare Geräusche hinter der Tür, wohl die Ratten, dachte ich. Doch plötzlich ging die Tür auf, die Strahlen von Taschenlampen blendeten mich, und im Nu war ich hellwach. Über mir standen Leute, die offenbar ebenso verwirrt waren wie wir, sie hatten nicht damit gerechnet, uns hier, am Boden liegend, anzutreffen. Nachdem sie sich gefaßt hatten, riefen sie: «Aufstehn! Hände hoch! Raus!»

Alles kam in Bewegung, die Jungs sprangen auf und versuchten auszuweichen. Auch ich sprang auf. Ich stand direkt vor der Maueröffnung, die mit einer Matratze verstopft war, und sah die flehend auf mich gerichteten Augen Senjas, die gleichzeitig auf den Durchschlupf wiesen. Da nahm ich mit beiden Händen meinen Regenmantel, so als ob ich ihn mir überwerfen wollte, wodurch es mir gelang, die Wandöffnung für einen Augenblick vor den Augen der Eindringlinge zu verbergen. Erst jetzt konnte ich in der Dunkelheit unterscheiden, daß sie, mit Ausnahme zweier Personen in Schupouniform, in Zivil waren. In der Ecke stand Tolja mit erhobenen Händen. Bei der Bewegung, die ich vollführt hatte, riß einer der Zivilen seinen Arm nach oben. Im gleichen Augenblick sah ich zwischen ihm und mir einen Schatten, es war Wassiliok. Ein Schuß fiel, und Wassiliok brach zusammen. Inzwischen konnte ich meinen Browning ziehen, entsichern und zwei Schüsse auf den mich bedrohenden Zivilen abgeben. Dann rutschte ich durch den Unterschlupf hinter mir; die Matratze war bereits herausgestoßen, sie lag draußen, und ich landete weich.

Ich schoß noch einmal in das Loch und rannte dann, meinen Mantel in der anderen Hand, in die Finsternis. Ich wußte, daß an der nächsten Ecke in der Wand eine Türklappe vorhanden war, die entweder zum Rauchabzugskanal oder zum Belüftungsschacht führte. Ich kroch in die schmale Nische und schloß die Klappe. Kurz darauf eilige Schritte, erneut Schreie: «Halt! Halt!» Mehrere Schüsse, dann wurde es still.

Nachdem etwa zwei Stunden vergangen waren, wagte ich mich aus meinem Versteck hervor. Finsternis, Stille. Auf Zehenspitzen legte ich den Weg zum Schlupfloch zurück, aus dem ein heller Schein fiel, und lugte vorsichtig hinein. Die Lampe flackerte auf ihrem Platz einsam vor sich hin und verbreitete ein trübes Licht in dem verlassenen Raum. Die Matratzen waren zu einem Haufen zusammengeworfen, neben dem Schlupfloch entdeckte ich eine Blutlache, zwei Meter weiter noch eine. Von dort führte eine Spur zur Treppe.

Aus der Tasche meines Mantels zog ich die wie ein Wunder heil gebliebene Taschenlampe heraus und lief durch die Gänge, wobei ich den Lichtstrahl mit der Hand vorsichtig abschirmte. Zuerst begann ich leise, dann immer lauter zu rufen: «He, ist da jemand, wer ist da?»

Der ganze Keller war wie ausgestorben. Ich kehrte zum Schlupfloch zurück, kletterte in den Raum, fand meinen Hut und entdeckte unter einer der Matratzen das Messer. Das war alles.

Über die Treppe wollte ich das Versteck nicht verlassen, also kroch ich wieder durch das Schlupfloch und gelangte dann zu einem anderen Ausgang. Ich klopfte mir den Staub vom Anzug, brachte meine Schuhe auf Hochglanz, setzte die Brille auf und spähte vorsichtig nach draußen. Ringsum die Skelette ausgebombter Häuser. Ein Stück weiter, etwa da, wo die Treppe in die Katakomben führte, stand ein Typ im Regenmantel, stützte sich an eine Wand und las Zeitung. Ich paßte einen geeigneten Zeitpunkt ab, ging hinaus und vorbei an diesem Typ, gefaßt auf ein schreckliches «Halt!», woraufhin ich sofort meine Pistole ziehen würde. Der Mann blickte zerstreut von seiner Zeitung auf, sah mich an und vertiefte sich erneut in seine Lektüre. Ob er ein Spitzel war oder nicht, er hatte eindeutig niemanden in dieser Aufmachung erwartet. Ich lief kreuz und quer durch mehrere Gäßchen, und nachdem ich mich davon überzeugt hatte, daß mir niemand folgte, machte ich mich auf den Weg zum Gartenhäuschen unseres Verbindungsmannes. Um jeden Preis mußte dringend Warnung gegeben werden, daß das Versteck aufgeflogen war, bevor es zu einer Falle für die Kumpels werden konnte.

«Verdammt», sagte der Verbindungsmann und schüttelte den Kopf. «Schon vorgestern ist dieser Unterschlupf aufgeflogen, die Jungs mußten ganz schnell umquartiert werden. Sie haben es einfach nicht geschafft, euch rechtzeitig zu informieren.»

Bis zum Abend blieb ich bei ihm, und erst nach Einbruch der Dunkelheit machte ich mich auf nach Hermülheim. Mir war traurig zumute. Den Kaisersaal erreichte ich gegen 21 Uhr. Ich schritt ringsum alles ab, um zu überprüfen, ob nicht ein Hinterhalt gelegt war, aber alles war ruhig. Ich pirschte mich an eines der Fenster: von drinnen gleichförmiges Stimmengewirr. Vorsichtig öffnete ich die Tür und sah die Jungs am Tisch stehen, sie waren gerade dabei, die Verpflegung auszuteilen. Das Geräusch der hinter mir zuschlagenden Tür ließ alle in meine Richtung blicken.

«Er ist da, hurra», rief Senja außer sich. «Leute, ich hab euch doch gesagt, daß Alex nicht gefaßt wird.»

Aber wie kam Senja hierher? Er hatte die Gelegenheit beim Schopf gepackt: Als ich mit meinem Mantel herumwedelte, hatte er die Matratze herausgeschlagen und war ins Schlupfloch getaucht. Versteckt hatte er sich zwischen den Heizungsbehältern.

«Ich hab's euch doch gesagt, daß er davonkommt. Alex gehört nicht zu denen, die schlappmachen», hörte ich Senja Jegupow immer wieder sagen. Ja, ich konnte entkommen, doch um welchen Preis?

Obwohl seither Jahrzehnte vergangen sind, lastet dieses Erlebnis noch immer wie ein schwerer Stein auf meiner Seele. Ich klage mich selbst an für den Tod von Wassiliok, für das tragische Ende der ganzen Gruppe, aber mehr noch wegen meines Kleinmuts, der sich so armselig ausnimmt gegenüber Wassilioks Tat. Indem Wassiliok um den Preis seines eigenen Lebens das meine rettete, habe ich Schuld auf mich geladen. Auch wenn der Krieg nach anderen Gesetzen richtet, so ist doch durch ein solches Opfer das ungeheure Gleichgewicht des Lebens auf immer zerstört.[28]

Im Kaisersaal waren alle vorgewarnt. Wenn die Meister oder irgendein Fremder nach dem «Dolmetscher Saschka» fragen sollte, dann würden alle antworten, daß so einer mal hier gewesen, aber seit einigen Tagen verschwunden sei.

Auch der zweite und dritte Tag nach dem Vorfall verliefen ruhig. Offenbar war es der Gestapo nicht gelungen, die Adresse von Hermühlheim aus den Jungen herauszupressen. Prima Kerle! Sollte sich sogar der Weichling Tolja als standhaft erwiesen haben? Unsere Angespanntheit ließ nach.

Am vierten Abend saßen Nikolai-«Amerika» und ich am Tisch, mit dem Gesicht zur Tür am anderen Ende des Saales. Uns gegenüber, mit dem Rücken zur Tür, hatten sich Foma und einige andere Kumpel niedergelassen. Foma hatte sich den Spitznamen «Fingerlos» eingehandelt, denn an einer Hand fehlten ihm mit Ausnahme des Daumens alle Finger. Er war ein schmächtiges Kerlchen mit einem Pfannkuchengesicht, das besonders flach erschien, wenn er seine Baskenmütze trug. Immer wieder bat er hartnäckig darum, in eine Katakombe mitgenommen zu werden. Auch jetzt ging es um diesen Punkt.

«Wohin soll ich dich schon mitnehmen?» fragte ich ihn herausfordernd. «Du bist nicht kräftig und hast nicht einmal Finger. Das Leben in den Kellern ist kein Zuckerschlecken, wie du dir das vorstellst. Heute gibt es was zu futtern, morgen kannst du die Zähne beiseite legen. Heute lebendig, morgen – wer weiß! Auch Schießen mußt du, aber ohne Finger, so wie du?» Mit solchen und ähnlichen Argumenten versuchte ich, Foma davon abzubringen, sich den Unbilden und dem Risiko auszusetzen. «Du leidest doch hier nichts, weder Hunger noch Prügel, lebst ruhig, und der Krieg ist auch bald zu Ende!» Ich war in der Tat davon überzeugt, daß es für die Ostarbeiter besser war, sich nicht in den Kampf zu stürzen, sondern abzuwarten. Anders als die geflohenen KZ-Häftlinge, für die es keinen anderen Ausweg gab, hatten die Ostarbeiter nicht täglich den Tod vor Augen.

So ging es angeregt hin und her, als plötzlich ein kalter Luftzug vom Hof hereinwehte. Alle blickten zur Tür und erstarrten: Mehrere Männer in Zivil standen im Raum, insgesamt acht, die Hände in den Taschen.

«Wer ist hier der Dolmetscher Saschka?»

Das war's wohl, schoß es mir durch den Kopf, jetzt haben sie mich. Mein Herz klopfte, und ich überlegte fieberhaft, was zu tun sei.

«Saschka, der Dolmetscher?» platzte eines der Mädchen heraus, die an diesem Abend zu Gast waren, und blickte automatisch in unsere Richtung, biß sich jedoch auf die Lippen. Foma warf dem Mädchen einen bösen Blick zu, erhob sich ganz ruhig, schaute auf mich, lächelte und ging zu den Gestapoleuten. Daß es sich um Gestapoleute handelte, daran bestand kein Zweifel.

«Saschka, der Dolmetscher?» hörte ich Foma gedehnt und mit lauter Stimme sagen, halb fragend, halb wie zu sich selbst gesprochen, wobei er an einen der Männer herantrat und unbefangen äußerte: «Bitte um Kippe!» Dabei tat er so, als ob er niemals mit einer Ablehnung rechnen würde, und streckte seine Hand vor.

«Was macht er da, er raucht doch gar nicht?» dachte ich bei mir selbst.

Die Gestapoleute stürzten sich einträchtig auf Foma, drehten ihm seine Arme auf den Rücken und legten ihm klirrend Handschellen an. Dann verschwand die ganze Bande so unversehens, wie sie gekommen war.

Eine Stunde später führten mich Nikolai und sein alter Freund Grischa aus Poltawa, ein ehemaliger Journalist, der ebenfalls aus unserem Bauzug geflohen war, auf irgendeinen verlassenen Speicher. Direkt unter den Dachsparren waren Bretter ausgelegt, offenbar zum Trocknen.

«Kriech rauf. In Hermülheim kannst du nicht mehr bleiben. Sobald wir wissen, was mit dir werden soll, holen wir dich. Bis dahin rührst du dich nicht von der Stelle.»

Unseren Foma mußten wir nicht lange beweinen, nach drei Tagen tauchte er wieder auf. Nikolai berichtete: «Wir trauten unseren Augen nicht. Hinkend, voller blauer Flecken, wie ein geprügelter Hund, die Schnauze so geschwollen, daß er vom Vollmond nicht mehr zu unterscheiden war – ein schrecklicher Anblick. Doch Foma strahlte übers ganze Gesicht: ‹So, Leute, hier bin ich wieder. War doch zu was nütze.›»

Man hatte den armen Kerl in die Kölner Gestapoleitstelle gebracht, bald herausgefunden, daß man den falschen erwischt hatte, und ihn unter fürchterlichen Schlägen immer wieder gefragt, weshalb er sich für Saschka ausgegeben habe. Doch Foma schwor Stein und Bein, daß dies nicht stimme. Er habe nur nachgefragt, weil er berichten wollte, daß dieser Saschka sich vor drei Tagen aus dem Staub gemacht habe. Er habe lediglich um eine Zigarette gebeten, aber ehe er sich versah, habe man ihn gefesselt und zum Auto gezerrt. Nach drei Tagen verpaßten sie ihm einen Tritt in den Hintern und setzten ihn auf die Straße.

In Köln, fuhr Nikolai fort, habe jetzt ein regelrechtes Gemetzel eingesetzt. Auch für die anderen sei es Zeit, zu verduften. «Wir schicken dir morgen zwei Jungs, etwas jünger und weniger kräftig, dann setzt ihr euch in den Zug und fahrt nach Koblenz. Dort ist es jetzt gemütlicher. Ihr sucht für uns Unterkünfte, und in etwa sechs Tagen kommen wir nach.»

Am nächsten Morgen stiegen zwei Ostarbeiter in Begleitung

eines hochgewachsenen, gut gekleideten Nazis mit goldenem Parteiabzeichen in einen Arbeitszug; es sah so aus, als ob er seine Arbeiter zu irgendeinem Einsatzort bringe. Die beiden Arbeiter waren Senja Jegupow und der fünfzehnjährige Wanja Semljanoi. Kurz vor Koblenz-Lützel sprangen wir ab.

Ohne Schwierigkeiten konnten wir hier die gleiche Methode der «Legalisierung» wie in Hermühlheim anwenden. Wir machten Ostarbeiter ausfindig, die in der Nähe im Einsatz waren, quartierten uns in ihrem Lager ein und begannen gemeinsam mit ihnen zur Arbeit zu gehen, wofür wir auch wieder Verpflegung erhielten.

Wir waren zwei Tage in Koblenz, als durch einen massiven Luftangriff der Alliierten die Eisenbahnverbindung zwischen Koblenz und Köln vollständig zerstört wurde. So zerriß auch unsere Verbindung mit Köln. Was aus Nikolai-«Amerika», Grischa-«Poltawa», Gena-«Taschkent», Iwan-«Moskwa», Foma-«Fingerlos» und allen anderen geworden ist, habe ich nie erfahren. Trotz aller Recherchen, die ich angestellt habe, konnte ich bis heute keine Auskunft erhalten, fast alle Spuren in die Katakomben von Köln sind verwischt.[29]

Koblenz liegt an der Mündung der Mosel in den Rhein, der Stadtteil Lützel am linken Moselufer ist durch eine Brücke mit der Stadt verbunden. Diese Brücke war ebenso wie die Brücke über den Rhein durch massive Bombardierungen zerlöchert wie ein Sieb. Die Löcher wurden mit dicken Brettern oder Stahlblechen notdürftig geflickt, und so waren die Brücken – mit gewisser Vorsicht – weiterhin benutzbar.

Durch einen Bombenteppich war der Bahnhof Lützel vollständig zerstört. Auf Gleisstümpfen standen wie angeschweißt die Waggons, zwischen den Ruinen türmten sich Berge von Kohlenbriketts. Neben Ostarbeitern waren zur Räumung auch Italiener eingesetzt, die man nach dem Umsturz zu Hause entwaffnet hatte und die nun «in Gefangenschaft» waren. Die deutschen Wachmannschaften verhielten sich ihnen gegenüber herablassend und spöttisch: «Ach, ihr italienischen Makkaroni!» Die Italiener hatten sich mit ihrem Schicksal als Kriegsgefangene abgefunden; es stimmte sie keineswegs traurig, schließlich war das Ende des Krieges abzusehen, und sie waren von der Pflicht entbunden, sich in nutzlosem Blutvergießen erschießen zu lassen.

Der Bahnhof lag rechts der Straße, die zur Moselbrücke führte, links davon standen Kasernen. In eines der Gebäude hatte eine Bombe eingeschlagen und den Giebel zerstört. Hinter einer Pyramide von Gesteinstrümmern hatte sich ein von außen nicht einsehbarer schmaler Spalt gebildet, durch den man über eine abschüssige Trümmer- und Müllfläche in den völlig intakten, aus mehreren Räumen bestehenden Keller gelangen konnte. Der Keller diente offensichtlich als Lager; es fanden sich dort Stapel von Matratzen, zerlegte Doppelstockbetten, mehrere Kanonenöfen und anderes mehr. Wir «sicherten» den Zugang, indem wir über dem Spalt einen 25 kg schweren Betonbrocken so anbrachten, daß ein Unkundiger, der durch das Schlupfloch hindurch wollte, die «Mine» auf den Kopf bekam. Unsere Falle hat zweimal erfolgreich funktioniert.

In den Gebäuden ringsherum war deutsche Infanterie untergebracht: Konnte es einen besseren Schutz geben? Wem wäre es schon in den Sinn gekommen, daß unter den Füßen deutscher Soldaten ein Grüppchen Bewaffneter ein ordentliches Dach gefunden hatte?

Natürlich vergaßen wir nicht, uns um die Einrichtung von Notausgängen zu kümmern. Wir sägten die Gitterstäbe ab, die in die Fensteröffnungen eingemauert waren, so daß die Gitter im Notfall einfach herauszunehmen waren. Zu den Fensteröffnungen legten wir ein paar Stufen, so daß wir schnell und mühelos unseren Unterschlupf verlassen konnten. Ein Ofenrohr führten wir in den Rauchabzugskanal. Da es kalt war, heizten auch die Soldaten über uns, so daß uns der Rauch nicht verriet. Um vor Eindringlingen rechtzeitig gewarnt zu sein, installierten wir ein ausgeklügeltes System aus Marmeladenbüchsen.

Am Himmel waren immerfort alliierte Bombergeschwader zu sehen, die nach Deutschland hineinflogen oder von dort zurückkehrten. Sie vergaßen natürlich nicht, von Zeit zu Zeit einen Teil ihrer Fracht auch auf Koblenz und Umgebung zu werfen. Schon lange ließen sich keine deutschen Flugzeuge mehr blicken. Einziger Schutz waren außer den spärlichen Fliegerabwehrgeschützen ein paar Ballons und Fässer mit Nebelsäure. Sie wurden bedient von sowjetischen Kriegsgefangenen, die man in Uniformen der Luftwaffe gesteckt hatte und mit Wehrmachtrationen versorgte. Sie hausten zu sechst oder acht in Zelten, die in der Nähe ihrer «Aggregate» aufgestellt worden waren.

Künstlicher Nebel, was konnte der schon ausrichten? Konnte man etwa die Stadt verbergen, wenn Rhein und Mosel sowie die Eisenbahngleise für die Flieger ausgezeichnete Koordinaten abgaben? Offenbar lag den Deutschen in erster Linie an der Rettung der Brücken, die, wie beschädigt sie auch waren, weiterhin ihren Dienst versahen. Koblenz selbst, wo sich keine lohnenden militärischen Objekte befanden, wenn man von «unserer» Kaserne absah, konnte die Alliierten eigentlich nicht interessieren. Ihre Bombardements zielten darauf ab, alle zur Front führenden Verbindungswege endgültig zu zerstören.

Ostarbeiter, die aus frontnahen Gegenden geflüchtet waren, berichteten uns, daß die Deutschen fast keine Munition mehr hätten. Die gängigste Waffe seien inzwischen Hacke und Schaufel. Ein Teil sitze in den Schützengräben und schieße ab und zu, während der andere Teil zusammen mit dem «Volkssturm» und Ostarbeitern fünf Kilometer weiter im Hinterland mit dem Ausheben neuer Gräben beschäftigt sie. Die Amerikaner hätten es allerdings nicht eilig. Erst wenn sie alles ohne Unterlaß bombardiert und auch die letzten leeren Schützengräben plattgewalzt hätten, rückten sie vor. Aber immer nur den zurückweichenden Deutschen hinterher, nicht weiter. Das Leben ihrer Soldaten sei ihnen teuer.

In einer der letzten Februarnächte, wir durchstreiften gerade einen nahegelegenen Wald, sahen wir durch die Bäume den

Schein eines offenen Feuers. Vorsichtig pirschten wir uns heran. Erregte Stimmen, Wortfetzen waren zu unterscheiden. Es schien uns, als ob die deutschen Schimpfworte mit russischen Beschimpfungen vermischt waren. Neugierig geworden, krochen wir so nahe wie möglich: An einem Feuer saßen sechs Mann in deutscher Felduniform, davor, mit dem Rücken zu uns, standen sechs SS-Leute. Plötzlich, wie auf Kommando, schossen die SS-Männer mit ihren Maschinenpistolen auf die Soldaten und stürzten sich dann auf deren Tornister. Verfluchte Hunde, töten und dann noch plündern! Wut packte uns, und wie rasend schossen wir fast unser ganzes Magazin leer. Wir hielten inne, nein, niemand rührte sich mehr, es war still. Einer der SS-Männer war ins Feuer gefallen, es stank widerlich nach brennender Wolle.

Zu unserer Überraschung entdeckten wir einen vierrädrigen Handwagen, auf welchem zwei leichte MGs lagen, dazu sechs volle Magazine. Es waren Waffen sowjetischer Bauart. Wie waren die bloß hierhergeraten? Unter größter Vorsicht karrten wir das Wägelchen in die Nähe unserer Kaserne, tarnten es gut mit Laub und Schnee.

Einige Tage später – es war wohl schon Anfang März – hörten wir über uns schnelle Stiefeltritte. Voller Anspannung lauschten wir, rechneten schon mit ungebetenen Gästen, doch bald wurde es wieder still. Wir konnten unsere Neugier nicht bezwingen, krochen durch den Spalt nach oben, riskierten einen Blick in den Hof. Zwei zerbrochene Wagen, ein paar kaputte Kisten und Müll, jedoch keine Menschenseele. Das war mehr als ungewöhnlich. Nach einer gewissen Zeit hielten wir es drinnen nicht länger aus und betraten den Hof. Auf allen Etagen zerschlagene Fensterscheiben: Die Kaserne war allem Anschein nach aufgegeben worden, und wir waren hier nun die alleinigen Herren.

An diesem Tag ereignete sich noch ein weiteres Wunder.

Kasernen sind gewissermaßen ein natürliches Ziel für feindliche Bombenangriffe, und jedesmal, wenn die Sirenen heulten, saßen wir in unserem Keller und zitterten. Es war nie etwas passiert. Jetzt, wo wir die gefährliche und unliebsame Nachbarschaft der Deutschen losgeworden waren und die Möglichkeit hatten, bei Luftangriffen das Weite zu suchen, wäre es dumm gewesen, das Schicksal herauszufordern. Überdies litt ich in diesen Tagen erneut unter Malariaanfällen, hatte Fieber, Schweißausbrüche und Schüttelfrost, so daß ich meine Kameraden bat, mich zu den russischen Luftwaffenhelfern zu bringen, die frische Luft würde mir guttun. Kaum lag ich dort auf einer Pritsche, ging das Höllenspektakel los: Alles wurde weggeblasen, die letzten Reste des Bahnhofs, die Kasernen, die Keller. Von diesem Tag an betrachteten mich meine Jungs als eine Art Wundertäter – und was, wenn nicht ein Wunder, waren alle diese Zufälle?

Wo sollten wir jetzt hin? Senja Jegupow schlug vor, die Dolmetscherin aus dem Lager der Ostarbeiter zu fragen, die bei unserer «Legalisierung» behilflich gewesen war und die – wie Senja sich ausdrückte – ein Auge auf mich geworfen hatte. Es handelte sich um eine hübsche Achtzehnjährige mit dunklem Teint; sie stammte aus Kiew, wo sie, wie sie uns erzählte, am Konservatorium studiert hatte. Jetzt wohnte sie mit ihrer Mutter in Neuendorf, ein Stück rheinaufwärts. Wir konnten es ja versuchen, dort unterzukommen.

Für die beiden Frauen war das Leben in diesen unsicheren Zeiten nicht gerade einfach, und sie empfingen uns hocherfreut, zumal da wir bewaffnet waren. Es war ein großes Haus, die Besitzer waren längst über alle Berge. Wir quartierten uns im ersten Stock ein, mit Blick auf den Rhein. Da die Gegend, wie wir aus Berichten der Ostarbeiter wußten, von Feldgendarmerie und fliegenden Standgerichten der SS durchkämmt wurde, versuchten wir uns so gut als möglich zu verschanzen. Wir stellten die Maschinengewehre an den Fenstern auf, hielten ein Dutzend Handgranaten griffbereit und waren entschlossen, falls man uns nach dem Leben trachtete, uns so teuer wie möglich zu verkaufen.

Nachts zogen mitunter kleinere deutsche Verbände zu den Brücken, ab und zu polterten auch ein paar Granatwerfer vorbei, aber nach wenigen Tagen war der Spuk vorüber, kein einziger deutscher Soldat war mehr zu sehen. In der letzten Nacht hörten wir zwei mächtige Explosionen, die Deutschen hatten hinter sich «alle Brücken abgebrochen», nämlich gesprengt. So befanden wir uns von nun an also im Niemandsland. Das dumpfe Grollen des Geschützdonners im Westen kam immer näher.

Es sollte noch einmal brenzlig werden. Am rechten Rheinufer, direkt gegenüber von uns, tauchte plötzlich eine Kolonne schwerer Zugmaschinen auf, und ehe wir uns versahen, hatten Pioniere die ersten Pontons ins Wasser gelassen, schnell und gleichmäßig erledigten sie ihre Arbeit. Die Brücke würde direkt zu uns nach Neuendorf führen, und wenn die Deutschen übersetzten, gäbe es für uns keine Chance. Verzweiflung packte uns. Ob wir sie abschrecken könnten, wenn wir in ihre Richtung mehrere MG-Garben abgeben würden, um zu beweisen, daß das diesseitige Ufer besetzt war?

Natürlich war es eine verrückte Idee, aber zum Nachdenken blieb keine Zeit. Neuendorf wirkte wie ausgestorben. Etwa einhundertfünfzig Meter von unserer Unterkunft entfernt, nahe am Ufer, stand die Kirche. Wir nahmen unsere beiden Maschinengewehre, dazu je ein Magazin und machten uns auf. Über eine steile Wendeltreppe stiegen wir den Kirchturm hinauf, setzten die Magazine auf die MGs, spannten sie, und bei «drei» drückten wir auf den Abzug, bis das ganze Magazin leergeschossen war. Erst jetzt wurde uns bewußt, daß sie uns anpeilen konnten, vielleicht schon angepeilt hatten, also nichts wie weg und nach unten!

Und was geschah am anderen Ufer? Die Deutschen packten eiligst zusammen, kletterten auf ihre LKWs und verschwanden über den Berg. So hätten wir beinahe den Krieg gewonnen, aber wie sich herausstellte, war es nicht unser Maschinengewehrfeuer gewesen, das die Deutschen in die Flucht geschlagen hatte, sondern das Heranrücken der Amerikaner, die das rechte Rheinufer jetzt unter Dauerbeschuß nahmen.

Die Amerikaner waren da! Voller Begeisterung stürmten wir nach Lützel in die Kasernen, schließlich wollten wir das Einrücken der Alliierten nicht verpassen. Wir gingen in die obere Etage eines noch unversehrten Gebäudes und schauten aus den Fenstern. Nach einiger Zeit bogen aus dem Tunnel einer Straßenunterführung drei kleine Panzer. Die weißen Sterne waren gut zu sehen. Die Panzer fuhren mit hoher Geschwindigkeit, plötzlich stoppten sie. Mehrere Einschläge auf der Chaussee zeigten an, daß sich die Deutschen auf diese Stelle offenbar eingeschossen hatten. Die Panzer legten den Rückwärtsgang ein und verschwanden so schnell, wie sie gekommen waren, wieder im Tunnel. Ausgesprochen wendig! Alle weiteren Kriegshandlungen wurden für diesen Tag eingestellt. Wir schrieben den 5. März 1945.

Am Morgen nach dem vorübergehenden Auftauchen der amerikanischen Panzer sahen wir dieselben in Lützel, gut versteckt. Die Panzerbesatzungen ließen niemanden näher heran. «Go home», hörten wir sie sagen, und sofort waren ihre automatischen Karabiner auf uns gerichtet. Was sie hier wohl vorhatten? Hinter einem der Häuser ragte ein Geschützrohr von enormer Länge heraus; es schien, als ob der Lauf gebogen sei und «um die Ecke» in Richtung Ehrenbreitstein damit geschossen werden könne. Wir schlichen uns heran. Auf dem Panzer, die Beine in die offene Luke baumeln lassend, saß ein Amerikaner mit Kopfhörern, der gelangweilt kaute (wir hatten noch nie etwas von Kaugummi gehört). Ab und zu schaute er auf seine Uhr, aha, vier Minuten waren vergangen, der Panzer gab wieder einen Schuß in Richtung Ehrenbreitstein ab. Dasselbe wiederholte sich auch bei den anderen Panzern. Was für eine langweilige Sache, soll das etwa kämpfen sein?

Was mir am meisten imponierte, war die herrlich akkurate, bequeme, schöne und saubere, wie frisch gebügelt wirkende Uniform, schmale Hosen mit Gamaschen, dazu wunderbare Schuhe mit doppelter Sohle aus Leder und aus Gummi. Damit war man vor nassen und kalten Füßen, Schnupfen und Rheuma gut geschützt.

Die Artillerie am deutschen Ufer war längst verstummt, doch der Beschuß durch die Amerikaner ging weiter. Am vierten Tag legte von Ehrenbreitstein ein kleines Boot ab, am Bug eine weiße Flagge. Das Feuer wurde eingestellt, es herrschte angespannte Stille. Nachdem das Boot in der Nähe der Kirche angelegt hatte, stieg vorsichtig und furchtsam nach allen Seiten blickend, die weiße Fahne in der Hand, ein ziemlich beleibter Deutscher aus. Ein Amerikaner ging ihm entgegen, genauso furchtsam, wie mir schien, wobei er seine Waffe auf den Parlamentär gerichtet hielt. Als er noch etwa fünf Schritte von dem Deutschen entfernt war, blieb er stehen, während der Deutsche auf die Knie fiel und anfing, herumzugestikulieren. Wie sich herausstellte, handelte es sich um den Bürgermeister von Ehrenbreitstein, der darum bat, die Zerstörung des Ortes einzustellen, da schon seit Tagen kein einziger Soldat mehr im Ort sei.

Das Feuer wurde daraufhin nicht wieder eröffnet.

Am nächsten Tag fuhr auf der anderen Rheinseite in schnellem Tempo eine lange amerikanische Panzerkolonne in südliche Richtung. Es hieß, sie hätten bei Remagen, auf halbem Wege nach Köln, den Übergang über den Rhein erzwungen und einen Brükkenkopf gebildet. So standen die Amerikaner also bereits am anderen Ufer, der Krieg war beinahe unmerklich über uns hinweggerollt.

Am Tag, als die Amerikaner auftauchten, nahm ich meinen Jungs die Waffen ab und versteckte sie auf dem Boden eines Nachbarhauses; den jüngsten meiner Gruppe, Alexander Kajdan, setzte ich als Bewacher ein. Ich hatte rechtzeitig gehandelt, denn bald tauchten überall Bekanntmachungen auf, daß unverzüglich alle Waffen abzugeben seien.

Unser Leben würde bald in ruhigere Bahnen gelangen. Auch die ehemaligen Ostarbeiter begannen sich zu sammeln und sich auf das Kriegsende vorzubereiten. Als Unterkunft dienten ihnen die Kasernen in Lützel, wo auch wir uns jetzt wieder einrichteten. Eines Tages flatterte auf einem der Kasernengebäude eine fran-

zösische Flagge, Franzosen waren da! Die roten Bommeln an ihren
Mützen schienen mir seit eh und je vertraut, wie ein Gruß aus der
Heimat, und ich sprach sie an: Hat einer von ihnen etwas von
Michel gehört? Von Renée? Wie sah es in Paris aus?

Man schickte mich zum Kommandeur, einem großgewachse-
nen, bärtigen Leutnant. Er wußte manches, erinnerte sich an vieles, doch wer kann sich schon an alles erinnern nach so vielen
überstandenen Kämpfen?

Der Leutnant ermunterte mich: «Der Krieg ist bald zu Ende,
Leute wie du, die so viel erlebt haben, werden jetzt überall gebraucht. Schau doch nur auf die Straße, aus allen Himmelsrich-
tungen kehren die Menschen jetzt zurück, Kriegsgefangene,
Fremdarbeiter, Leute, die der Krieg irgendwohin verschlagen hat.
Ich war zweimal in Paris und habe erlebt, wie sie dort empfangen
werden, sie ertrinken in Blumen. Leute wie ihr seid jetzt die Helden der Nation.»

Tatsächlich zogen täglich kleine Grüppchen mit Handwagen
oder auch Gespannen westwärts. Koffer, Bündel, Säcke, selbst
Ferkel und Geflügel, alles führten sie mit sich, und oben auf den
Wagen flatterte stolz eine selbstgenähte Trikolore. Die meisten
trugen ordentliche Kleidung und gutes Schuhwerk, sie lachten
und sangen und ließen sich durch nichts und niemanden aufhal-
ten. Was waren sie doch für Glückspilze!

Paris, Renée, Vicky, Christian, das war auch für mich verlok-
kend. Die Freunde würden mir helfen, Arbeit zu finden, ich
könnte mein Medizinstudium an der Sorbonne weiterführen,
einen glänzenden Abschluß machen, ein berühmter Chirurg werden! An Selbstvertrauen mangelte es mir nicht, aber irgendwie
fühlte ich mich unbehaglich bei dem Gedanken an eine bürgerliche
Existenz. Die Kriegsjahre hatten mich in einer Weise gefordert,
daß ich jetzt gegen Ende fast geneigt war, von glücklichen Jahren
zu sprechen. Die Zukunft, was immer sie bringen mochte,
schmeckte ein wenig schal. Und was würde aus den Jungen werden, die sich mir anvertraut hatten?

Ich sollte mein Herz sprechen lassen, meinte der Leutnant zum Abschied, und so entschied ich mich zu bleiben – in *meiner* Familie. Aber wo sollten wir unsere Zelte aufschlagen? Noch tobte der Krieg, noch wußte keiner, wie es hinter der anderen Front, im Osten Europas, aussah. Immer wieder nahmen wir uns die Karte Europas vor und versuchten uns ein Fleckchen Erde auszumalen, wo es sich leben ließ. Nach reiflicher Überlegung stand unsere Route fest: zuerst nach Marseille und von dort, sobald wieder Schiffe im Mittelmeer fuhren, nach Odessa. Das Schwarze Meer war für viele von uns ein Kindheitstraum.

Wir scheiterten kläglich. Zwar gelang es uns, einen Wehrmacht-LKW zu erbeuten, aber schon kurz hinter Koblenz ging uns das Benzin aus. Als wir uns an einen US-Divisionsstab wandten und um ein paar Kanister Benzin baten, wurden wir kurzerhand verhaftet. Wir nahmen dies als schlechtes Omen und trollten uns zurück nach Lützel.

Die Kasernen füllten sich immer mehr mit Ostarbeitern und ehemaligen sowjetischen Kriegsgefangenen. Die Verpflegung bereitete keine Schwierigkeiten, denn auf vielen Feldern waren Kartoffeln, Kraut, Steckrüben, Zuckerrüben, Möhren und rote Rüben nicht abgeerntet worden. Häufig fuhren auch LKW-Kolonnen mit Armeeverpflegung vorbei, und gutmütige Fahrer, insbesondere Schwarze, warfen uns ab und zu eine Kiste mit Konserven herunter. Viele von uns hatten noch nie von Schwarzen gehört, geschweige denn welche gesehen, und sie betrachteten sie deshalb mit unverhohlener Neugier. Eines Tages hatte sich ein Brasilianer bei uns ein wenig ausgeruht; anschließend wollte er sich waschen und bat um ein Handtuch. Niemand getraute sich, ihm seine Bitte abzuschlagen, aber ein wenig unangenehm war es doch. Als der Schwarze mit dem Waschen fertig war, betrachteten alle ungläubig das Handtuch und fragten sich, warum es wohl weiß geblieben war.

Alles in allem waren die Amerikaner doch seltsame Leute! Auch ihre Art, sich zu zerstreuen, war merkwürdig. Mehrere Male sah ich, wie sie auf «erbeuteten» Fahrrädern umherfuhren und dabei einen ohrenbetäubenden Lärm verursachten, da sie nur auf den Felgen fuhren. Sie fanden das ziemlich spaßig. Dann entdeckten sie einen deutschen LKW. Sie schleppten ihn zu einem steilen Abhang, einer setzte sich ans Steuer, die anderen schoben, und als das Fahrzeug in Fahrt geriet, sprang der Fahrer im letzten Moment ab. Dann wurde der LKW wieder hinaufgeschleppt, ein anderer setzte sich hinein, und alles begann von vorn. Das wurde so lange weitergetrieben, bis von dem Wagen nur noch Schrott übrigblieb. Ich, der ich immer eine Neigung zur Technik hatte, empfand dies als Barbarei. Und wohin hätten wir mit diesem LKW nicht fahren können!

«Saschka, Saschka, Pawel hat Mischa erschossen! Komm schnell!» Meine Jungs waren aufgeregt wie selten zuvor. Daß es wegen Mischa noch Ärger geben würde, hatte ich befürchtet, und wahrscheinlich konnte ich Pawel nicht einmal einen Vorwurf machen. Das Ganze kam so:

Mischa, genannt «Moskwitsch», war eine Zeitlang meine rechte Hand gewesen. Er war Ende Zwanzig, älter und vernünftiger als die anderen, deshalb hatte ich ihn als Nachfolger ausersehen, falls mir etwas zustoßen sollte. Er war Moskauer und hatte vor dem Krieg, wie er sagte, als Fahrer oder gar als Taxifahrer gearbeitet. Vor einem Monat, als wir noch im Keller der Kaserne lebten und fürchten mußten, daß unser Unterschlupf jeden Tag auffliegen konnte, hatte ich Michail auf die Rheininsel geschickt mit dem Auftrag, die Bauern dort zu fragen, ob sie uns als «Saisonarbeiter» einstellen wollten. Als die Situation in unserem Keller immer brenzliger wurde und wir von Mischa nichts hörten, machten wir uns nach zehn Tagen auf den Weg und setzten über den Rhein. Mischa verdingte sich als Kuhhirt und ließ es sich gutgehen. Nachdem er uns mit Milch bewirtet hatte, gestand er, bei den Bauern noch kein Wort über uns verloren zu haben. Im übrigen sei unser «Besuch» nicht opportun, er müsse uns bitten, die Insel umgehend wieder zu verlassen, um ihn bei den Bauern nicht in Verlegenheit zu bringen.

Die Jungs waren empört. Nach den Maßstäben der Zeit war Michails Verhalten Verrat, und wir waren uns einig, ihn dafür zu bestrafen. Doch dies war vor einem Monat gewesen, als unser aller Leben an einem seidenen Faden hing. Jetzt hatten wir eine völlig andere Situation, weshalb an alte Geschichten rühren? Michail dachte wohl ähnlich, und kaum hatten die Amerikaner am Rhein das Heft in der Hand, kehrte er schleunigst zu seinen alten Freunden zurück. Pawel hat wohl keine Sekunde gezögert, sich aus unserem Depot eine Pistole geholt und geschossen. Konnte man ihn deswegen verurteilen?

Er hatte nach Kriegsrecht gehandelt, in unserem Sinn, so wie wir es zwei, drei Tage vorher ohne zu zögern für richtig befunden hätten. Aber jetzt war der Krieg für uns vorbei, es galten wieder die alten Gesetze, nach denen Pawel sich vor einem Gericht für seine Tat verantworten mußte. Pawel aber war in selbiger Nacht verschwunden. Er war nicht in der Lage gewesen, sich innerhalb weniger Stunden auf die neue Situation einzustellen, er schoß noch im alten Glauben an die Gerechtigkeit des Krieges, aber er ahnte, daß man ihn dafür zur Rechenschaft ziehen würde, und dieses Risiko war ihm zu hoch. Wie sein weiteres Schicksal verlaufen sein mag, ist mir nicht bekannt.

Ende April brachten die Amerikaner alle Russen aus Lützel über den Rhein und richteten in den Kasernen von Limburg ein großes Lager für die Verschleppten des Krieges ein, sogenannte «Displaced Persons (DP)». Auch wir wurden dorthin gebracht. In unseren Habseligkeiten versteckten wir ein paar Pistolen und Eierhandgranaten – wer weiß, dachten wir, wozu uns die noch einmal nutzen.

In Limburg erlebten wir dann den großen Tag, der für mich einer der bittersten werden sollte.

Es war die Nacht vom 7. auf den 8. Mai. Ich erinnere mich genau, wir saßen am Tisch, schlafen wollte niemand, wir feierten irgendeinen Geburts- oder Namenstag, und wie das zu Kriegszeiten üblich war, gab es auch reichlich geistige Getränke. Der Alkohol trug sicher zu meiner Verzweiflung bei. Noch sangen wir, erzählten uns Witze, riefen uns die eine oder andere Begebenheit ins Gedächtnis. Plötzlich drangen aus den Lautsprechern feierlich vorgetragene Worte, die uns zutiefst erschütterten: «In diesen Minuten wird im alliierten Hauptquartier in Reims die bedingungslose Kapitulation Deutschlands unterzeichnet, die am 9. Mai ab Mitternacht in Kraft tritt. Der Krieg in Europa ist zu Ende.»

So die in mehreren Sprachen verlesene Meldung. Was sich anschließend ereignete, daran kann ich mich nur dunkel erinnern. Es trat eine Totenstille ein, die ein, zwei Minuten gedauert haben mag, alle sahen schweigend und fassungslos einander an. Dann ergoß sich ein gigantisches Getöse, alle begannen zu tanzen, sich zu umarmen, zu küssen. All das drang jedoch kaum zu mir durch, erreichte mich in meiner Benommenheit nicht, lag wie hinter Schleiern. Es überkam mich eine Art Bewußtseinstrübung über der einen bangen Frage, was nun werden sollte. Ja, was sollte werden, wie wollte ich mein Leben gestalten?

Zum ersten Mal mußte ich mir eingestehen, daß ich zu nichts taugte, keinen Weg vor mir sah und kein Ziel. Das ferne Feuer, das mir früher oft den Weg gewiesen hatte, war erloschen, alles lag in völliger Finsternis. Der Krieg, der Tod, das war mein Geschäft gewesen, an nichts anderes zu denken als an den Kampf, fieberhaft nach Auswegen zu suchen, das hatte mich immer wieder herausgerissen. Ich war in steter Bereitschaft, befand mich in ständiger Anspannung, wußte immer, vor mir steht der Feind, also muß ich ihn töten. Alle Gedanken waren darauf ausgerichtet gewesen. Den Feind aber gab es nun nicht mehr. Leere überkam mich.

Mein Vater hatte mir einmal gesagt, das Ideal des Menschen sei ein Lichtpunkt, dem man zustrebe, ohne ihn jemals zu erreichen, denn das Ideal sei etwas unerreichbar Vollkommenes. Hat sich der

Mensch jedoch ein falsches Ideal gewählt, dann drohen ihm Chaos und Armseligkeit im Moment, wo das Ideal zerplatzt. Dieser Zustand war offenbar bei mir eingetreten; mein Ideal war gewesen, mich zur Wehr zu setzen, zurückzuschlagen bis zum Sieg. Doch der Sieg war ohne mein Zutun erkämpft worden, der Krieg erwies sich als eine einzige große Seifenblase. Das hatte ich nun von meinem Heldentum.

Ich erinnere mich dunkel. Ich ging in den Hof, um das Haus herum, lud meine Parabellum durch. «Saschka», schrie jemand und riß mir die Pistole aus der Hand. Da standen sie rings um mich herum, Wanja, Wasja, Fedja und ein paar von den andern. «Sich einfach davonzustehlen, so geht das nicht. Auf dir ruht unsere ganze Hoffnung. Was sollen wir denn ohne dich?»

Das war wie Balsam, meine Augen wurden feucht, und ich war stolz, Freunde zu haben, die mich brauchten. Stolz und unsäglich glücklich.

Suum cuique

Es war ein herrlicher sonniger Tag im Juli 1945. In unserem Sammellager in Limburg war eine lange Kolonne von Fahrzeugen der Marken Studebaker und Dodge vorgefahren. Wir hatten uns entschlossen, zu den Unseren in die Sowjetische Besatzungszone zu fahren. Die amerikanischen Fahrer waren uns behilflich beim Aufladen unserer Habseligkeiten und beim Aufsitzen auf den LKWs. Ich hatte das Glück, im Fahrerhaus bei einem immerfort lächelnden Fahrer Platz zu finden und mich an seiner rasanten Fahrweise zu ergötzen.

In wenigen Stunden erreichten wir bei Torgau die Elbe und überquerten sie. Die Jungen waren begeistert, endlich bei den eigenen Leuten! Quer über die Straße waren rote Transparente gespannt. «Ruhm den Siegern!», «Gerühmt sei unsere Infanterie!», «Ruhm unseren Panzertruppen!», «Ruhm...», immer wieder Ruhm, Ruhm. Soviel Eitelkeit, dachte ich, und heute fallen mir die Verse von Alexander Blok ein:

> Das Mütterchen kann und kann nicht begreifen,
> Warum so viel Stoff,
> Solch ein mächtiger Streifen
> Über der Straße hängt.
> Sie schüttelt den Kopf und denkt:
> «Viele Fußlappen wärens für unsere Kleinen,
> Die vor Kälte weinen...»

Auf einer großen Wiese intonierte ein Blasorchester zu unserer Ankunft Märsche, wir saßen ab von unseren LKWs, und die schwarzen amerikanischen Fahrer, erfreut über einen derart festlichen Empfang, zeigten lächelnd ihre schneeweißen Zähne.

Von einer mit rotem Tuch bespannten Tribüne ertönten feierliche Worte: «Wir freuen uns, euch, die ihr zur Zwangsarbeit nach Deutschland verschleppt wurdet, hier bei uns empfangen zu dürfen. Eure Qualen haben nun ein Ende. Die Heimat erwartet euch!»

«Good-bye, comrades!» riefen uns die Amerikaner zum Abschied zu, sie winkten ein letztes Mal und fuhren davon.

Dann wurde es schon ernster. Man wisse, daß einige von uns bewaffnet seien: «Wir danken euch für euren Kampf gegen den Feind, die Heimat wird euren Heldenmut zu würdigen wissen. Jetzt aber ist der Krieg für euch zu Ende, und wir fordern euch auf, eure Waffen abzugeben.»

Michail Michailik, der mit seiner Frau in Limburg zu uns gestoßen war, flüsterte mir zu: «Den kleinen Browning gib nicht ab, behalte ihn zur Erinnerung!» Wie froh war ich später, seinem Rat nicht gefolgt zu sein.

Plakate, Reden, Blaskapellen gab es hier zur Genüge, doch von Fahrzeugen oder wenigstens Gespannen war weit und breit nichts zu sehen. Mühevoll mußten wir uns mit unserem Gepäck mehrere Kilometer weit bis zum Torgauer Schloß schleppen. Dort gab es sogleich mehrere Fragebogen, die es auszufüllen galt. Ganz klar, hier wurde «gefiltert».

Nach etwa zehn Tagen gelangten wir, wiederum zu Fuß und mit allen unseren Habseligkeiten, nach Dobra, einem Ort in Sachsen. Mehr schlecht als recht untergebracht, hatten wir ab sofort die Bezeichnung «Bataillon» zu tragen. Als Kommandeur wurde uns der sowjetische Leutnant Alexander Soskow zugeteilt, der nur wenig älter war als ich. Ich wurde in seinen «Stab» beordert, meine Jungs avancierten zu «Kurieren»; sie hatten in erster Linie die Verpflegung zu verteilen und für Ordnung zu sorgen. Das Kuriose war, daß Soskow Tag und Nacht keine Ruhe gab und größte Wachsamkeit forderte. Was, so fragten wir uns, gab es eigentlich noch zu fürchten?

«Den Deutschen ist nicht zu trauen. Auch sind hier Spitzel aufgetaucht, die euch überreden wollen, nicht in die Heimat zurück-zukehren!»

Man erzählte sich, daß ein «Sonderbevollmächtigter» die Lager besuche, um Aussagen über Verräter, frühere Dorfälteste und Hilfspolizisten der Deutschen in der Sowjetunion zu sammeln. Er wolle auch herausfinden, ob sich vielleicht Spione eingeschlichen hätten. «Ein Spion könnte sich, getarnt in eurer Mitte, zu uns in die Sowjetunion einschmuggeln. Wenn euch irgend etwas auffällt – sofort Meldung machen», befahl Soskow.

Ich war fest davon überzeugt, daß weder Agitatoren noch Spione unter uns waren, aber ich mußte mich eines Besseren be-lehren lassen, denn einen «Spion» hatten wir tatsächlich unter uns, und was für einen!

Die ausgehungerten Jungs konnten sich nicht mehr zurück-halten und hatten ein kleines Schwein «requiriert». Ich muß zu-geben, daß dies nicht ohne mein Wissen und meine Mithilfe geschah. Wir verspürten keine Gewissensbisse, denn die Hitler-truppen hatten in den von ihnen besetzten Ländern ganz anders zugelangt, hatten nicht nur Schlachtvieh, sondern auch Menschen nach Deutschland transportiert. In ihrer Barbarei und ihrem Sadismus kannten sie keine Grenzen. Sollte es etwa Sünde sein, das Geraubte zurückzustehlen?

Michailik hatte Wind davon bekommen. Nach einem nächt-lichen Rundgang mit Soskow, ich hatte mich gerade hingelegt, wurde ich dringend in den Stab befohlen. Ich sah mich mehreren mir unbekannten Offizieren gegenüber, die mich feindselig an-schauten: «Weshalb hast du verheimlicht, daß du Leutnant der Abwehr warst? Wo ist dein Browning, elender Dreckskerl, woll-test dich wohl an unsere Kämpfer heranmachen?»

Sie fuchtelten mir mit der Faust vor der Nase herum. Schließ-lich ließen sie mich in eine Art Keller bringen und stellten vor der Tür eine Wache auf. Dann kam Soskow, und ich mußte ihm die ganze Nacht hindurch aus meinem Leben erzählen. Zum Schluß sagte er teilnahmsvoll: «Ich wußte, daß dich jemand angeschwärzt hat, du hast mir gleich gefallen, ich glaube dir. Ich bin überzeugt davon, daß die Sache klargestellt wird und du freikommst. Du mußt uns verstehen, wir müssen nun mal wachsam sein.»

Auf Soskows Anweisung warf man mir drei Armvoll Heu in den Keller, so daß ich es wenigstens weich und warm hatte. In solchen Momenten kann man erst richtig ermessen, was Anteilnahme und Vertrauen bedeuten. Ein paar Tage lang kam ich mir vor wie der Graf von Monte Christo, der geheimnisvolle Gefangene auf Château d'If. Dann brachte man mich in einen ehemaligen Gutshof am Rande Dresdens.

Früher hatte hier offenbar ein reicher Gutsbesitzer gewohnt, der beim Heranrücken der sowjetischen Truppen in den Westen geflüchtet war. Jetzt hatte die SMERSCH das Haus belegt. Smert' schpionam – Tod den Spionen – nannte sich hochtrabend und abschreckend die militärische Spionageabwehr. Mich steckte man in eines der zum Hof liegenden Nebengebäude, offenbar eine Art Sommerküche, zu einem Leutnant. Der Offizier und ich konnten auf Bettgestellen schlafen, während zwei arme MP-Schützen, die uns bewachen sollten, mit dem Fußboden vorliebnehmen mußten, der eine vor dem Fenster, der andere quer zur Eingangstür.

Am Tag war es mir gestattet, im Garten spazierenzugehen, von den dichten Himbeersträuchern Beeren zu kosten. Abends wurde ich zu langen Gesprächen geholt, Verhöre wäre zuviel gesagt, denn es wurde in dem Sinne nichts protokollarisch festgehalten. Ich erzählte kurz mein Leben, mußte ausführlicher berichten über meine Gefangennahme in Jugoslawien, über die Flucht aus der Gefangenschaft, über meine Erlebnisse in der Résistance. Besonders interessiert waren die Russen an allem, was die «French Section» des Intelligence Service anging. Auch über Noël Burdeyron, mit dem ich in Fresnes fast ein halbes Jahr die Zelle geteilt hatte, über die «Katze», Lucas, Armand und über meine Kontakte im KZ Buchenwald wollten sie alles wissen.

Fast eine Woche hatte ich an diesem ruhig gelegenen Landsitz verbracht, als ich im Hof eines Tages ein langgezogenes «Saschka!»

hörte. Ich schaute mich nach allen Seiten um, doch woher das Rufen kam, war nicht auszumachen. Es mußte hier einen Keller geben, und in diesem Keller saß offenbar einer von meinen Jungs. Am nächsten Morgen, es war noch früh, teilte man mir zwei MP-Schützen zu und sagte mir: «Die Chefs wollen dich kennenlernen. Die beiden Soldaten haben den gleichen Weg, sie werden dich begleiten.»

So machten wir uns auf in Richtung Westen, bald zu Fuß, bald per Anhalter. Meine «zufälligen» Weggefährten suchten nach einer «Kirejew-Filiale», und mir schwante gleich, daß es dabei um eine Einrichtung der Spionageabwehr ging – schließlich waren wir nicht unterwegs zum Pfannkuchenessen.

Im zerstörten Weimar fanden wir anhand von Hinweisschildern aus Holz, die man an Hauswände genagelt hatte, unsere «Filiale». Es handelte sich um ein großes, fast einen ganzen Straßenzug einnehmendes Gebäude mit Posten an den Eingängen. Meine «Weggefährten» übergaben mich samt Papierumschlag gegen Unterschrift.

In einem Zimmer im ersten Stock wurde ich zwei Offizieren vorgeführt. Zuerst betrachteten sie mich eine Weile schweigend. Mit der merkwürdigen Begrüßung «Ja, was ist uns denn da für ein Vögelchen zugeflogen» wurde «das kurze Gespräch zum Kennenlernen» schließlich eröffnet.

Und dann: «Ein sehr interessantes Märchen! Haben Sie wirklich gedacht, daß wir das glauben? Gut und logisch ausgedacht, aber gelogen. Sie haben vielleicht gedacht, wir würden Sie mit Orden dekorieren – dabei machte der Sprecher eine breite Handbewegung über die Brust, wo gewöhnlicherweise Orden angeheftet werden –, aber wir stecken Sie fürs erste in den Keller.» Wieder eine Geste, diesmal mit dem Daumen nach unten, wie das im alten Rom üblich war, wenn der Tod des Gladiators gefordert wurde.

Ich hatte mich daran gewöhnt, daß alle die Anrede «Towarischtsch» (Genosse) gebrauchten, doch als ich es ihnen gleichtat, wurde ich grob zurechtgewiesen: «Ich bin nicht dein Genosse, ich bin gefälligst mit Bürger anzusprechen, ein für allemal!»

Es war eine völlig unvorhergesehene Wendung, die mein Schicksal genommen hatte, und ich machte mir Vorwürfe. Es hatte mich ja niemand eingeladen, in die Sowjetische Zone zu kommen, und nicht umsonst sagt das Sprichwort: «Ein ungebetener Gast ist schlimmer als ein Tatar.»

Das unterirdische Gewölbe im Marstall war so, wie man es sich vorstellt, man kann sich einfach nicht daran gewöhnen. Ab und zu wird die Stille durch Wehklagen unterbrochen, jemand wird geschlagen, jemand wird irgendwohin geschleift, Schreie einer Frau, Hysterie. Ich war verwundert und erstaunt, denn als Kalfaktor tat ein junger Ukrainer in schwarzer Uniform Dienst. Es war die Uniform derer, die mit den Nazis gemeinsame Sache gemacht und die schon in Buchenwald auf den Wachtürmen gestanden hatten, immer zusammen mit einem SS-Mann. Der Kerl war offensichtlich nicht einmal dazu gekommen, die Uniform zu wechseln. War das nicht komisch? Ein ehemaliger SS-Helfer genießt jetzt die Privilegien der Sowjets, während ich von seiner Suppenkelle abhängig bin, die je nach Laune gefüllt ist oder nicht.

In meiner Zelle lag ein sowjetischer Offizier, ein Asiate, der in einem Anfall von Eifersucht seine Frau und deren Liebhaber erschossen hatte und dann sich selbst erschießen wollte. Ab und zu kamen Sanitäter, um die Verbände zu wechseln. Der Arme war nicht bei klarem Bewußtsein, er stöhnte, warf sich im Fieberwahn herum und riß sich die Binden ab. Hatten die Russen etwa die Gefängniskrankenhäuser abgeschafft?

Die Zelleninsassen wechselten häufig. Es handelte sich im wesentlichen um ehemalige Kriegsgefangene. Nach ihren Erzählungen galten weder eine schwere Verwundung noch das Fehlen von Munition, noch eine völlig ausweglose Situation als Rechtfertigung dafür, daß sie in Gefangenschaft geraten waren. Bei den Verhören wurde ihnen immer wieder die gleiche Frage gestellt: «Auf welche Weise ist es dir gelungen, am Leben zu bleiben?»

Immer wieder die gleiche Anschuldigung: «Du hast den Eid gebrochen, die letzte Kugel nicht für dich bestimmt.» Die letzte Kugel, für wen sollte sie sein? Es wäre nach der Logik der Politoffiziere offenbar richtig gewesen, mit dieser Kugel nicht den Feind zu töten, sondern sich selbst. Nun lautete die Anklage in vielen Fällen: «Hochverrat durch einen Militärangehörigen gemäß Artikel 58 / Absatz 1 b». Stalin hatte verfügt, daß es keine sowjetischen Kriegsgefangenen geben konnte, sondern einzig und allein Feinde und Verräter der Sowjetunion.

Jedes Mittel war recht, um diese Richtlinie geflissentlich zu erfüllen. Ob jemand damit einverstanden war oder nicht, die gegen ihn erhobene Anschuldigung zu akzeptieren, war völlig belanglos; man war zur Unterschrift nach Kenntnisnahme der Anklage verpflichtet.

Es waren nicht wenige, denen die Flucht aus der Gefangenschaft gelungen war und die dann aktiv in den Reihen des Widerstandes oder der alliierten Truppen weitergekämpft hatten. Auch diejenigen leisteten Widerstand, die in der Gefangenschaft bis zur Selbstaufopferung Sabotage betrieben und so dem Feind großen Schaden zufügten. Doch nichts davon galt, Kriegsgefangene waren keine Helden, obwohl viele dieser Bezeichnung würdig gewesen wären. Heldentum in der Gefangenschaft zu rühmen wäre womöglich einer Lobpreisung der Gefangenschaft selbst gleichgekommen, und das ging nun wirklich nicht. So fuhren also lange Züge mit Verurteilten, das heißt aus der Gefangenschaft Befreiten, die nunmehr «Volksfeinde» genannt wurden, Richtung Osten, aus der deutschen Zwangsarbeit in die russische. Irgendein Lager, Magadan, Kolyma, da, wo sich die Füchse gute Nacht sagen, am Ende der Welt, das war für sie die Heimat, in die sie zurückkehrten.

«Beim geringsten Verdacht, daß jeder Zehnte ein Feind ist, sind auf alle Fälle alle zehn zu isolieren! Darin besteht unser Wirkungsfeld, wir haben nicht die Zeit, große Umstände mit euch zu machen. Wo gehobelt wird, fallen Späne, das Wichtigste ist die

Sicherheit.» So die Vernehmungsoffiziere, und vielleicht hatten sie sogar recht.

Den Willen des Beschuldigten zu brechen, seinen Glauben an den Sieg der durch nichts zu beweisenden Wahrheit zu zerstören war Grundlage jeder Untersuchung. Nicht der Vernehmende war verpflichtet zum Beweis der Schuld, sondern der Beschuldigte hatte seine Unschuld zu beweisen. Welche Möglichkeit gab es da wohl? Der Beschuldigte war völlig isoliert; nannte er Namen von Zeugen, vervollständigte er damit lediglich die Liste weiterer Verdächtiger. Die Beweisführung erfolgte nach dem Prinzip: «Beweise, daß du kein Kamel bist. Das kannst du nicht? Du mußt doch zugeben, daß ein Kamel einen Höcker hat, du hast keinen, warum nicht...»

In diesem Stil wurde ich vernommen, nicht nur durch meinen ersten «Untersuchungsrichter», sondern auch durch alle weiteren. Sie alle waren sich ihrer vollständigen und unumschränkten Macht über den Beschuldigten bewußt, sie ließen ihren hämischen Worten, ihrem Sarkasmus, ihrer Schadenfreude freien Lauf. Das war erklärtes Prinzip, von oben vorgegeben, gut eingespielt, sanktioniert.

Auch die Leute von der Gestapo und der deutschen Abwehr hatten sich ein spezielles System der Befragung und Untersuchung zu eigen gemacht, indem sie das Verhör mit leiser und ruhiger Stimme begannen, dann immer lauter wurden und schließlich schrecklich brüllten, wobei ihnen der Speichel aus dem Mund spritzte. Ich erinnerte mich gut. Hier jedoch, bei den Russen, war man bemüht, dem Untersuchungsgefangenen nicht nur Angst einzujagen, sondern ihm deutlich zu machen, daß er, wie er sich auch dreht und wendet, verloren ist, daß nichts und niemand ihn retten kann. Man wollte ihm zu verstehen geben, daß niemand ihn braucht, daß er längst abgeschrieben ist, nichts anderes als ein Rädchen unter Millionen, mit einem Wort: erledigt. Es bringt nichts, nach einem Ausweg zu suchen, Widerstand zu leisten, etwas erreichen zu wollen – die Angelegenheit ist längst ohne eigenes Zutun entschieden. Die Lage wird nur noch schlimmer, die Schuld größer. Mit Hartnäckigkeit stiehlt man dem «Untersuchungsrichter» nur seine Zeit, schließlich hat er mehr als einen von der Sorte zu befragen.

Mein erster Vernehmer war ein gewisser Hauptmann Saatsadse. Möglicherweise ist die Schreibweise seines Namens nicht korrekt, auf jeden Fall war er ein nicht unansehnlicher, schlanker Mann, ausgestattet mit einer gewissen Portion Verstand und Charme. Aus Gewohnheit und Trägheit beschloß er erst einmal, mich mit der Androhung von «Sondermaßnahmen» zu schocken. Daraufhin zeigte ich ihm meine noch gut sichtbaren Narben an den Händen und an der Nase und entgegnete ihm: «Das hat schon die Gestapo versucht, für mich wäre dies also nichts Neues.»

Daraufhin änderte Saatsadse seine Taktik.

Sowjetische Frontoffiziere hatte ich bereits kennengelernt, zum Beispiel Leutnant Soskow, einen prima Kerl. Mittlerweile kannte ich mich aus und wußte, mit wem ich es zu tun hatte. Der, der jetzt vor mir stand, war ein aufgeblasener Vertreter des Hinterlandes, ein typischer Mitarbeiter der SMERSCH und der Sonderkommission eben, von denen es hieß, daß sie der «5. Ukrainischen Front» angehört hätten, die es nie gab. Beim Angriff der Deutschen hatten sie «im Sturm Taschkent genommen» und beim Angriff ihrer Truppen «heldenhaft» im zweiten Glied das Hinterland «gesäubert».

Die Untersuchung wurde protokollarisch geführt, das heißt mit Frage und Antwort. Mein Fall war neu und ungewöhnlich. Bis jetzt waren sowjetische Kriegsgefangene und zur Arbeit nach Deutschland abkommandierte sowjetische Zivilpersonen «abgehandelt» worden, und dazu hatte man ein bestimmtes Schema erarbeitet, das den Vernehmern die Arbeit erleichterte. Nun aber hatten sie es mit einem Russen zu tun, der eine fremde Staatsangehörigkeit besaß. Wo lag hier der Verrat an der Heimat, an den Völkern der Sowjetunion? Wo wäre hier einzuhaken?

234

Als erstes versuchte mich Saatsadse davon zu überzeugen, daß mein Vater ein Weißgardist und meine Mutter zumindest Anarchistin, wenn nicht mehr gewesen sei, und da ja der Apfel bekanntlich nicht weit vom Stamm falle, könne auch mir kein Vertrauen entgegengebracht werden, ich sei ein potentieller Feind der Sowjetunion, gleichsam erbbedingt.

So begann das Frage-Antwort-Spiel: «Welchen Rang hatte dein Vater?»

«Nach Abschluß der Fähnrichausbildung in Erserum wurde er an die deutsche Front kommandiert. Er erlitt eine Bajonettverletzung in der Brust, eine schwere Verwundung am Oberschenkel. Ich habe die Narben gesehen, er konnte fast nicht gehen, war Invalide.»

«Fähnrich? Willst du damit etwa sagen, daß der Krebs kein Fisch ist, ein Fähnrich kein Offizier sei? Er war ein Offizier der Weißen!»

«Wie Sie meinen, für mich hat es keine Bedeutung.»

In diesem Stil ging es weiter. Saatsadse weigerte sich beharrlich, mich als jugoslawischen Staatsbürger anzuerkennen. «Im Jahre 1928 haben meine Eltern die jugoslawische Staatsbürgerschaft angenommen, folglich bin auch ich automatisch jugoslawischer Staatsangehöriger», belehrte ich ihn wiederholt.[29]

«Na sieh mal an! Automatisch! Blödsinn!»

«Außerdem war ich Schüler einer jugoslawischen Offiziersschule.»

Was Saatsadse am allerwenigsten begriff, war, daß ich aus der amerikanischen Besatzungszone kam. «Wen willst du hier für dumm verkaufen? Wem willst du weismachen, daß du freiwillig, ohne Auftrag hierhergefahren bist? Das gibt es doch gar nicht! Überleg doch selbst, hier wollen alle abhauen, und du kommst angeblich freiwillig. Für nichts wird hier niemand verurteilt, wir halten dich hier nicht fest, weil du unsere sowjetischen Jungs hergebracht hast, das war in Ordnung. Du sollst nur ehrlich gestehen, wer dich zu uns geschickt hat, mit welchem Auftrag, wer dich angeworben hat und unter welchen Umständen, wer dein Auftraggeber ist.»

Im übrigen sei die Untergrundbewegung von Buchenwald nach russischer Erkenntnis ein Werk der Gestapo gewesen, alles, was mit mir dort passiert sei, bis hin zu meiner Flucht aus dem Transport, sei ein Beweis für diese These, alles sei ein abgekartetes Spiel der Gestapo oder der Spionageabwehr gewesen, um die für mich erarbeitete Legende glaubhafter zu gestalten. Gustav Wegerer, Ernst Busse, Erich Reschke und all die anderen seien überhaupt keine Antifaschisten gewesen, sondern Günstlinge der Gestapo. Sie hätten sich nur deshalb um Gefährten gekümmert und Waffen in das Lager schmuggeln lassen, um Vertrauen zu gewinnen und die wirklichen Antifaschisten unschädlich machen zu können.

«Bei solchem SS-Terror kann es gar keine Untergrundbewegung gegeben haben, auch Flucht war niemals möglich», versicherte Saatsadse.

Ich für mein Teil dachte mir, ob ich meinen Freunden nicht einen Bärendienst erwiesen hatte, indem ich ihre Namen nannte – was war ich doch für ein Idiot. Doch es war zu spät, in Zukunft hieß es klüger zu sein; sollte man mich nach jemandem fragen oder mir gar Fotos zeigen, würde ich niemanden kennen. Es war das alte Spiel, und ich war es so müde.

Als ich etwas von Kameradschaft und Freundschaft erwähnte, tat Saatsadse das als «Gesäusel» und «bürgerliche Vorurteile» ab: «Die Freundschaft, die du so preist, ist kein aufrichtiges Gefühl. Einer der Freunde ist der Sklave, der andere der Herr. Materieller Eigennutz und das Erreichen eines bestimmten Zwecks sind die Basis für all diese sogenannten ‹edlen› Gefühle. Du hast den russischen Jungs geholfen, das ist richtig, doch du hattest dabei ein Ziel, du brauchtest Zeugen, Unterstützung. Das ist dir auch ganz gut gelungen, denn deine Freunde stehen für dich ein, doch eine Kleinigkeit hast du dabei außer acht gelassen. Denn in ihrem Wunsch, dich herauszuhauen, haben sie Dinge berichtet, die ganz und gar nicht zu deinen Gunsten ausschlagen.»

Fragen über Fragen: «Wer hat dich befugt? Wer hat dich ermächtigt? Woher wußtest du dieses, woher wußtest du jenes? Eure Aktivitäten hätten uns großen Schaden zufügen können, vielleicht haben sie es sogar, das muß noch untersucht werden!»

Die Logik der Befragung hatte, wie ich glaubte, einen Knick. Schließlich konnten sie nur eine Anschuldigung gegen mich erheben. Entweder war ich ein Gestapospitzel oder ein von den Alliierten geschickter Spion. Saatsadse äußerte jedoch einen ganz neuen Verdacht: Angeblich war ich gar nicht Alexander Agafonow, sondern ein Spion, der sich als Agafonow ausgab. Wenn sie erst herausbekommen hätten, was mit dem wirklichen Agafonow geschehen sei, werde sich das alles klären lassen. «Die feindlichen Geheimdienste greifen oft zu solchen Tricks!»

Manche Leser wundern sich vielleicht und halten es nicht für möglich, daß ich mich heute, nach so vielen Jahrzehnten, so überaus genau an die einzelnen Stationen meines Lebensweges erinnere. So unglaublich es klingen mag, dies verdanke ich den unzähligen Verhören bei der Spionageabwehr, der Gestapo, der SMERSCH, dem NKWD. Während eines Jahrzehnts fast immerwährend Verhöre war ich gezwungen, alles, jedes Detail, zu erzählen, immer wieder aufs neue.

Also berichtete ich immer wieder von der Malo-Gontscharowka, der Großmutter, den Tanten, dem Onkel, beschrieb die Wohnung, den Hof, die Nachbarn. Unwillkürlich dachte ich an die Bibliothek des Großvaters, an die wertvollen Ausgaben von Puschkin, Lermontow, Gogol, an den dicken Band mit den von mir heißgeliebten Afanasjewschen Märchen. Daß ich die Märchen nicht nacherzählen mußte, war sicherlich die einzige Nachlässigkeit der SMERSCH-Leute, vielleicht mochten sie keine Märchen. Mich aber holten die Bilder aus der Kindheit und Jugendzeit ein, es überkam mich ein Gefühl von Wärme und ein Hauch vergangenen Glücks. Ich erinnerte mich an die Abende bei den Eltern mit Hausmusik, an Gespräche über Kunst, Literatur und Poesie.

Und mein Gegenüber, Saatsadse etwa? Wie sollte ein so gefühlloser Mensch, der sich stolz als «Materialist» bezeichnete, dies verstehen? Er sah in jedem Emigranten – oder was er dafür hielt – einen «Bourgeois, den man vergessen hatte abzustechen». Während die Erinnerungen an die Vergangenheit in meinem Kopfe kreisten, hörte ich mich mit gleichförmiger und abwesender Stimme trockene Fakten aufzählen. Leute wie Saatsadse würden niemals etwas begreifen, eigentlich war er ein armseliger, vom Leben benachteiligter Mensch, dieser Vernehmer. Warum saß er eigentlich da? Er konnte doch gar kein Interesse an mir haben. Dunkel ahnte ich, daß es am «System» liegen mußte.

Beim nächsten Verhör wühlte Saatsadse lang in seinen Papieren, bis er fand, was er suchte: «Hier steht, daß du vier Soldaten umbringen wolltest, um deren hochmoderne MP in deinen Besitz zu bringen, und daß du, um die deutsche Bevölkerung gegen die Sowjetische Militäradministration aufzuwiegeln, die Beschlagnahme eines Ferkels organisiert hast. Auch wird erwähnt, daß du Leutnant des Geheimdienstes bist, deinen Rang aber verheimlicht hast, was hast du dazu zu sagen?»

Die gegen mich vorgebrachten Denunziationen schienen Saatsadse in gewisser Weise bereits lästig zu sein, nur von dem «Leutnant» war er nicht abzubringen, er wollte mir suggerieren, daß ich auf jeden Fall Leutnant gewesen sei und nichts Geringeres. Ich wußte, daß bei der SMERSCH das Gespräch mit einfachen Soldaten sehr kurz ausfiel, da machte man sich nicht viel Umstände. Es wäre sicherlich günstiger, dachte ich bei mir, mich als die wichtige Person auszugeben, als die man mich offenbar betrachtete. Ich mußte mich nur kategorisch dagegen verwahren, eigens zur Spionage gegen die Sowjetunion geschickt worden zu sein.

Also legte ich mir folgende Geschichte zurecht: Ich sei tatsächlich ein ehemaliger Leutnant der englischen Spionageabwehr, dann aber in die Fänge der Deutschen geraten, denen ich mit Mühe ein paarmal unter größten Anstrengungen entkommen sei. Bei Kriegsende hätte ich vor dem Dilemma gestanden, entweder zu meinen Auftraggebern zurückzukehren, die mich sicher zum Weitermachen in meinem Fachgebiet gezwungen hätten, oder aber mich ihrem Einflußbereich zu entziehen und in die Sowjetische Zone zu fliehen, um ein neues Leben in der Normalität zu beginnen. Deshalb sei ich hierhergekommen.

«Warum nicht gleich so», sagte Saatsadse wohlwollend und forderte mich auf, von meiner früheren Tätigkeit zu berichten. Indem ich die Fragen nach meiner Anwerbung und Ausbildung beantwortete, tischte ich ihm ein wunderschönes Märchen auf – was sollte ich machen? Hier stand alles höher im Kurs als die Wahrheit. Wenn ich gesagt hätte, daß ich ein Enkel Napoleons III. und außerdem ein Verwandter von Nikolaus II. sei, würden sie wohl selbst das für bare Münze genommen haben, denn bei der SMERSCH hatte man nun einmal eine besondere Vorliebe für die Räuberpistole. Und in Geschichte war man ohnehin nicht so bewandert.

Einige Tage später wurde ich in eine andere Zelle verlegt, in der schon zwei Gefangene saßen, ein ehemaliger Major der deutschen Polizei und ein junger Schwarzer, der mir sofort bekannt vorkam. Richtig, er war auch in Buchenwald gewesen, er erkannte mich ebenfalls. Die Begegnung mit einem Bekannten, auch wenn er einem nicht nahesteht, ist unter solchen Bedingungen eine Freude, ermuntert zur Offenheit. Nach der Befreiung hatte sich der junge Schwarze als Fahrer bei einem sowjetischen Offizier verdingt und dabei einen Unfall verursacht; er war verhaftet worden, sein Fall wurde jetzt untersucht. Er war voller Hoffnung, daß man ihn hier nicht lange festhalten werde.

Es war nicht schwer zu erraten, daß sie uns nicht zufällig zusammengelegt hatten, es sollte so etwas wie eine Gegenüberstellung sein. Man wollte herausfinden, ob ich wirklich in Buchenwald war und wie ich mich dort geführt hatte. Da man den Schwarzen ganz bestimmt über mich ausfragen würde, war dies die beste Gelegenheit, die von mir ausgedachte Legende, die ich Saatsadse portionsweise servierte, zu untermauern. Der Junge war prima, gestand mir, daß er über mich ausgefragt werde, und überließ mir, als er nach ein paar Tagen entlassen wurde, seine Decke.

Bei unserer letzten Begegnung war Saatsadse von ausgesuchter Freundlichkeit. Nachdem er meine Akte zusammengeheftet hatte, sagte er: «Wir haben festgestellt, daß du während des Krieges tatsächlich nicht in der Sowjetunion gewesen bist, niemand von den unseren verraten und keine Wühltätigkeit gegen uns unternommen hast. Wir haben nichts gegen dich vorzubringen. Deine Erfahrungen aber könnten für uns von Nutzen sein.»

Es war nicht meine Art, überflüssige Fragen zu stellen, aber der letzte Satz machte mich doch neugierig.

Zunächst brachte man mich zurück in die Zelle. Einige Tage später fuhr ich, wiederum in «zufälliger» Begleitung zweier Rotarmisten, den Ettersberg hinauf. Als wir oberhalb Weimars in die Wälder einbogen, war mir klar, wohin die Reise ging. Diese Erfahrungen also hatte Saatsadse gemeint. Mir stockte das Herz.

Dennoch kann ich nicht leugnen, daß der Gedanke, nach Buchenwald zurückzukehren, eine gewisse Faszination auf mich ausübte. Die Nazis waren besiegt, von ihnen drohte kein Unheil mehr. Die beiden Soldaten brachten mich zum Kommandanten des Lagers, Hauptmann Pastuschenko, und dieser erklärte mir in wenigen Sätzen, daß die Sowjetische Militäradministration beschlossen habe, in Buchenwald «vorläufig» alle Deutschen zu inhaftieren, deren Funktion und Tätigkeit in den Jahren des Faschismus überprüft werden müsse. Pastuschenko war Frontoffizier gewesen, der Typ des einfachen Kämpfers; er schien es durchaus ehrlich zu meinen. Er ernannte mich zum Lagerältesten, und ich erhielt den hochtrabenden Dienstgrad «Leiter des Stabes der inneren Verwaltung im Speziallager Nr. 2».

Hätte man mich vorher gefragt, ob ich bereit wäre, beim Aufbau dieses «Speziallagers» mitzuhelfen und meine Kenntnisse der früheren Verhältnisse einzubringen, ich hätte wohl keinen Grund gesehen, mich dem zu verweigern. Die Deutschen, die sich schuldig gemacht hatten, mußten bestraft werden, das war auch meine Meinung. Bis ihre Papiere überprüft, Zeugen vernommen und die sonstigen Umstände ihrer Tätigkeit in den letzten Jahren geklärt waren, mußten sie vorsichtshalber interniert werden. Die Gutwilligen, die Belehrbaren, so hieß es, wolle man «umerziehen». Das entsprach ganz meinen eigenen Erwartungen.

Im übrigen hatten mich weder Saatsadse noch Pastuschenko gefragt, ob ich zur Mitarbeit bereit sei, sie hatten ganz einfach über mich verfügt. Eine Wahl jedenfalls hatte ich damals, im September 1945, nicht, und da ich meine letzte Mission, die Jungen aus dem Lager in Limburg sicher in die Sowjetische Zone zu bringen, erfüllt hatte, wäre mir wohl auch gar keine Alternative eingefallen. Zu den Kameraden in Frankreich konnte ich später immer noch fahren, dachte ich. In Buchenwald dagegen, so schien es, wurde ich gebraucht.

Als ich nach Buchenwald kam, zählte das Lager etwa vierhundert «vorläufig Inhaftierte», im Januar wurde der Höchststand von etwa 12 000 Gefangenen erreicht. Meine erste Aufgabe bestand darin, die Lagerdienste wiederaufzubauen, also Bad, Wäscherei, Desinfektion, Küche, Schneiderei, Schusterei, Tischlerei und weitere Werkstätten.

Das bereits bestehende Lagerlazarett wurde von Sanitätshauptmann Karajew geleitet, einem gebildeten, gewissenhaften und kompetenten Offizier. Ich half ihm, sich unter den erbeuteten Medikamenten zurechtzufinden, und wir waren einander bald freundschaftlich verbunden. Als Lazarettpersonal setzte er junge Frauen, Lagerinsassinnen, ein.

In Block 5, wo zu SS-Zeiten die Arbeitsstatistik und die Schreibstube untergebracht waren, wurden ein Büro für die Mitarbeiter des Raketenspezialisten Wernher von Braun und eine Kanzlei eingerichtet. Die Chemiker, Physiker, Ingenieure und Konstrukteure, die vormals für von Braun gearbeitet hatten, sollten hier alles zu Papier bringen, was sie aus dem Gedächtnis rekonstruieren konnten.

In den Räumen der Kanzlei befand sich das Zimmerchen, in dem der Erste Lagerälteste Erich Reschke sein Domizil gehabt hatte. Dort quartierte ich mich ein.

Vom alten Lebensmittellager waren mehrere Fässer mit sauer eingelegtem Grünzeug, einer Art Spinat, übriggeblieben, das war alles. Die Lebensmittelversorgung des Lagers war miserabel, die Inhaftierten litten schrecklichen Hunger. In Begleitung eines Sergeanten mit MP fuhr ich auf einem Trecker mit Anhänger durch die umliegenden Dörfer, um das Lager mit dem Notwendigsten zu versorgen.

Anfangs stieß ich bei den Internierten auf Ablehnung und Widerstand. Der Untergang des Dritten Reiches hatte keineswegs genügt, den Geist des Nationalsozialismus allen ehemaligen Funktionären auf der Stelle auszutreiben. Einem ungewissen Schicksal ausgeliefert, klammerten sich viele geradezu an das, was ihnen zwölf Jahre lang eingetrichtert worden war. Und es schwirrten die wildesten Gerüchte über den Verbleib mancher Nazi-Größen; Hitler selber war angeblich mit einem U-Boot nach Südamerika entkommen und bereitete dort den großen Gegenschlag vor. Es empfahl sich also, so die Überlegung mancher Lagerinsassen, erst einmal abzuwarten. Die trotzig schweigende Masse hielt streng auf Disziplin, die Gefangenen beachteten genau die Hierarchien von einst, gehorsam über den Untergang hinaus. Uns, den Russen, gegenüber herrschte frostige Feindseligkeit. Beide Seiten standen unter ungeheurem Druck, und es stellte sich die Frage, wie man den Internierten klarmachen konnte, daß der Zusammenbruch des Nationalsozialismus nicht nur unwiderruflich, sondern auch angesichts der von den Deutschen verübten Verbrechen ein Segen für die Menschheit war.

Bei der Befreiung des Konzentrationslagers durch die 3. US-Armee im April hatte General Patton, entsetzt über das Grauen, das er vorfand, die gesamte erwachsene Bevölkerung Weimars und der umliegenden Dörfer durch das Lager führen und sie die Stätten der Greuel «in Augenschein nehmen» lassen. Die Amerikaner waren

242

von der pädagogischen Wirksamkeit ihrer Methode so überzeugt, daß sie von der erwachsenen Bevölkerung in ihrer Zone verlangten, sich entsprechende Filmaufnahmen aus befreiten Konzentrationslagern anzuschauen. Ich machte Pastuschenko den Vorschlag, etwas Ähnliches zu versuchen und den Lagerinsassen eine «Führung» zu geben. Unter den Verbrennungsrosten des Krematoriums waren noch Reste feiner kalzinierter Knochen zu sehen, und in den Aschelöchern lag noch die typische graue Asche von Menschen.

Offiziere der Wehrmacht, SS-Leute, Parteimitglieder zogen in langen Reihen schweigend durch den Keller. Ich zeigte auf die in die Wand eingemauerten Haken, die als Galgen gedient hatten, auf den verzinkten Tisch, auf dem die Sehnen der Arm- und Beingelenke durchschnitten wurden, damit die Leichen sich in der Hitze nicht krümmten und die Öfen mit zwei, drei Leichen auf einmal «bestückt» werden konnten. Ich schwieg, doch meine Blicke sprachen Bände. Sollten sie sich ruhig alles genau anschauen und für immer im Gedächtnis behalten, sollten sie spüren, was ihr Regime angerichtet hatte, und die entsprechenden Schlußfolgerungen daraus ziehen. Diese Führung wurde später allen Neuankömmlingen gegeben, anstelle einer Begrüßung.

Alle wurden nachdenklich, aber weniger das, was sie gesehen hatten, als vielmehr die Vorstellung, daß es ihnen nun vielleicht ebenso ergehen könnte, beunruhigte sie. Könnte sich Hitlers Vernichtungspolitik am Ende vielleicht gar gegen sie selbst richten, gegen sie, seine treuen Erfüllungsgehilfen? Mit dieser Reaktion hatten die Russen nicht gerechnet. Die Deutschen hatten nur noch Angst, und diese Angst ließ einige von ihnen verzweifelte Versuche unternehmen, auf die eine oder andere Weise Rettung zu suchen. Die frühere Arroganz war wie weggeblasen, plötzlich hatte man es mit verängstigten, um ihr Leben zitternden «Hasenfüßen» zu tun, liebedienerisch und unterwürfig. Ich möchte nicht verhehlen, daß ich eine gewisse Genugtuung verspürte. Schon von weitem, wenn ich mich einem Block näherte – es waren zuerst nur die Steinbarak-

ken belegt –, hörte ich das zackige Kommando: «Achtung, Stabsleiter kommt!» Wenn ich den Raum betrat, hatten die Deutschen
sorgfältig ausgerichtet Aufstellung genommen, die Hände an die
Hosennaht gelegt, die Augen starr auf mich gerichtet – deutscher
Drill eben, es gab nichts auszusetzen.

Eines Nachts, als ich wie gewöhnlich noch einen Rundgang durch
das Lager machte, stoben zwei Schatten davon. Ich rannte ihnen
nach, über das Pflaster hörte ich Eßgeschirr scheppern. Schließlich
erwischte ich einen, es war ein schmächtiges Bürschchen, klapper-
dürr. Mein Gott, wie hatte ich doch in meinem Eifer ganz vergessen, an die Jugend zu denken. Gründete nicht auf der jungen Ge-
neration unsere ganze Hoffnung? Im Unterschied zu den meisten
Erwachsenen, die von der Ideologie des Nationalsozialismus so
durchdrungen waren, daß man gar nicht an sie herankam, handelte es sich bei den Mitgliedern der Hitlerjugend um junge, noch
leicht formbare Menschen. Sie waren die wirklich Verführten.
Sämtlicher Illusionen beraubt, lag ihre Zukunft nun in unserer
Hand, von uns, von unserer Erziehung hing es ab, was aus ihnen
werden würde.

Den vor Angst schlotternden Jungen, den ich beim Lebensmit-
teldiebstahl erwischt hatte, brachte ich in die Küche und ordnete
an, daß ab sofort alle Jugendlichen unter achtzehn regelmäßige
Zusatzrationen erhielten. Am nächsten Tag brachte ich alle Jungen in einem eigenen Flügel unter. Das Kerlchen, das mir in der
Nacht über den Weg gelaufen war, ernannte ich zum Gruppenältesten. Tränen der Dankbarkeit standen ihm in den Augen.

Dem frischgebackenen Ältesten schlug ich vor, eine Laienspiel-
gruppe zu gründen, und so geschah es auch; er selber wurde Leiter
der sogenannten Sport- und Spielgruppe, die aus etwa sechzig Personen bestand. Die übrigen wollten entweder nicht oder waren
dafür unbegabt. Manche beteiligten sich wohl auch deshalb nicht,
weil sie weiterhin ihre «politische Treue» bekunden wollten, und
diejenigen, die sich zum Mitmachen entschlossen, betrachteten sie

als Verräter. Ich diskutierte mit ihnen, versuchte sie umzustimmen, doch sie blieben fest. Verurteilen mochte ich sie deshalb nicht, möglicherweise hätte ich an ihrer Stelle ebenso gehandelt.

Im wesentlichen bestand die Gruppe aus Altenburger Jugendlichen. Was sie einstudierten, verheimlichten sie vor mir, Proben und Erörterungen des Programms wurden, sobald ich auftauchte, unterbrochen. Auf meine Fragen erhielt ich stets zur Antwort, daß dies eine Überraschung sei. Ich baute darauf, daß sie das ihnen entgegengebrachte Vertrauen nicht mißbrauchen würden, und wollte auch ihren Eifer nicht bremsen. Im Gegenteil, ich unterstützte die Vorbereitungen mit allen Kräften. So begann ich mich in der Umgebung nach Requisiten und Musikinstrumenten umzusehen, und es gelang mir sogar, einen Flügel zu erwerben. Viele Instrumente ließen Verwandte der Inhaftierten auf deren Bitten abgeben – sie selber durften das Lager nicht betreten. Wir ließen einen Vorhang nähen, stellten Kulissen auf, statteten die Bühne mit Scheinwerfern aus und waren sogar in der Lage, Lichteffekte zu realisieren. Nachdem in einem Wettbewerb die besten Sänger, Musiker und Schauspieler ausfindig gemacht worden waren, konnten die Proben beginnen.

Die erste Vorstellung fand einen Monat nach Gründung der Gruppe statt. Der Saal war brechend voll, in den beiden vorderen Reihen saßen russische Offiziere mit ihren Frauen und Soldaten, in den hinteren Reihen die Internierten. Was sie wohl zeigen würden? Wenn sie mir nun plötzlich einen Streich spielten? Nach einer schmissigen Ouvertüre betrat das Bürschchen, das als Leiter der Gruppe fungierte, die Bühne und lud als Conférencier die Zuschauer zum Mitdenken ein: Es folge jetzt eine Reihe von Szenen, deren Titel eine Wortfolge ergebe, die zu erraten sei.

Der Vorhang ging auf, acht junge Burschen an Notenständern, der Conférencier übernahm die Rolle des Dirigenten. In origineller Besetzung spielten die acht das Lied «So sind wir, wir pfeifen auf die Sorgen...» Dann blitzartig Szenenwechsel: Man sah eine Schulklasse, deren Lehrer beim Kontrollieren eines Heftes zu einem Schüler tadelnd sagt: «Du Dummkopf, hier muß noch ein ‹N› hin, und die beiden letzten Buchstaben ‹R› und ‹T› sind umzustellen. Verbessere das schnell.» Aus dem «Konzert» der ersten Szene wurde auf diese Weise «Konzentr». Mir schwante Unheil.

Aus den einzelnen Szenen, die jeweils die Worte Ration, Lager und Wald ergaben, setzte sich am Ende das Wort «Konzentrationslager Buchenwald» zusammen, der Saal applaudierte, mir aber blieb fast das Herz stehen. Mit den Augen suchte ich den Sonderbevollmächtigten des NKWD, Dsuzow, die graue Eminenz des Lagers. Wenn er alles verstand, wäre das für mich als Initiator nicht gerade von Vorteil, denn die Gleichsetzung des faschistischen KZ mit dem sowjetischen Speziallager mußte in den Augen der Russen ein Affront sein. Zum Glück war Dsuzow nicht anwesend.

Nach den Sketchen folgten gymnastische und akrobatische Darbietungen sowie Pantomimevorführungen, und die Sänger des Theaters von Altenburg gaben einige Arien zum besten. Dann wurde für die Lagerleitung und die Soldaten Tanzmusik gespielt. Hauptmann Patuschenko und die gesamte Garnison einschließlich der Ehefrauen waren zufrieden, denn eine solche Veranstaltung brachte Abwechslung ins eintönige Lagerleben. Von nun an fanden solche bunten Nachmittage zweimal im Monat statt, und da gab es für die Jungen natürlich eine Menge zu tun.

Natürlich bestand das Lagerleben nicht nur aus Konzerten und Veranstaltungen. Der Alltag war hart, es gab einen strikten Tagesablauf, Morgen- und Abendappelle, Arbeitsbrigaden. Zur Aufrechterhaltung von Sicherheit und Ordnung im Lager wurde eine Lagerschutzeinheit geschaffen, zu deren Leiter man den ehemaligen Polizeimajor Heinz bestimmte. Vorher hatte ich ein langes Gespräch mit ihm, in dem ich mich davon überzeugte, daß er eine grundehrliche Haut war. Heinz gehörte zu denen, die gern Dienst tun, und zwar gewissenhaft, ganz gleich, für wen. Einer fremden Ordnung zu dienen ist nicht jedermanns Sache, aber für Heinz ging Ordnung über alles. Er suchte sich eine Einheit von dreißig

Mann zusammen, sie wurden im Flügel der Bretterbaracke 11, unterhalb von Block 5, untergebracht. Im angrenzenden Flügel hatten die Feuerwehrleute und das Küchenpersonal ihr Domizil.

Ich hatte mich in Heinz nicht geirrt, er und seine Mitstreiter deckten rechtzeitig alle Diebstähle auf, unterbanden Schlägereien, verhinderten Übertretungen der Lagervorschriften. Äußerst geschickt installierte Heinz auch eine Art Aufklärungsdienst, mit dessen Hilfe es unter anderem gelang, einen der ehemaligen Nazibonzen des Giftschmuggels zu überführen. Dieser Fang war natürlich nicht nach dem Geschmack des Sonderbevollmächtigten Dsuzow, der glaubte, daß seine Ehre befleckt sei, da er das Gift nicht selber gefunden hatte.

Wir schrieben bereits das Jahr 1946, es war Januar geworden. Die Jungen aus der Jugendgruppe baten mich hartnäckig um zwanzig Taschenmesser. Spitze und scharfe Gegenstände waren im Lagerbereich strengstens verboten. Ich versuchte herauszubekommen, wozu sie die Messer brauchten. «Großes Geheimnis, Herr Stabsleiter! Wir wissen, daß Sie uns vertrauen und uns unsere Bitte nicht abschlagen werden. Wir geben Ihnen unser Ehrenwort, in zwei Wochen geben wir Ihnen die Messer zurück.» Sie wußten, daß ich ihnen nichts abschlagen konnte.

Früh am Morgen des 18. Januar wurde ich von den Klängen meines Lieblingswalzers geweckt, anschließend erklang eine Serenade von Schubert. Ich öffnete die Tür. Vor meinem Zimmerchen standen mehrere Musikanten. Mit den letzten Klängen drängten sich zwei Köche mit schneeweißen Mützen nach vorn und überreichten mir eine wunderschön aussehende, herrlich duftende Torte, auf der mit Creme geschrieben stand: «Zum 18. Januar». Dann traten Manfred Voigt und Gerhard Hering vor und überreichten mir eine wunderhübsch gearbeitete Lackschatulle mit Schachbrettmuster. Beim Öffnen fand ich kunstvoll gearbeitete Schachfiguren. Im Deckel war eingraviert: «Unserem Stabsleiter zum Geburtstag. Die Sport- und Spielgruppe». Es war tatsächlich mein Geburtstag, und ich frage mich noch heute, woher sie es wohl erfahren hatten. Nach vielen Jahren wurde ich zum ersten Mal wieder an meinen Geburtstag erinnert, und wer waren die Gratulanten? Ehemalige Hitlerjungen. Unwillkürlich wußte ich, daß selbst ein so starker Druck wie der, den das Naziregime ausgeübt hat, Gefühle wie Menschlichkeit und Anständigkeit in reinen Seelen nicht auszulöschen vermag. Aber, wie gesagt, bei weitem nicht alle Jugendlichen verfügten über eine solche «Immunität der Seele», die Hälfte von ihnen, etwa sechzig Mann, blieben mir nach wie vor feindselig gesinnt.

In den ersten Wochen des neuen Jahres verstärkte sich bei mir der Eindruck, daß die Überprüfung der «vorläufig Inhaftierten» nicht immer nach den Kriterien erfolgte, die eigentlich hätten angewendet werden müssen. Es ging, wie ich bald feststellen konnte, immer weniger um die Frage, was der einzelne während der Zeit des Dritten Reiches gemacht hatte, sondern verstärkt um seine «Verwendungsfähigkeit» in dem neu aufzubauenden System. Populäre, aber den Russen unliebsame Leute wurden unschädlich gemacht, Speichellecker und andere Opportunisten, die sich in das Prokrustesbett der neuen Ideologie zwängen ließen, avancierten. All das geschah nach dem Prinzip «wer nicht mit uns ist, ist gegen uns». Am schlimmsten traf es diejenigen, die die «Frechheit» besaßen, diese Zustände offen zu kritisieren. Immer häufiger holte man den einen oder anderen Internierten, der auf diese Weise aufgefallen war, zur gerichtlichen Untersuchung; zurück kehrte keiner von ihnen, ihr Schicksal blieb im ungewissen. Eines Tages war auch der Junge dran, den ich zum Gruppenältesten ernannt hatte, er war sechzehn oder siebzehn Jahre alt, sensibel und talentiert. Ich wußte nichts davon, daß man ihm zum Verhör holte, ich hatte im Lager zu tun. Am Eingangstor erwirkte er die Erlaubnis, sich von mir verabschieden zu dürfen. Man holte mich. Der Junge schüttelte mir lange die Hand, seine Augen waren feucht, die Stimme versagte ihm.

«Die Russen sind gut und gerecht», sagte ich ihm zum Trost.

«Ich bin überzeugt davon, daß du nichts getan hast. Du wirst sehen, sie werden die Sache klären und dich freilassen.»[31]

«Die Sache klären und dich freilassen» – was für ein banaler Satz. Zum ersten Mal hatte ich ihn aus dem Munde von Leutnant Soskow in Dobra gehört, später wiederholt von Saatsadse, und jetzt gebrauchte ich ihn selbst. Noch glaubte ich fest daran, aber an dem Tag, an dem ich zum ersten Mal selber so redete, ahnte ich, daß ich mich vielleicht selbst damit belüge und daß die Lüge möglicherweise noch viel banaler ist als die Wahrheit.

Mitte Februar beschloß ich, auf eigene Faust zu handeln. Ich wollte versuchen, herauszubekommen, wer unter den Inhaftierten besondere Schuld auf sich geladen hatte. Zum einen glaubte ich tatsächlich, den offiziellen Untersuchungen damit Vorschub zu leisten und die Arbeit der Überprüfungskommission zu erleichtern, zum anderen entsprach es meinem eigenen Gerechtigkeitsempfinden, die verantwortlichen und wirklichen Täter von den zum Teil gutmütigen, zum Teil reuigen Mitläufern zu trennen. Ich war der festen Überzeugung, daß ein Befehl Wunder wirken würde und daß die Deutschen mit der ihnen eigenen Disziplin – gepaart mit Angst – dem Befehl nachkämen. Ich sollte mich nicht getäuscht haben.

Nach dem Morgenappell ließ ich in den Blocks verkünden, daß bis zwölf Uhr alle Inhaftierten, die in der NSDAP Funktionen vom Zellenleiter aufwärts und in den Gliederungen SS, SA und SD Ränge ab Obersturmführer oder entsprechende Ränge begleitet hatten, schriftlich folgende Angaben einreichen müßten: Dienstrang, Dienstalter, wo und in welchem Zeitraum tätig gewesen, an welcher Front gekämpft, wann und in welchen Einheiten.

Gegen 13 Uhr wurden in der Kanzlei etwa sechshundert Zettel abgegeben. Sofort folgte der nächste Befehl: «Mir ist bekannt, daß nicht alle ihre Angaben gemacht haben, die es angeht. Ich fordere zum letzten Mal auf, dem Befehl unverzüglich nachzukommen. Letzte Frist 15 Uhr. Nach Ablauf dieser Frist werde ich gezwungen sein, mir Ihre Akten bringen zu lassen. Diejenigen, die meinem

Befehl dann nicht nachgekommen sind, haben sich alles Weitere selbst zuzuschreiben.»

Natürlich verfügte ich in meiner Position über keinerlei Akten und Dossiers, aber der Bluff gelang. Gegen 15 Uhr gingen weitere 250 Zettel ein. Auf was hatte ich mich da nur eingelassen. Allein schon die komplizierten und unverständlichen Dienstgrade und Dienstbezeichnungen waren so verwirrend, daß ich Heinz, Keller und den Beschäftigten der Kanzlei den Auftrag gab, unter den höheren Rängen dreihundert auszuwählen, die ich anschließend überprüfen wolle. Am Abend hatte ich ein exaktes Verzeichnis dieser dreihundert Personen vorliegen; elf Internierte im Generalsrang waren darunter.

In der Bekleidungskammer, das wußte ich, lagen dreihundert Holzpantinen aus der Zeit, als die Nationalsozialisten hier noch das Sagen hatten, und ich beschloß, die «hohen Tiere» gewissermaßen in ihre eigenen Anzüge zu stecken. Sollten sie einmal am eigenen Leib verspüren, wie den Häftlingen zumute war, die man ihres Namens beraubt und in Nummern verwandelt hatte. Ich fand das nur gerecht.

Alles sollte echt wirken, das heißt wie damals sein. Fünf Mann der Heinz-Truppe übernahmen die Ausgabe der Kleidungsstücke in der Bekleidungskammer, die übrigen erhielten den Auftrag, in die Blocks zu gehen, dort anhand der Liste die Namen aufzurufen, die Betreffenden mit ihren Sachen vor den Blocks antreten und dann eine lange Kolonne bilden zu lassen. In der Bekleidungskammer mußten sich alle entkleiden und – wie das bei Neuzugängen im KZ Buchenwald üblich gewesen – an den Verantwortlichen für die Bekleidungsausgabe «vorbeidefilieren», um ihre gestreifte Häftlingskleidung in Empfang zu nehmen. Der Beginn der Aktion wurde auf ein Uhr nachts angesetzt, wo alle in tiefem Schlaf lagen. Abgeschlossen wurde das Ganze mit der Umquartierung der «Gestreiften» in eine gesonderte Unterkunft. Alles lief nach Plan, und noch heute glaube ich, daß bei einigen eine nachhaltige Wirkung festgestellt werden konnte.

Ein Detail muß ich noch nachtragen. Ich meine jene Situation, in der ich die Beherrschung verlor und Rachegelüste mein Tun bestimmten. Es war bereits einige Tage nach der Aktion. Ich stattete den «Gestreiften» einen Besuch ab. «Achtung! Stabsleiter kommt!» Es gab wie immer nichts auszusetzen. Plötzlich aber fiel mein Blick auf einen roten Winkel! Auf der Jacke eines Internierten leuchtete der rote Winkel, der Winkel eines politischen Häftlings, ein Winkel, wie ich ihn hatte tragen müssen. Ich war außer mir, wie hat es dieser Mistkerl wagen können! Ich zog mein Messer und stürzte auf ihn los, die neben ihm Stehenden drängten zur Seite. Voller Wut trennte ich den Winkel ab, der als Relikt des früheren Lagers aufgetaucht war, wobei ich dem Kerl, der am liebsten bewußtlos umgefallen wäre, sagte, was ich auf dem Herzen hatte: «Den roten Winkel mußten die Politischen tragen, die Gegner des Nationalsozialismus. Du aber bist ein Krimineller, ein Verbrecher, der eine solche Ehre niemals verdient.»

Der Vorfall zeigt auch, daß die Schatten der Vergangenheit noch immer als Alpdruck auf mir lasteten.

Die von mir initiierte Aktion hatte im übrigen einen recht praktischen Nebenzweck. Die Anzüge der dreihundert führenden Offiziere und Funktionäre, die in der Regel von hervorragender Qualität und in gutem Zustand waren, konnten denjenigen Internierten zugeteilt werden, deren Kleidung die Begehrlichkeit des Sonderbevollmächtigten Dsuzow geweckt hatte. Immer mehr Häftlinge liefen in Unterwäsche herum. Daß sie jetzt neue Anzüge erhielten, bedeutete für mich einen weiteren roten Strich in der Liste, die Dsuzow über mich führte.

Dsuzow war ein außerordentlich unangenehmer Typ, um den alle, selbst die russischen Offiziere, einen großen Bogen machten. Auch mir wurde er am Ende zum Verhängnis. Nicht nur, daß er und sein ebenso widerlicher Hauptfeldwebel Feuermann die Internierten bestahlen, sie bestahlen auch die eigenen Kameraden, indem sie in die Sanitätsabteilung einbrachen und alles «beschlagnahmten», was sich irgendwie verwerten ließ.

Um einen anderen besser verstehen zu können, habe ich mich stets bemüht, mich in seine Lage zu versetzen. Dies tat ich sogar im Fall Dsuzow und stellte mir vor, ich wäre Zeuge des deutschen Überfalls auf die Sowjetunion gewesen, Zeuge der Barbarei, des Despotismus, der Not und des Leids, das die Deutschen über unser Land gebracht hatten. Ich hätte, stellte ich mir vor, die beim Rückzug von den Deutschen verbrannte Erde, all die Zerstörungen ihres Vernichtungskrieges gesehen. Zu Hause Ruinen, Hunger, Krüppel, auf lange Jahre Armut und kein Ende abzusehen. Hier aber, in Buchenwald, hatte ich den Feind direkt vor mir, von Angesicht zu Angesicht. Und wie sah er aus? Sehr gut gekleidet, ordentliches Schuhwerk, wohlgenährt. Während ich bald nach Hause entlassen werde in einer Uniform, die schon viele Soldaten vor mir getragen haben, die immer und immer wieder geflickt wurde, trug er Ledermantel und Armbanduhr. Sollte das gerecht sein? «Die Machtverhältnisse haben sich geändert, he, gib mir deine Stiefel!» Die Soldaten der sowjetischen Streitkräfte, die so dachten, konnte ich verstehen. Abstoßend hingegen fand ich die Raffgier des Sonderbevollmächtigten.

Zum großen Knall mit Hauptmann Dsuzow kam es allerdings nicht aus irgendwie politisch gearteten Gründen, sondern wegen Oxana. Die ehemalige Ostarbeiterin, eine hübsche junge Frau, war Dsuzows Geliebte. Sie war in allem das Gegenteil von ihm, und ich mochte sie. Als wir bei einem der von den Jungen veranstalteten Vergnügungsnachmittage ein Tänzchen wagten, war es um uns geschehen. Wir fanden uns in zwei Zellen des Buchenwalder Arrestbaus wieder. Ich weiß nicht, unter welchen Bedingungen man Oxana dort verwahrte, was mich betraf, so hatte Dsuzow strengstens verboten, mir zu essen und zu trinken zu geben, nicht einmal Wasser zum Waschen erhielt ich. In den Nächten saß ich ununterbrochen bei sogenannten Verhören, die etwa so abliefen: «Wenn du nicht zu Protokoll gibst, in wessen Auftrag du hier bist, lasse ich dich in der Zelle verfaulen, spurlos!»

Eine derartige Untersuchung hatte ich noch nicht kennengelernt, höchst interessant! An einem Tischende saß Dsuzow, der offenbar silbenweise die Zeitung las – zumindest schien es mir so, denn er klebte gar zu lange an einer Seite –, am anderen Ende saß ich. Vor mir hatte ich einige Bogen Papier, ein Tintenfaß und eine Feder. Von Zeit zu Zeit riß sich Dsuzow von seiner Zeitung los, bohrte nachdenklich in der Nase und ließ mit eintöniger Stimme immer wieder seine Frage hören: «Na, was ist nun? Mit welchem Auftrag hat man dich zu uns geschickt? Schreib!»

Sagte es und vertiefte sich sofort wieder in die Lektüre seiner Zeitung. Für das Lesen von zwei Seiten benötigte er die ganze Nacht. Eines Tages schneuzte er sich verwegen mit Hilfe von zwei Fingern, wobei lange, fette Rotze am Heizkörper hängenblieb und wabbelnd herunterlief. Als er bemerkte, daß ich das Phänomen mit Aufmerksamkeit beobachtete, streckte er gleichmütig sein Bein aus und wischte den Rotz mit dem Filzstiefel weg, wobei er erneut fragte: «Nun, mit welchem Auftrag bist du gekommen», um sich gleich wieder seiner Lektüre zuzuwenden. Ich wußte partout nicht, was ich sagen oder schreiben sollte, und hatte eigentlich auch nicht den Eindruck, daß Dsuzow mit Nachdruck darauf bestand. Er wartete geduldig auf seine Stunde, denn wer konnte es schon ohne Essen und Trinken aushalten, über kurz oder lang würden mich Hunger und Durst zum Einlenken zwingen. Er konnte nicht wissen, daß die Jugendgruppe meinen Schutz übernommen hatte. Ich weiß nicht, wie sie davon Wind bekommen hatten, aber sie schmuggelten mir regelmäßig ein Eßgeschirr mit Suppe und ein Stück Brot durch das Fenster in die Zelle.

Dsuzow begann bald auch andere Fragen zu stellen, und zwar in der Art: «Schreib auf, wie du mit Hauptmann Karajew zu den Amerikanern abhauen wolltest.» Er wollte also einen Berufsoffizier anschwärzen und mit in die Sache hineinziehen, damit war nicht zu spaßen. Nachdem ich begriffen hatte, daß Karajew ernste Gefahr drohte, ließ ich ihm durch die Jungen eine Nachricht über das Ränkespiel des NKWD-Vertreters übermitteln.

Eines Tages waren Stiefeltritte zu hören, die Zellentür wurde geöffnet, und vor mir standen Hauptmann Pastuschenko und ein mir unbekannter Oberst mit Pelzmütze. Sie schüttelten mit dem Kopf, als sie mich sahen – ich erinnerte sie wohl an Robinson Crusoe –, dann räusperte sich der Oberst und sagte: «Es heißt, Sie haben nicht alles über sich berichtet?»

«Nein, ich habe alles gesagt», erwiderte ich.

«Nun, wir werden ja sehen», bekam ich zur Antwort.

Die Tür schloß sich wieder hinter den beiden. Nach etwa zwei Stunden brachte man mich ins Bad, ich wusch mich, mir wurden die Haare geschnitten, ich erhielt eine ordentliche Rasur und frische Wäsche. Am Lagertor wartete ein Jeep. Nach sechs Monaten freiwillig-unfreiwilligem Aufenthalt in Buchenwald ging es in rascher Fahrt wieder hinunter in die Stadt.

Im Gefängnis von Weimar wurde eine Untersuchung durch ein Militärtribunal eingeleitet, und es stellte sich heraus, daß Dsuzow ein ganzes Dossier über mich angelegt hatte. Darin waren Aussagen mehrerer internierter Deutscher enthalten, die belegen sollten, daß ich versucht hätte, eine Massenflucht zu inszenieren. Auch Hauptmann Karajew hätte ich dazu überredet, zu den Amerikanern überzulaufen.

Etwas mehr als zwei Wochen vergingen, dann brachte man mich zu meiner großen Verwunderung zurück in das Lager. Das hatte ich Karajew zu verdanken. Nachdem er meine Nachricht erhalten hatte, war er sofort nach Berlin gefahren, wo er bei den übergeordneten Stellen die unverzügliche Klärung der gegen ihn erhobenen grundlosen Beschuldigung forderte. Daraufhin wurde ein Oberst Swiridow von der SMERSCH als Inspekteur nach Buchenwald beordert.

«Den Stabsleiter rufen», befahl er Hauptmann Pastuschenko, woraufhin dieser meinen Nachfolger, den internierten Baltendeutschen Portefai, kommen ließ.

«Portefai? Nein, den, den wir euch geschickt haben.»

«Den hat Dsuzow in Untersuchungshaft nehmen lassen.»

So kam ich aus dem Gefängnis von Weimar nach vierzehn Tagen frei und landete wieder oben auf dem Ettersberg. Dsuzow und Feuermann waren inzwischen über alle Berge; wahrscheinlich hatte man sie aber nur versetzt, denn schließlich hackt eine Krähe der anderen kein Auge aus.

Eine Funktion wollte ich nicht wieder übernehmen, die Sache mit Dsuzow war mir eine Warnung. Ich quartierte mich bei den mir vertrauten Jungen ein, bei ihnen hatte ich mich immer schon am wohlsten gefühlt, sie waren mir auch diesmal in der Stunde der Not treu zur Seite gestanden.

So vergingen zwei Monate, der Frühling zog ins Land. Eines Morgens, es war sehr zeitig, alles schlief noch, wurde ich vor das Tor gerufen. Als erstes wurde mir von zwei Soldaten befohlen, Stiefel und Jackett abzulegen; die Sachen nahmen sie an sich und warfen mir statt dessen ein Paar völlig abgelatschte Halbschuhe, eine amerikanische Windjacke und ein Käppi hin.

Noch am Abend desselben Tages fand ich mich in einem großen Lager in Fürstenwalde bei Berlin wieder. Hier traf ich auf Tausende ehemaliger sowjetischer Kriegsgefangener und einige Wlassowleute, die man an ihrer deutschen Uniform mit dem dreifarbigen Ärmelbändchen erkannte. Hier erfuhr ich zum ersten Mal etwas von der Existenz solcher Truppen in der deutschen Wehrmacht.[30]

In Fürstenwalde hatte sich für Anfang Juli eine Kommission des Internationalen Roten Kreuzes angesagt. Da die Sowjets, hätte man sie nach einzelnen Internierten gefragt, arg in Bedrängnis geraten wären, ließen sie kurz vor Eintreffen der Kommission einen Teil der Leute, etwa fünfhundert Mann, eilig in Viehwaggons verladen und gen Osten transportieren. Die Voraussage Fred Parkers, eines Internierten in Buchenwald, dessen hellseherische Fähigkeiten mich noch kürzlich teils belustigt, teils erstaunt hatten, war unversehens eingetroffen: Ich würde die Wahl haben zwischen zwei Zügen in zwei verschiedene Richtungen, die zwei verschiedene Lebenswege bedeuten. Das mit den Zügen stimmte, denn wäre die Rote-Kreuz-Kommission bereits dagewesen, als ich nach Fürstenwalde kam, hätte man mich wohl in ein Lager für Jugoslawen verlegt. Doch es war nicht an mir zu wählen; ich wurde schlicht und einfach in den Zug nach Osten gesetzt.

Unterwegs war die Verpflegung ganz leidlich, an den Haltebahnhöfen konnte man Eßwaren eintauschen, sofern man etwas zum Tauschen hatte. In Polen geriet unser Zug unter Beschuß. In Brest wurden wir entlaust, damit wir sauber in Rußland einreisten. Die Bewachung wurde enorm verstärkt, dafür bestand die Verpflegung ab Brest aus einer Handvoll Roggenzwieback und einer Handvoll gesalzener Sprotten pro Tag. Die Bevölkerung durfte sich dem Zug nicht nähern, seine Insassen wurden als «Spezialkontingent» bezeichnet. Sah so der Empfang aus, den uns die Heimat bereitete?

Vielleicht war das Ganze nur eine einzige große Reise gewesen, dachte ich, während der Zug immer tiefer in die Sowjetunion hineinfuhr. Was hatte mir Großmutter damals mit auf den Weg gegeben? «Denk immer daran, und vergiß es nie!» Sieben Jahre war ich alt, als sie mich in Moskau auf den Zug setzte, nichts hatte ich verstanden. Ich war stolz auf mein Abzeichen «Freund der Kinder» und stolz auf meine warme Wintermütze mit dem kleinen roten Stern, um den mich alle beneideten, wie ich damals glaubte. Das war nun fast zwanzig Jahre her, und wie oft hatte ich nicht in all diesen Jahren an die Sowjetunion gedacht! War es nicht die Sowjetunion gewesen, die Europa vom Joch Hitlers befreit hatte, und war es nicht die Sowjetunion, die uns allen eine große und gerechte Zukunft verhieß?

Der Zug aber fuhr immer weiter Richtung Osten.

Epilog

«Geld verloren – nichts verloren,
Freunde verloren – viel verloren,
Mut und Ehre verloren – alles verloren.»

So lautete, in drei lapidaren Zeilen, die Lebensweisheit meines Vaters. Sie wurde auch zu meiner Devise, sie hat mich begleitet durch dunkle und trostlose Zeit. Aber niemals, auch in den Stunden der größten Verzweiflung nicht, habe ich den Kopf hängen lassen, und selbst im tiefsten Unglück habe ich mich bemüht, andere zur Zuversicht zu ermutigen. Deshalb habe ich dieses Buch geschrieben. Acht Jahre habe ich im Gulag verbracht, und wenn mir die Kraft gegeben ist, möchte ich auch über diese Zeit noch Zeugnis ablegen. Wie das ist, bei minus dreißig Grad in sommerlicher Kleidung und Halbschuhen, bis zum Gürtel im Schnee versinkend, in der Gegend von Rybinsk ein Wasserkraftwerk zu bauen. Filzstiefel und wattierte Mäntel erhalten diejenigen, die die ersten vier Wochen überleben. «Natürliche Auslese» auch hier.

Dann in eine Ziegelei. Die Wachablösung wird mit folgenden Worten vollzogen: «Übergebe die Bewachung von Volksfeinden!» – «Übernehme die Bewachung von Volksfeinden!»

1949 erhalte ich gegen Unterschrift – «zur Kenntnis genommen» – ein Papierchen. Es ist ein Haftbefehl. War ich mithin all die Jahre frei, all die Jahre unter strenger Bewachung?

Ich werde isoliert, in das Staatssicherheitsgefängnis nach Syktywkar, die Hauptstadt der KomiASSR gebracht. Die Anklage lautet: Spionage gemäß Artikel 58 Absatz 6. Ich bin soweit, mein Starrsinn ist gebrochen, in bin einverstanden. «Schreib, Bürger Major, was du willst, ich unterschreibe alles!»

Der Autor nach der Befreiung aus dem Gulag, 1955

Damals im Krieg, als ich zurückschlug, wußte ich, worauf ich mich einließ, wer meine Feinde waren und daß wir siegen würden. Alles hatte seine Richtigkeit – bis hin zu den Folterungen. Hier aber, weshalb sollte ich all das noch einmal erdulden, welchen Sinn sollte das haben? Die barbarischen Verhöre nicht länger ertragend, sehnte ich mich nach dem Tod, er schien mir Erlösung zu bringen – wenn es doch erst zu Ende wäre!

Doch das Lebenskarussell war nicht aufzuhalten, es drehte sich weiter, immer weiter. Die nächste Station war Moskau: Lubjanka und Lefortowskaja. Eine «Sondersitzung» nimmt, ohne Gerichtsverhandlung, eine Neubewertung der mir zur Last gelegten Straftaten vor, nunmehr bin ich kein Spion mehr, sondern ein «sozial gefährliches Element» und erhalte ein humanes Strafmaß, fünf Jahre «ab dem Tag der Vorlage des Haftbefehls», das heißt ab Mai 1949. Die Jahre davor zählen offenbar nicht.

Das Strafmaß erschien allerdings nur auf den ersten Blick human, denn nach der zu dieser Zeit gängigen Methode wird die gleiche Strafe bei Ablauf noch einmal ausgesprochen, so daß ich in Wirklichkeit periodisch immer wieder fünf Jahre bekomme, also unbefristet sitzen werde. Über das Durchgangsgefängnis Butyrka führt der Weg zurück in die ASSR der Komi.

Im März 1953 stirbt der «Schnauzbärtige». Ich werde sofort amnestiert, doch frei komme ich erst im Februar des darauffolgenden Jahres. Dokumente, in denen es um Amnestie, Begnadigung oder Freilassung geht, werden im System des Gulag im Schnekkentempo erledigt. Es könnte ja sein, daß es sich die Obrigkeit wieder anders überlegt.

Anstelle eines Ausweises erhalte ich eine Aufenthaltserlaubnis und muß mich alle drei Monate melden. Arbeit im Bergwerk, Besuch der Abendschule der «Arbeiterjugend», Abitur, Universität, ich reiße mich zusammen.

Am Ende konnte ich sogar meine Rehabilitierung noch erleben. 1973 wurde mir bescheinigt, daß ich auf Grund einer falschen Entscheidung durch die Hölle mußte. Aber wo kein Richter ist, da ist auch kein Henker für die Richter. Bleibt nachzutragen, daß ich Ende der sechziger Jahre damit begonnen habe, den Kontakt zu den Freunden aus dem französischen Widerstand aufzunehmen. Viele Zusammenhänge waren mir nach wie vor unklar, und ich wollte versuchen, meine Erinnerungen, so gut es ging, zu vervollständigen. In erster Linie interessierte mich natürlich, was aus den einzelnen geworden war, wer noch lebte, wer mit wem noch zusammenkam. Bei vielen wollte ich mich einfach bedanken, bei Paul Néglot, den Brüdern Mourer, Vicky, Christian Zervos und natürlich bei Renée. 1969 suchte Paul Néglot auf meine Bitte die Adresse auf, brachte in Erfahrung, daß Enrico, Renées Vater, einige Jahre nach dem Krieg gestorben war. Renée hatte geheiratet und war in die Nähe von Besançon gezogen. Da sie einen neuen Namen trug, schienen weitere Recherchen sinnlos.

1990 erhielt ich plötzlich einen Anruf: Ja, sie lebe bei Besançon, habe zwei Kinder und bitte darum, die Vergangenheit ruhen zu lassen. Ein Jahr später starb ihr Mann. Ich fuhr nach Paris. Renée holte mich am Bahnhof ab. Seither lebe ich mit ihr zusammen in der Gegend von Besançon, in jenen Hügeln an der Grenze zur Schweiz, wo ich 1942 so wundervolle Wochen im Kampf um die Freiheit erlebte und wo unser bester Freund Michel seine letzte Ruhe gefunden hat.

ВЕРХОВНЫЙ СУД
РСФСР

С П Р А В К А

103289, Москва, п.п. Куйбышева, д. 3/7

3 1. 05.91 № ОС73-13

Определением судебной коллегии по уголовным делам Верховного Суда РСФСР от 28 сентября 1973 г. постановление Особого совещания при МГБ СССР от 27 мая 1950 года в отношении Агафонова-Глянцева Александра Михайловича, 1920 года рождения, осужденного по ст.7-35 УК РСФСР (редакции 1926 года) отменено и дело производством прекращено за отсутствием состава преступления.

Гр-н Агафонов-Глянцев А.М. по настоящему делу реабилитирован.

Первый Заместитель Председателя
Верховного Суда РСФСР   В.И.Радченко

---

*Amtliche Bescheinigung des Obersten Gerichts der Russischen Republik
vom 31. Mai 1991:*

*«Auf Beschluß des Kollegiums für Strafsachen des Obersten Gerichts der
RSFSR vom 28. September 1973 ist die Entscheidung des Sonderrates beim
Ministerium für Staatssicherheit der UdSSR vom 27. Mai 1950 in bezug auf
Alexander Michailowitsch Agafonow-Glancew, geboren 1920, verurteilt
nach Artikel 7–35 des Strafgesetzbuches (in der Fassung von 1926),
aufgehoben und das Verfahren aufgrund des fehlenden Tatbestandes
eingestellt. Der Bürger Agafonow-Glancew A. M. ist damit in dieser
Angelegenheit rehabilitiert.*

*Erster Stellvertreter des Vorsitzenden
des Obersten Gerichts der RSFSR*   *V. I. Radcenko»*

Einige historische Anmerkungen

1 Bekanntes französisches Kinderlied.

2 Einige Tage zuvor waren in einem nahegelegenen Wald drei Flüchtlinge aufgegriffen worden. Zwei von ihnen waren an Ort und Stelle von den Hunden totgebissen worden, den dritten, dessen Körper von den Hundebissen völlig entstellt war, hatte man ins Lager zurückgebracht und auf dem Appellplatz vor aller Augen aufgehängt. Als Jérôme nach dem Schicksal der drei fragte, erzählte ich ihm die Wahrheit.

3 In einem seiner ersten Briefe 1968 fragte Paul, wie uns seinerzeit sein Cousin aufgenommen habe, er habe ihn schon selber gefragt, jedoch darauf keine Antwort erhalten. Seine Adresse legte mir Paul bei. Louis hatte uns zwar ungern, aber er hatte uns geholfen, und ich hielt es für meine Pflicht, ihm schriftlich nochmals meinen Dank abzustatten. Bald darauf erhielt ich einen Zeitungsausschnitt einer Lothringer Lokalzeitung mit einem Artikel über einen «Anhänger der Résistance aus Dombasle, der jemanden ausfindig gemacht hat, den er seinerzeit rettete», darunter ein Foto von Louis. Er wirkte genauso schwächlich, wie ich ihn in Erinnerung hatte, nur alt geworden. In dem Artikel wurde ausführlich geschildert, in welch erbärmlichem Zustand wir vor ihm gestanden hätten. «Meine Frau und ich waren sehr erschrocken. Ich war gerade aus der Gefangenschaft entlassen worden, und da standen plötzlich drei Unbekannte vor mir, für deren Unterstützung man ohne weiteres ins Konzentrationslager hätte gesperrt werden können.» Louis habe eine wahrhaft heldenhafte und selbstlose Tat vollbracht, die «der Hochherzigkeit eines Lothringers würdig» sei.

4 Aus einem Schreiben des Bürgermeisters von Varangeville vom 21. März 1968 auf meine Anfrage nach Kowalski: «In Varangeville hatten junge Polen ein Widerstandszentrum gegründet, das

sich besonders ausgezeichnet hat durch die Verbreitung von Flugblättern, die Unterstützung Geflohener und Sabotageakte. Alle wurden verhaftet, Kowalski, der Leiter der Gruppe, in Köln hingerichtet. Die anderen sind im Konzentrationslager umgekommen. Nur ein einziger ist zurückgekehrt, sehr krank.» Als ich 1950 im Gefängnis Lefortowa zusammen mit einem gewissen L. Trepper von der Roten Kapelle in einer Zelle saß, erzählte mir dieser, daß es ihm seinerzeit mit Kowalskis Hilfe gelungen sei, sich erneut mit dem Moskauer Zentrum in Verbindung zu setzen.

5 Mutter Maria war Elisabeth Jurjewna Kuzmina-Karawajewa, geb. Prinzessin Pilenko, eine Lyrikerin. Sie wurde zusammen mit ihrem Sohn Juri und dem Priester D. Klepinin (Pater Benjamin) verhaftet, der die Weiterleitung von Flüchtlingen ins nicht besetzte Frankreich geleitet hatte. Mutter Maria kam im KZ Ravensbrück um, Klepinin und Juri im KZ Buchenwald.

6 Vera Apollonowna Obolenski schloß sich der Résistance im August 1941 an, als sie als Sekretärin bei Hauptmann d'Arthuis und Hauptmann Leforichone arbeitete. Auf deren Anweisung kümmerte sie sich besonders um geflohene Kriegsgefangene und um die Weiterleitung von Freiwilligen für die Armee de Gaulles. Im Dezember 1943 wurde sie festgenommen. Auf alle Fragen der Gestapo antwortete sie mit: «Ich weiß überhaupt nichts!» Das brachte ihr den Beinamen «Fürstin Weißnichts» ein. Im August 1944 wurde sie im Berliner Gefängnis Plötzensee hingerichtet. Postum wurde sie mit dem Orden der Ehrenlegion, dem Kriegsverdienstkreuz, der Medaille der Résistance geehrt, und ihr wurde der Titel «Leutnant der Truppen des kämpfenden Frankreich» verliehen. Außerdem erhielt sie den sowjetischen Orden des Vaterländischen Krieges erster Klasse.

7 Der Internationale Suchdienst Arolsen teilte mir 1992 mit, daß die Verhaftungen auf Anweisung des Befehlshabers des Sicherheitsdienstes in Paris unter dem Codewort «Meerschaum» erfolgt seien. An jenem 6. Juli 1943 wurden mehr als zehn Personen unserer Organisation, fast eine ganze Untergruppe, verhaftet.

8 Ich muß hier nachtragen, daß Michel und ich im Oktober 1942, kurz vor unserem Aufbruch in die Bretagne, von Henri Meunier

über die Gefährlichkeit unseres Auftrages unterrichtet worden waren. Bereits im September 1941 war die Abteilung III der deutschen Abwehr in Saint-Germain auf die Spur der Interallié gestoßen und hatte in der Bretagne und in der Normandie über zwanzig Personen verhaftet. Die Interallié war eine von ehemaligen polnischen Aufklärungsoffizieren in engem Kontakt mit dem britischen Geheimdienst aufgebaute Spionageorganisation. Ihr führender Kopf, Czerniawsky mit dem Decknamen «Armand», hatte eine Geliebte, die brünette Mathilde Carré, genannt «die Katze», und diese «Katze» sollte der Organisation zum Verhängnis werden. Dem deutschen Unteroffizier Hugo Bleicher, der sich bei den Ermittlungen besonders hervorgetan hatte, gelang es, Mathilde Carré als Doppelagentin anzuwerben; weitere Verhaftungen waren die Folge. Bleicher, ehrgeizig geworden, gab sich damit jedoch nicht zufrieden: London sollte glauben, daß das Netz trotz der Verhaftung von Armand weiterbestehe und nun von der «Katze» geleitet werde. Der Nachrichtenoffizier Pierre Vaumécourt, Deckname «Lucas», der kurz zuvor mit dem Fallschirm über Frankreich abgesetzt worden war, schöpfte als erster Verdacht. Die «Katze» machte eine Reihe von Fehlern, und in die Enge getrieben, gestand sie Lucas ihr Doppelspiel. Dieser beschloß daraufhin, die deutsche Abwehr mit ihren eigenen Mitteln zu schlagen. Am Ende wurde Bleicher von der Notwendigkeit überzeugt, Lucas und die «Katze» nach London reisen zu lassen, und auf diese Weise wurde die «Katze» unschädlich gemacht.

Lucas kam, wie ich später von Noël Burdeyron erfuhr, bald darauf als «Sylvain» nach Frankreich zurück, um die Mitglieder seiner eigenen Gruppe «Autogiro», die mit Hilfe der «Katze» ebenfalls ins Visier der deutschen Abwehr geraten waren, in Sicherheit zu bringen. Als sie an der Kanalküste auf einen englischen Kahn warteten, gerieten sie jedoch in einen Hinterhalt. Da sie englische Uniformen trugen, gaben ihnen die Deutschen ihr Ehrenwort, daß sie als Kriegsgefangene behandelt werden würden. Das Gericht verurteilte sie dennoch als Spione zum Tode. Vaumécourt empörte sich über die Wortbrüchigkeit und den Mangel an Ehrgefühl bei den Deutschen; London sei über alles unterrichtet, und man werde dort entsprechende Konsequenzen ziehen. Als die Deutschen bezweifelten, daß es Vaumécourt möglich sei, aus dem Gefängnis heraus mit London zu kommunizieren, überzeugte er sie über BBC vom Gegenteil: Ein von den Deutschen vorgegebener Satz wurde eine Woche später zu einer bestimmten Zeit zweimal von der BBC übertragen. Daraufhin wurden die Leute der Gruppe «Autogiro» zu Kriegsgefangenen erklärt.

9 Bei dem Friseur handelte es sich um Volodja Pančuk, der heute in Kiew lebt.

10 Über die Häftlingsselbstverwaltung des Konzentrationslagers Buchenwald heißt es bei Eugen Kogon («Der SS-Staat»): «An der Spitze stand der *Lagerälteste*, der von der SS bestimmt wurde. Es ist im Laufe der Zeit in manchen Lagern gelungen, für diese wichtige Funktion Vorschläge der Häftlinge zu lancieren und auch durchzusetzen. Während es anfangs immer nur einen Lagerältesten gab, wurden es mit der Vergrößerung der Lager bis zu drei (Bezeichnung LA I, LA II, LA III). Die Aufgabe des Lagerältesten bestand darin, verantwortlicher Vertreter des Lagers gegenüber der SS zu sein, an den sie sich jederzeit halten konnte, wenn sie irgend etwas zu verfügen hatte. Die Aufgabe war äußerst heikel und gefährlich, sie zu übernehmen erforderte Mut und Verantwortungsbewußtsein. Ein falscher Mann an dieser Stelle bedeutete für das Lager eine Katastrophe...

Die Beziehungen zum Arbeitsdienst- und Arbeitseinsatzführer regelte für die Häftlinge die sogenannte *Arbeitsstatistik*. Sie erfaßte in Berufskarteien die Belegschaft des Lagers und verrechnete die geleisteten Arbeitsstunden. Ihre Bedeutung wuchs im Laufe der Zeit gewaltig an, als der Arbeitseinsatzführer selbst nicht mehr imstande war, die Transporte für Außenkommandos zusammenzustellen. Wieder ist hier über eine zentrale Machtstellung im Lager viel segensreicher und viel verhängnisvoller Einfluß durch Häftlinge ausgeübt worden. Hunderte wertvoller Menschen konnten nur mit Hilfe der Arbeitsstatistik gerettet werden, teils indem sie von Todestransportlisten heimlich gestrichen, teils indem sie, wenn ihr Leben im Stammlager gefährdet war, in Außenkommandos geschmuggelt wurden...

An der Spitze der einzelnen Wohnblocks standen auf Häftlings-
seite die *Blockältesten*, die vom Lagerältesten vorgeschlagen und
von der Lagerführung bestätigt wurden. Sie waren dem Blockfüh-
rer für alles, was im Block geschah, verantwortlich. Der Blockälteste wählte zu seiner Unterstützung für jeden Wohnflügel zwei bis
drei *Stubendienste*, die vom Lagerältesten zu bestätigen waren.
Ihnen oblag die Aufrechterhaltung der Ordnung im Block sowie
die Versorgung der Blockinsassen mit den Essensportionen, die sie
selbst verteilten. Unter den gegebenen Verhältnissen war diese
Einrichtung notwendig und, im großen gesehen, auch nützlich.
Die Macht, die dem Blockältesten und den Stubendiensten zustand, wurde von charakterlich minderwertigen Elementen jedoch
zum Teil auf das allerschwerste mißbraucht. Zwar standen sie
vielfach unter einem beachtlichen Druck von seiten der SS, aber
der Verlockung zur Korruption und zur Tyrannei gegenüber den
Mithäftlingen war mancher nicht gewachsen...

Ganz ähnlich lagen die Verhältnisse bei der Einsetzung sogenannter *Kapos* (vom französischen «caporal» oder vom italienischen «capo» = Haupt, Vorstand), Häftlinge, die den Befehl über
Arbeitskommandos hatten und dem SS-Kommandoführer verantwortlich waren, der sie durch den Arbeitsdienstführer einset-
zen ließ. Die Kapos hatten *Vorarbeiter* zur Seite und waren nichts
als Aufsichtspersonen, die einteilten, selbst aber nicht arbeiteten.
Nur in Fällen, wo es unumgänglich war, wurden die Kapostellen
von der SS mit Fachkräften besetzt. Meistens handelte es sich,
besonders in den Anfangsjahren, um robuste Naturen – damals
vor allem um ehemalige SA-Leute, Fremdenlegionäre und Krimi-
nelle –, die mit dem Prügel umzugehen verstanden, den sie allerdings durch die SS oft genug selbst zu spüren bekamen. Bei manchen Kommandos, besonders den Bau-, Schacht- und Kanalisa-
tionskommandos, sowie in den Steinbrüchen gab es für den ge-
wöhnlichen Häftling vielfach kein anderes Mittel, um am Leben
zu bleiben, als die Bestechung, die zeitweise unvorstellbare Aus-
maße und Formen erreicht hat. Sie wurde würdig sekundiert von
der Erpressung...»

11 Dank dieser Adresse konnte ich Maurice Montet dreißig Jahre

später ausfindig machen. Er selber wohnte dort zwar schon lange nicht mehr, aber der Nachmieter erklärte sich bereit, für mich eine Anzeige in die Zeitung zu setzen. Ein Freund von Maurice las die Anzeige, und so kam es zu einem Wiedersehen. Derjenige, den er unter den Namen Katchourine und Glancew kennengelernt hatte, hieß jetzt plötzlich Agafonow. «Fünfundzwanzig Jahre lang habe ich mich gefragt, unter welchem Namen und in welchem Land ich dich suchen sollte», schrieb er mir damals. Maurice Montet ist verheiratet mit der Tochter der Frau des Malers Picabia, die er im Krieg über die Grenze nach Spanien gebracht hatte.

12 Nach dem Krieg kehrte Noël in seine Heimatstadt Deauville zurück und siedelte später unter seinem ehemaligen Decknamen Frank Norman Burly nach London über.

13 Marcel wurde mit 23 anderen Mitgliedern der Gruppe Manouchian am 24. Februar 1944 auf dem Mont Valérien erschossen. Er war erst 23 Jahre alt. Begnadigt wurde damals lediglich eine Rumänin wegen Schwangerschaft; ihre Todesstrafe wurde umgewandelt in eine Haftstrafe im Konzentrationslager, aus dem sie jedoch nicht zurückkehrte. Melinée Manouchian hat ihre Erinnerungen an die Gruppe ihres Mannes unter dem Titel «Affiche rouge» herausgegeben.

14 Die eine Million Franc verhalf Maurice zu einer gespenstischen Freiheit. Statt entlassen zu werden, wie er gehofft hatte, kam er mit dem nächsten Transport nach Mauthausen, anschließend über ein weiteres Lager nach Neuengamme. Wie durch ein Wunder überlebte er, bei der Befreiung wog er 28 Kilo. Drei Jahre lang wurde er in verschiedenen Sanatorien und Heilstätten gepflegt.

15 Erich Reschke (1902–1980) war seit 1933 in Haft, 1937 KZ Lichtenberg, 1938–1945 KZ Buchenwald, erst Baukommando, dann 1. Lagerältester; Ende 1944 von der Gestapo verhaftet und ins Gestapogefängnis nach Weimar gebracht wegen Teilnahme an der Thälmann-Gedenkfeier im Lager; nach der Befreiung 1945 im Polizeidienst; Oberst der Volkspolizei; aufgrund falscher Anschuldigungen vom KGB verhaftet, bis 1954 im Straflager Workuta; nach dem XX. Parteitag der KPdSU rehabilitiert (freundliche Mitteilung von Herrn Röll, Gedenkstätte Buchenwald).

16 Rudi mit der Brille war Rudolf Hempel. Nach seiner Befreiung erblindete er vollends und starb ein Jahr später an Tbc. Der zweite Rudi war Rudi Menzel, nach dem Krieg im Rang eines General-majors Militärattaché der DDR-Botschaft in Moskau. Zum Gedenken an jene Tage schenkte er mir bei unserem Wiedersehen 1968 das Buch «Das Vermächtnis der Väter». Meine Papiere und die Parole Noëls waren, wie er mir bei dem Treffen erzählte, von den Sortierern der Effektenkammer in meinem Jackett und meinen Socken gefunden und sofort der Leitung des ILK übergeben worden. Anhand des Fotos im Paß auf den Namen Katchourine hatten sie mich identifiziert.

17 Der Läufer war Wolodja Wlasow, Veteran des russisch-finnischen Krieges. Durch Erfrierungen hatte er mehrere Zehen verloren. Bei einer Begegnung in Moskau in den sechziger Jahren erkannte er mich und berichtete mir, daß er vom russischen Zentrum im Lager den Auftrag hatte, mir auf den Zahn zu fühlen, in Erfahrung zu bringen, welche Verbindungen ich hätte und wer ich in Wirklichkeit sei. Er lebt heute in der Ortschaft Kawkaskaja im Gebiet von Krasnodarsk.

18 Ernst Busse (1897–1952), Abgeordneter des Preußischen Landta-ges, 1933–1936 in Haft in Kassel, 1937 KZ Lichtenberg, 1937–1945 KZ Buchenwald, zeitweise 1. Lagerältester, dann Kapo des Häftlingskrankenhauses, Mitglied der Leitung des Inter-nationalen Lagerkomitees; nach 1945 1. Vizepräsident und In-nenminister Thüringens; unter falschen Anschuldigungen vom KGB verhaftet, 1950–1952 im Straflager Workuta, dort 1952 ver-storben; nach dem XX. Parteitag der KPdSU rehabilitiert (freund-liche Mitteilung von Herrn Röll, Gedenkstätte Buchenwald).

19 J. Apenčenko schreibt in «Einige Episoden aus dem Leben von Agafonow» (veröffentlicht in der Zeitschrift «Očizna», Nr. 4/ 1985, Moskau): «1984 trafen sich in Moskau Vertreter des antifa-schistischen Widerstands aus dem Lagerkomitee Buchenwald... Bei einer der Begegnungen dieser Tage trat ein Unbekannter an Agafonow heran und sprach ihn auf serbisch an. ‹Weshalb glaubst du, daß ich Serbisch kann?› fragte Agafonow. ‹Erkennst du mich etwa nicht, Alex?› – ‹Nein.› – ‹Aber ich habe dich gleich erkannt,

am Profil. Ich bin Lalin Milivoi.› Auch der Name sagte Agafonow nichts. ‹Aber an die Baracke mit Zimmer Nr. 5 in Buchenwald erinnerst du dich?› – ‹Ich erinnere mich, dort waren die Tbc-kranken Kinder.› – ‹Genau! Du bist ab und zu gekommen, um uns Märchen zu erzählen. Also, eines von diesen Kindern, der mit den erfrorenen Füßen, weißt du noch, der bin ich.›»

20 Gustav Wegerer (1890–1954) war Mitglied des österreichischen Widerstandszentrums. Aufgrund seiner Teilnahme an der Trauerfeier für Thälmann wurde er gleich nach meinem Abtransport aus Buchenwald zusammen mit anderen Teilnehmern an der Trauerfeier ins Gefängnis nach Weimar gebracht. Die Gestapo war der Meinung, daß sie in diesen Häftlingen die führenden Köpfe des ILK vor sich hatte. Am 15. April 1945 gelang Wegerer die Flucht aus einem Gefangenentransport. Gustav Wegerer spielte im übrigen ausgezeichnet Schach, nicht eine Partie habe ich gegen ihn gewonnen. Nach unseren Spielen führten wir wunderbare Gespräche. Er interessierte sich besonders für die Entwicklung in Frankreich, die Tätigkeit der Widerstandsgruppen in der Bretagne und deren Kontakte zu den Verbündeten. Ich legte ihm alles offen, wie einem engen Vertrauten – es ist sehr angenehm, wenn jemand zuhören kann. Er wiederum erzählte mir, daß er einige Male in Moskau war, angeblich zu Schachturnieren. Als Hitler Österreich annektierte, wurde Wegerer festgenommen.

Nach unserer letzten Schachpartie führte er mich in die Pathologie und zeigte mir Exponate, die man dort aufbewahrte. Erst hier wurde mir das ganze Ausmaß der sadistischen Neigungen der SS bewußt. Auf Marmorsockeln steckten menschliche Köpfe, die getrocknet und in einem besonderen Verfahren auf Faustgröße geschrumpft worden waren, gedacht als Souvenir für hochgestellte SS-Chargen. In Glasbehältern waren menschliche Organe konserviert, zu besichtigen gab es außerdem Fragmente von tätowierter Haut. Man tötete Häftlinge mit besonderen Tätowierungen, und im Schweinestall befaßte sich dann eine besondere Brigade mit dem Präparieren der Haut, aus der Lampenschirme, Bucheinbände und ähnliches hergestellt wurden. Eine besonders

schreckliche Rolle hierbei spielte Ilse Koch, die Frau des Lagerkommandanten, die als «Kommandeuse» allgemein gefürchtet
war und bis zur Absetzung ihres Mannes 1943 viel Schrecken verbreitete. «Was du hier siehst», sagte Gustav Wegerer, «darf nicht
in Vergessenheit geraten. Wenn du hier rauskommst, mußt du
darüber berichten.»

21 Aus einem Brief von Otto Kipp, Halle, 16. Juni 1976: «Lieber
Alex! Dein Brief hat mich sehr gefreut, aber mich auch traurig
gemacht. Du bist der einzige, dem ich durch das Auswechseln der
Nummer das Leben gerettet habe und der bis heute ein Lebenszeichen von sich gegeben hat.» Otto Kipp (1903–1979) war nach
seiner Befreiung erneut in Haft; nach dem Tode Stalins kam er
frei und wurde rehabilitiert. Infolge der Lager- und Gefängnishaft
litt er an der Parkinsonschen Krankheit.

22 Es war das Bett des Stubendienstes Viktor Sigismundowitsch
Ratschkowski. Er war Matrose und arbeitete später als Seemann
in Ilitschewsk bei Odessa.

23 Oberst Frédéric-Henri Manhès (1889–1956) wurde 1943 verhaftet und kam über Compiègne nach Buchenwald. Nach dem Sieg
war er Ehrenpräsident der FIR (Internationale Organisation des
Widerstandes gegen den Faschismus).

Marcel Paul (1890–1982) war nach dem Krieg Mitglied des ZK
der KPF, Präsident des Internationalen Buchenwaldkomitees und
der FNDIRP (Nationale Gesellschaft der Deportierten und Internierten der Résistance).

24 N. S. Simakow (1915–1970), Unteroffizier des Grenzschutzes,
von 1941 bis 1945 in Buchenwald, Sanitäter, Mitglied des ILK.
Nach 1945 arbeitete er als Ingenieur, war Repressalien ausgesetzt.

I. I. Smirnow (1898–1970), Oberstleutnant, seit 1943 in Buchenwald, Sanitäter der Typhusstation, Mitglied des ILK, nach
1945 Invalide.

25 Im Jahre 1950, als ich nach Abschluß der Untersuchung im Lefor-
towa-Gefängnis meine Akte einsehen konnte, fielen mir auch vier
Verhörprotokolle von N. K. in die Hände. Ihm war dreimal die
Frage gestellt worden, ob ihm die Nummer 44445 bekannt sei.
Jedesmal verneinte er. Beim vierten Mal zeigte man ihm sein No-

tizbuch aus Buchenwald, in das Nummern eingetragen waren. «Weshalb ist diese Nummer hier dreimal eingetragen und dreimal gestrichen?» Daraufhin «erinnerte» er sich doch und rechtfertigte sich damit, daß er tatsächlich die Liquidierung dieses Häftlings gefordert habe, da dieser ein Spitzel gewesen sei, doch jedesmal habe jemand die Nummer wieder gestrichen. N. K. lebt heute noch geachtet in Moskau. Eine Zeitlang war er sogar berühmt. Ich bin ihm mehrfach begegnet.

26 Die Organe der SMERSCH, das Ministerium für Staatssicherheit und später auch weite Teile der Bevölkerung der Sowjetunion suggerierten, daß in Kriegsgefangenschaft geratene Offiziere Verräter seien. Für uns behielt ein in Kriegsgefangenschaft geratener Offizier seinen früheren militärischen Rang, damals und später.

27 Aus Unterlagen des Internationalen Suchdienstes Arolsen (Nr. 777 vom 20. 2. 1973) ergibt sich: Belanowski, Andrej, geb. am 16. 11. 1909 im Wolgaer Gebiet; letzter Wohnort: Igren, ul. Konetschnaja 7, Dnepropetrowsker Gebiet; festgenommen auf Anweisung der Sicherheitspolizei am 18. 2. 1943 in Dnepropetrowsk; verbracht nach Buchenwald am 29. 8. 1943; abkommandiert auf Außentransport zur SS-Eisenbahnbaubrigade; geflohen aus dem VI. SS-Eisenbahnzug am 3. 11. 1944; gefaßt am 13. 11. 1944 in Brühl / Köln; verschickt in das KZ Mittelbau.

28 Im Jahr 1989 fand ich in einem Kölner Park Gräber sowjetischer Bürger, «Opfer des Nationalsozialismus», wie auf einer Gedenkplatte zu lesen war. In der letzten Reihe trug ein Grabstein die Aufschrift «Wassili Orlow». Ich ging in die Knie, reinigte die Platte sorgfältig und verbeugte mich tief. Später plagten mich Zweifel, denn schließlich gibt es viele Wassilis und Orlows, und ich begann nach Hinweisen zu suchen. Auch wenn dort nicht Wassili liegt, so soll doch dieses Grab in Köln sein Grab sein, das Grab eines unbekannten Soldaten, der, wie alle die Wassilis und Wanjas, die Koljas und Aljoschas, sein Leben gab für einen anderen.

29 Die Briten waren über die chaotischen Zustände im bombardierten Köln gut informiert. Das beweist der Bericht eines Schweizer

Korrespondenten, der am 16. November 1944 unter der Überschrift «Himmler hangs 21 in Cologne» in der britischen Tageszeitung «Daily Express» veröffentlicht wurde. Das Presseorgan der SS «Das Schwarze Korps» veröffentlichte in der Ausgabe vom 28. November 1944 die Todesanzeige des Kölner Gestapochefs Dr. Max Hoffmann, der am 27. November 1944 bei einem Feuergefecht in Köln den Tod fand. «Köln war die einzige Stadt innerhalb des Deutschen Reiches, in der gegen Kriegsende bewaffneter Widerstand gegen die Nazis geleistet worden ist. Beteiligt waren Edelweißpiraten, Deserteure, entflohene Zwangsarbeiter, politisch Verfolgte...» (freundliche Mitteilung von Martin Stankowski, Köln).

30 Ich wußte zum damaligen Zeitpunkt noch nicht, daß in der Urkunde über die Annahme der jugoslawischen Staatsangehörigkeit meiner Eltern deren Namen angeführt waren mit dem Zusatz «sowie deren minderjähriger Sohn Alexander». Ich war also nicht «automatisch» naturalisiert worden, sondern dies wurde eigens erwähnt (vgl. die Abbildung des Dokuments auf S. 25).

31 Es handelte sich um den fünfzehnjährigen Fritz Eichenberg; er floh kurz darauf in den Westen.

32 Im Juli 1942 hatte sich der in Gefangenschaft geratene General Alexej Wlassow bereit erklärt, an der Spitze russischer Freiwilligenverbände, bestehend aus Kriegsgefangenen und Überläufern, für eine Befreiung Rußlands vom Joch Stalins zu kämpfen. Hitler lehnte ab. Dennoch zählten die den deutschen Einheiten angegliederten russischen «Hilfswilligen» bereits ein Jahr später mehr als eine halbe Million Mann. Im Oktober 1944 kam es dann offiziell zur Gründung der Wlassow-Armee. Der größte Teil dieser Armee geriet bei Kriegsende in amerikanische Gefangenschaft und wurde den Sowjets übergeben.